풀면서 익히다

사자성어 퍼즐 2

사자성어 퍼즐 2
풀면서 익히다

초판 1쇄 발행 2025년 11월 28일

지은이 배호식
펴낸이 장현수
펴낸곳 메이킹북스
출판등록 제 2019-000010호

표지 홍규선
교정 안지은
마케팅 이지현

주소 서울특별시 구로구 경인로 661, 핀포인트타워 912-914호
전화 02-2135-5086
팩스 02-2135-5087
이메일 making_books@naver.com
홈페이지 www.makingbooks.co.kr

ISBN 979-11-6791-812-3(03700)
값 25,000원

홈페이지 바로가기

메이킹북스는 저자님의 소중한 투고 원고를 기다립니다.
출간에 대한 관심이 있으신 분은 making_books@naver.com로 보내 주세요.

四字成語

풀면서 익히다

사자성어 퍼즐 2

동의어, 유의어, 반의어 망라!

배호식 엮음

Puzzle

메이킹북스

출간(出刊)의 변(辯)

현대(現代)를 사는 대부분(大部分) 사람은 '하기 싫은 일'을 열심(熱心)히 하며 산다. '하고 싶은 일'을 즐겁게 하며 사는 사람이 많은 사회(社會)가 진정(眞正)한 복지국가(福祉國家)가 아닐까? 슬프게도 생계(生計)를 위하여 하기 싫은 일을 열심히 하며 산다. 나는 그에 전형적(典型的)인 삶을 살았다.

신학대학(神學大學)을 입학(入學)하고 교회(教會) 전도사(傳道師)라는 역할(役割)을 하며 20대를 보낸 나는 자의(自意) 반, 타의(他意) 반으로 목사(牧使)라는 성직(聖職?)의 길을 포기(抛棄)하고 일반인(一般人)의 삶을 살았다. 그때는 이미 한 여인(女人)의 남편(男便)이었고, 두 아이의 아비였다. 그때부터 잘하지 못하고 하기 싫은 온갖 일을 하며 살았다. 그렇게 30여 년을 살며 나이 지천명(知天命)이 되었을 때, 막내딸의 "'출가외인(出嫁外人)'이라고 생각해!"라는 말을 들었다. 소위(所謂) 독립선언(獨立宣言)이다.

이 세상의 남자(男子)는 자식(子息) 있는 자와 없는 자로 나뉜다. 아비라는 자는 책임감(責任感)이라는 당연(當然)함으로 인해 잘하지 못하고 하기 싫은 일도 열심(熱心)히 해야 했고 나중에는 전문가(專門家), 달인(達人) 등의 칭송(稱頌)도 받게 되는 거다. 하기 싫었다. 아내는 '하기 싫으면 하지 마!' 한다. 몇 달은 잘 놀았다. 그리고 생각했다. 나는 무얼 하고 싶은가? 잘할 수 있는 일은 무엇인가? 글을 쓰고 싶었다. 나름의 파란만장(波瀾萬丈)한 삶에 관한 이야기를 쓰고 싶었다. 그러나 그것이 직업(職業)이 될 수는 없는 노릇 아닌가? 누가 내 글을 기다리며 읽어준다는 말인가? 틈틈이 소일거리를 하며 젊은 날 스포츠 신문(新聞)의 낱말 퍼즐을 풀던 때를 떠올리며, 사자성어 위주(爲主)의 퍼즐을 만들기 시작(始作)했다. 전도사 시절 학생(學生)들을 위해 고민(苦悶)하며 성경 퍼즐을 만들던 때를 떠올리며 재미있게 열심히 하여 결국(結局)은 다섯 권의 책(冊)을 출간(出刊)하기에 이르렀다. 그때 모은 사자성어를 한데 묶어 '사자성어(四字成語) 집대성(集大成)'이라는 방대(尨大)한 분량(分量)의 사전(事典) 또한 출간하였다. 이 책은 이미 몇 년 지나 없어진 책인데, 저자(著者)로서는 너무도 아까운 것이라 이번 기회(機會)에 재편집(再編輯)하여 다시 세상에 내보내어 평가(評價)받고자 한다.

많은 사람에게는 매우 어렵고 관심(關心) 없는 분야(分野)의 책이다. 특히 한자(漢字) 교육(教育)의 중단(中斷)으로 더욱 그럴 것이다. 그렇기에 더욱 고집(固執)하게 된다. 한자는 중국만의 문자(文字)가 아니다. 오랜 역사(歷史)에서 많은 한자문화권의 나라가 사용(使用)한 공통(共通)의 문자이다. 젊은이들의 어휘력(語彙力) 부족(不足) 현상(現象)의 심각성(心覺性)이 대두(擡頭)되고 있고, 한글과 한국어(韓國語)가 세계적(世界的)으로 관심인 시기(時機)에, 한자 교육의 부활(復活)이라는 막중(莫重)한 문제 앞에, 우리가 늘 쓰는 사자성어는 그야말로 불가근불가원(不可近不可遠)이 아닐까? 많이 판매(販賣)되지 않겠지만 그래도 이에 의의(意義)를 담아 적지 않은 비용(費用)을 아깝지 않게 여겨 출간(出刊)한다.

쉽게 잡지 마십시오. 어렵다고 저를 욕(辱)하실 겁니다. 더불어 송구(悚懼)스러운 것은 과유불급(過猶不及)이라는 말이 꼭 맞을 만큼 동의어(同義語)와 유의어(類義語)를 많이 실음이다. 이런 말도 있다고 소개(紹介)하고 싶고, 내 심중(心中)에는 어렵게 찾아 모았다는 것에 대한 인정(認定)과 위로(慰勞)를 받고 싶음이 깔려있다. 이제는 글다운 글을 써야겠다. 우리네 진솔(眞率)한 삶의 이야기를---

2025년 12월,

배호식

첫 번째

가 로 열 쇠

1. 강자(强者)를 누르고 약자(弱者)를 도와줌.

손상익하(損上益下), 하후상박(下厚上薄)

약유강불굴(弱柔强不屈)

↔ 억약부강(抑弱扶强), 유여강토(柔茹剛吐)

토강여유(吐剛茹柔)

3. 조선(朝鮮) 말기(末期), 1884년 김옥균(金玉均), 박영효(朴永曉), 홍영식(洪英植) 등의 개화당(開化黨)이 독립적(獨立的)인 정부(政府)를 세우기 위하여 일으킨 정변(政變). 김옥균의 난(亂)

5. 어떤 일에 자신(自身)은 직접(直接) 참여(參與)하지 않은 채 곁에서 바라보기만 하는 사람.

6. 마음에 차지 않아 못마땅하고 섭섭한 느낌.

7. 직립(直立) 보행(步行)을 하고, 언어(言語)와 도구(道具)를 사용(使用)하며, 문화(文化)를 향유(享有)하고 생각과 웃음을 가진 동물(動物).

8. 유기체(有機體)가 태어나서 죽을 때까지의 살아 있는 상태(狀態).

10. 초목(草木)이나 건물(建物) 따위가 모두 불에 타 잿더미로 덮인 땅으로 변하게 됨.

12. 남에게 억눌려 업신여김이나 모욕(侮辱)을 받음.

13. 말이나 행동(行動)을 잘못하여 자기(自己)의 명예(名譽)나 체면(體面) 따위가 손상(損傷)을 입음.

· 그릇된 것을 망령(亡靈)되이 믿음.

14. 어떤 일이나 사물(事物)에 마음을 쏟아, 버리지 못하고 매달림. 미련(未練)

15. 집과 세속(世俗)의 인연(因緣)을 떠나 불문(佛門)에 들어 수행(修行) 생활(生活)을 함.

16. 통신(通信)을 보내는 일과 받는 일.

18. 과거(過去)의 사물에 대한 것이나 지식(知識) 따위를 머릿속에 새겨 보존(保存)하거나 되살려 생각해 냄.

20. 물이 넘치거나 치고 들어오는 것을 막기 위하여 세운 둑.

축방(築防), 축동(築垌)

21. 생물(生物)의 종(種) 및 상위(上位)의 각 종류(種類)가 과거(過去)로부터 현재(現在)에 걸쳐 점차(漸次) 변화(變化)해 온 과정(過程).

· 화재(火災)를 다스려 불을 끔.

22. 무거운 물건(物件)을 쳐들어서 움직이는 데에 쓰는 막대기.

공간(槓杆), 레버(lever), 제지레

어떤 목적(目的)을 실현(實現)할 수 있도록 하는 수단(手段), 힘.

23. 일상생활(日常生活)의 모든 예의(禮儀)와 절차(節次).

24. 「바르지 못한 것은 바른 것을 감히

범하지 못함」 정의(正意)는 반드시 이긴다는 말. 사불벌정(邪不伐正)

사필귀정(事必歸正), 사불승정(邪不勝正)

세 로 열 쇠

1. 수많은 백성(百姓).

군기(群機), 범서(凡庶)

만호중생(萬戶衆生), 억만창생(億萬蒼生)

억만지중(億萬之衆), 무량중생(無量衆生)

무변중생(無邊衆生)

2. 무슨 일에나 반드시 끼어야 할 필요(必要)한 물건(物件).

무불간섭(無不干涉), 무사불참(無事不參)

삼두팔비(三頭八臂), 일언거사(一言居士)

인가연시리천(姻家宴柹梨擅)

3. 조선시대(朝鮮時代), 1504년 연산군(燕山君)이 어머니 윤 씨의 폐비(廢妃) 사건(事件)과 관련(關聯)된 신하(臣下)들을 학살(虐殺)한 사건.

4. 사회(社會)의 일반적(一般的) 성(性) 습관(習慣)을 두드러지게 일탈(逸脫)한 성행동(行動).

성도착증(性倒錯症), 이상성욕(異常性慾)

9. 세상 사람이 따르는 덕망(德望)이 있고, 이름이 널리 알려진 사람.

11. 흙 속에 포함(包含)된 여러 형태(形態)의 물.

12. 땅이나 암석(巖石) 등을 파거나 뚫는데 쓰이는 모든 기계(器械).

굴삭기(掘削機)

15. 제자(弟子)가 스승보다 낫다는 평판(評判)이나 명성(名聲).

청출어람이청어람(青出於藍而青於藍)

후생각고(後生角高), 출람지재(出藍之才)

16. 소나무같이 꿋꿋하고 대나무같이 곧은 절개(節槪).

낙락장송(落落長松), 독야청청(獨也青青)

독청독성(獨淸獨醒), 상풍고절(霜風高節)

설중송백(雪中松柏), 세한고절(歲寒孤節)

세한송백(歲寒松柏), 여송지성(如松之盛)

오상고절(傲霜孤節), 전수일절(全守一節)

천승지절(踐繩之節), 충의지사(忠義之士)

↔ 거세개탁(擧世皆濁)

17. 생명(生命) 유지(維持)를 위해 생체(生體) 내에서 이루어지는 물질(物質)의 화학(化學) 변화(變化). 물질교환(物質交換)

물질대사(物質代謝), 물질교대(物質交代)

19. 도대체 무슨 심정(心情)으로 그리하는지 알 수 없음을 이르는 말.

억하심장(抑何心腸), 억하심장(抑何心腸)

억하심사(抑何心思), 막연부지(莫然不知)

두 번째

가 로 열 쇠

1. 「포악(暴惡)한 것을 물리치고 어려움에 부닥친 백성(百姓)을 구함」 보국안민(輔國安民), 포덕천하(布德天下), 광제창생(廣濟蒼生)과 함께 동학(東學)의 이념(理念).

경세제민(經世濟民), 광제창생(廣濟蒼生)

이국편민(利國便民), 이식위수(以食爲首)

3. 노동자(勞動者)나 빈농(貧農)처럼 재산(財産)이 없어 자기의 노력(努力)만으로 생활(生活)하는 가난한 민중(民衆).

노동계급(勞動階級). 제사계급(第四階級)

프롤레타리아(Proletariat)

5. 오래된 구리와 같은 색.

동색(銅色), 적갈색(赤褐色)

6. 마음속으로 괴로워하며 속을 태움.

번민(煩悶), 번뇌(煩惱), 번만(繁蔓)

7. 「홀을 내던짐」 벼슬살이를 그만둠.

8. 어떤 일을 이루려는 적극적(積極的)인 마음.

지의(志意), 뜻, 의욕(意欲), 마음

10. 「하늘의 뜻을 앎」 나이 오십 세(五十歲)를 말함.

지명(知命), 지명지년(知命之年)

12. 자기 분수(分數)에 맞지 않게 잘난 체하거나 다른 사람을 낮추어 보듯이 하는 행동(行動)이나 태도(態度).

13. 보통(普通) 때나 여느 때.

항시(恒時), 평시(平時)

14. 생물학적(生物學的)인 성(性)에 대비(對備)되는 사회적(社會的)인 성으로 1995년 9월 5일 북경(北京) 제4차 여성(女性) 대회(大會) 정부(政府) 기구(器具) 회의(會議)에서 섹스(sex) 대신(代身) 사용(使用)하기로 함.

15. 높은 산에서 사철 눈이 녹는 부분(部分)과 녹지 않는 부분의 경계선(境界線). 항설선(恒雪線)

16. 겨울인 음력(陰曆) 시월(十月) 보름날부터 이듬해 정월(正月) 보름날까지, 승려(僧侶)들이 일정(一定)한 곳에 머물며 도(道)를 닦는 일. ↔ 하안거(夏安居)

18. 남을 강제(强制)로 얽어매어 자유(自由)를 빼앗음.

• 어떤 것에 얽매여 있음.

20. 특정(特定) 분야(分野)에서 뛰어나다고 인정(認定)을 받고 영향(影響)을 끼칠 수 있는 능력(能力).

다른 사람을 통솔(統率)하여 이끄는 힘.

21. 처음의 방법(方法)이나 태도(態度), 마음 자세(姿勢)를 바꾸지 않고 끝까지 밀고 나감. 일이관지(一以貫之)

22. 「개가 먹는 음식(飮食)」 똥.

23. 서로 그리워하여 생각하는 마음이 오직 한 가지뿐임.

낙화유수(落花流水), 역여주기(惄如調飢)

연모지정(戀慕之情), 춘기발양(春氣發揚)

24. 일제강점기(日帝强占期)에, 모두 죽이고(살광-殺光), 모두 불태우고(소광-燒光), 모두 빼앗던(탈광-奪光) 정책(政策).

세 로 열 쇠

1. 군사적(軍事的), 경제적(經濟的)으로 남의 나라 또는 후진(後進) 민족(民族)을 정복(征服)하여 큰 나라를 건설(建設)하려고 하는 침략주의적(侵略主義的) 경향(傾向).

2. 「백성(百姓)의 피와 땀」 백성에게 조세(租稅)로 거둔 돈이나 곡식(穀食).

가렴주구(苛斂誅求), 주구무이(誅求無已)
준민고택(浚民膏澤), 타가겁사(打家劫舍)
할박지정(割剝之政), 횡정가렴(橫征苛斂)
가정맹어호(苛政猛於虎)

3. 아무 빛깔이 없고 속까지 환히 비칠 정도(程度)로 맑음.

아무 흉이나 허물이 없이 깨끗함.

4. 「여러 사람의 입은 막기 어려움」 일이 막아 내기 어렵게 사방(四方)에서 마구 지껄여 댐.

구실지문(衢室之聞), 박채중의(博採衆議)
정출다문(政出多門), 집사광익(集思廣益)

9. 땅의 끝과 하늘이 맞닿아 보이는 경계선(境界線).

11. 「천리(千里) 밖의 것도 볼 수 있을 만한 시력」 사물(事物)을 잘 꿰뚫어 보는 능력(能力).

12. 국물 있는 음식(飮食)에서 국물 이외(以外)의 나물이나 고기 따위의 먹을거리. 건지

액체(液體)에 섞여 있는 녹거나 풀어 지지 않은 덩어리.

15. 「내린 눈 위에 서리까지 더함」 어려운 일이나 불행(不幸)이 겹쳐서 일어남.

전호후랑(前虎後狼), 설상가설(雪上加雪)
↔ 금상첨화(錦上添花)

16. 동일(同一)한 유개념(類槪念)에 딸린 같은 자격(資格)의 종개념(種槪念).

17. 「하나를 들어 셋을 돌이켜 앎」 한 가지 일을 하여 여러 가지 이익(利益)을 얻음. 매우 영리함.

문일지십(聞一知十), 불문가지(不問可知)
타상하설(他尙何說)

19. 「손이 묶인 듯 방법(方法)이 없음」 어찌할 도리(道理)나 방책(方策)이 없이 꼼짝 못 함. 갱무도리(更無道理)

거허박영(據虛搏影), 계무소출(計無所出)
말여지하(末如之何), 백약무효(百藥無效)
일주막전(一籌莫展), 주판지세(走坂之勢)
↔ 기관산진(機關算盡), 천방백계(千方百計)

1			2	■	3			4
	■	■	5			■	■	
	■	6		■	7		■	
8	9	■	10	11		■	12	
■	13		■		■	14		■
15		■	16		17	■	18	19
	■	20		■	21		■	
	■	■	22			■	■	
23				■	24			

세 번째

가 로 열 쇠

1. 보고 들은 바가 서로 똑같음.

3. 환각(幻覺) · 각성(覺醒) 및 습관성(習慣性) · 중독성(中毒性)이 인간(人間)의 정신 기능(精神機能)에 영향(影響)을 끼치는 성질(性質).

5. 밋밋하게 비탈져 나간 산의 아랫부분.

6. 일의 정황(情況)이나 남의 마음 따위를 상황(狀況)으로부터 미루어 알아내는 힘.

속으로 생각하는 바가 겉으로 드러나는 어떤 태도(態度).

기색(氣色), 기미(機微), 면색(面色)

7. 여러 번 되풀이하여 자연(自然)스럽게 몸에 밴 행동(行動).

버릇, 습성(習性), 행습(行習)

8. 같은 목적(目的)을 위해 여럿이 한곳에 모임.

10. 많은 사람을 집단(集團)으로 한곳에 가두거나 모아 넣는 곳.

12. 마음에 꼭 맞지 않아 발칵 역정(逆情)을 내는 짓. 또는 그런 성미(性味).

13. 자극(刺戟)에 대응(對應)하여 어떤 현상(現象)이 일어남. 또는 그 현상.

14. 어떤 직책(職責)에 새로 임명(任命)되거나 취임(就任)함.

· 믿고 일을 맡김.

15. 사람의 아들.

예수(Jesus)가 스스로 일컫는 말.

16. 정당(政黨)에서 선거(選擧)에 출마(出馬)할 당원(黨員)을 공식적(公式的)으로 다시 추천(推薦)함.

18. 날이 밝을 무렵.

효신(曉晨), 파효(破曉), 평단(平旦), 효단(曉旦)

20. 자연환경(自然環境)이나 사회제도(社會制度), 사업(事業) 따위가 사람들에게 주는 도움과 이익(利益).

· 은혜(恩惠)와 덕택(德澤)

21. 명확(明確)히 드러내지 않고 넌지시 알림. 묵시(默示), 풍시(諷示)

미시기의(微示其意)

· 어두운 곳에서 물체(物體)를 봄.

22. 맡은 바 임무(任務)에 종사(從事)하는 장소(場所).

23. 나이나 키가 비슷한 친구(親舊).

죽마고우(竹馬故友), 죽마교우(竹馬交友)

죽마구우(竹馬舊友), 송아지벗

24. 근거(根據) 없는 사실(事實)을 조작(造作)하여 상대방(相對方)을 모략(謀略)하고 혼란(混亂)하게 하는 정치적(政治的) 술책(政治的 術策).

서동부언(胥動浮言) 회색선전(灰色宣傳)

마타도어(matador)

↔ 백색선전(白色宣傳), 공개선전(公開宣傳)

세 로 열 쇠

1. 근거(根據)가 없고 이치(理致)에 맞지 않는 것을 억지(抑止)로 끌어대어 자기(自己)에게 유리(有利)하도록 맞춤.

견합부회(牽合附會), 견합지설(牽合之說)
곡학아세(曲學阿世), 녹피왈자(鹿皮曰字)
부회지설(附會之說), 영서연설(郢書燕說)
천착지학(穿鑿之學), 추주어륙(推舟於陸)

2. 산과 내를 잘 관리(管理)하고 돌봐서 가뭄과 홍수(洪水) 따위의 재해(災害)를 입지 않도록 예방(豫防)함.

3. 주로 남성(男性)들에게 술 시중이나 향응(饗應)을 서비스로 제공(提供)하는 곳.

4. 성적 행동(性的行動)에 있어서 변태적(變態的)인 이상(異狀) 습성(習性).

9. 어떤 행동(行動)을 할 때 짝이 되어 함께하는 사람.

반려자(伴侶者), 파트너(partner)

11. 금속(金屬)이나 유리(琉璃), 플라스틱 따위의 접합(接合) 부위(部位)를 녹여서 서로 붙이거나 잇는 일을 하는 직공(職工). 땜장이

12. 글이나 이야기 따위가 체계(體系)를 갖추어 연관(聯關)되어 있는 상태(狀態).

짜인 모양새.

15. 건물(建物) 안이나 방 안을 아름답게 꾸미는 일.

16. 사무실(事務室)로 통근(通勤)하지 않고 자기 집에서 회사(會社)의 통신회선(通信回線)으로 연결(連結)된 정보통신(情報通信) 기기(器機)를 설치(設置)해 놓고 근무(勤務)함.

17. 「하늘도 어둡고 땅도 컴컴함」온 세상(世上)이 어두컴컴한 것을 말함.

운무회명(雲霧晦冥), 유유명명(幽幽冥冥)

19. 「뽕나무밭이 변하여 푸른 바다가 됨」세상(世上)이 몰라볼 정도(程度)로 변천(變遷)이 심함.

상전벽해(桑田碧海), 창상지변(滄桑之變)
상해지변(桑海之變), 상전창해(桑田滄海)
격세지감(隔世之感), 여세추이(與世推移)
고안심곡(高岸深谷), 능곡지변(陵谷之變)
화옥산구(華屋山丘)

1			2	■	3			4
	■	■	5			■	■	
	■	6		■	7		■	
8	9	■	10	11		■	12	
■	13		■		■	14		■
15		■	16		17	■	18	19
	■	20		■	21		■	
	■	■	22			■	■	
23				■	24			

네 번째

가 로 열 쇠

1. 「수풀을 휘저어 뱀을 놀라게 함」의 도(意圖)하지 않은 행동(行動)이 뜻밖의 결과(結果)를 낳을 수 있음. 여수타초오이경사(汝雖打草 吾已驚蛇)의 준말.

기매화(起埋火), 개문납적(開門納賊)
무병자구(無病自灸), 방호자위(放虎自衛)
숙호충비(宿虎衝鼻), 양호유환(養虎遺患)
춘치자명(春雉自鳴), 포벽유죄(抱璧有罪)

3. 「남의 산에 있는 돌이라도 나의 옥(玉)을 다듬는 데에 소용(所用)이 됨」다른 사람의 하찮은 언행(言行)이라도 자신(自身)을 수양(修養)하는 데 도움이 된다는 말.

공옥이석(攻玉以石), 전거복철(前車覆轍)
반면교사(反面教師), 벤치마킹
삼인행필유아사(三人行必有我師)

5. 예전에, 임금의 정복(正服)인 곤룡포(袞龍袍)를 입을 때 쓰던 관(冠).

6. 기(氣)가 빠지거나 맥(脈)이 풀어져 힘을 쓰지 못할 상태(狀態).

7. 말이나 소의 등에 잔뜩 실은 짐.
• 놋쇠로 만든 여자(女子)의 밥그릇.

8. 관가(官家)로부터 받은 재앙(災殃).
관액(官厄)

10. 눌은밥(솥이나 냄비 바닥에 눌어붙은 밥에 물을 부어 불려서 긁은 밥).

12. 성서(聖書)에서, 인류(人類)의 시조(始祖)인 아담과 하와가 신(神)의 명령(命令)을 어기고 금단(禁斷)의 열매인 선악과(善惡果)를 따먹은 인류 최초(最初)의 죄(罪).
본죄(本罪)

13. 사람의 지혜(智惠)가 열려, 폐쇄적(閉鎖的) 사상(思想)이나 낡은 문물(文物)이 새롭게 진보(進步)함.
개명(開明), 개진(開進)

14. 어떤 생각이나 사실(事實) 따위를, 그러하다거나 옳다고 인정(認定)함.
↔ 부정(否定)

15. 하얗게 센 머리털.

16. 요전부터 이제까지의 얼마 동안.
근간(近間), 근래(近來)

18. 완전(完全)하지는 않지만 비교적(比較的) 쓸 만한 정도(程度)로.

20. 힘이나, 능력(能力) 따위가 다다를 수 있는 범위(範圍).

21. 자기(自己) 혼자만이 옳다고 생각하고 행동(行動)함.
독선기신(獨善其身)의 준말.

22. 설사(泄瀉)를 그치게 하는 약.

23. 「장대 끝에 서 있는 형세(形勢)」어려움이 극도(極度)에 달하여 꼼짝 못 하는 상태(狀態). 낙미지액(落眉之厄)

누란지위(累卵之危), 명재경각(命在頃刻)
백척간두(百尺竿頭), 소미지급(燒眉之急)
여리박빙(如履薄氷), 위기일발(危機一髮)

위약조로(危若朝露), 일촉즉발(一觸卽發)

24. 아무 생각 없이 오직 책(冊) 읽기에만 골몰(汨沒)하고 있는 상태(狀態).

독서삼도(讀書三到), 삼매경(三昧境)

세 로 열 쇠

1. 자신(自身)이 속한 곳이 아닌 다른 도와 다른 고을.

2. 「사방(四方)에서 들리는 초나라의 노래」 적(敵)에게 둘러싸인 상태(狀態)나 누구의 도움도 받을 수 없는 고립(孤立) 상태에 빠짐.

간어제초(間於齊楚), 고립무원(孤立無援)

고성낙일(孤城落日), 낭패불감(狼狽不堪)

사면수적(四面受敵), 저양촉번(羝羊觸藩)

3. 다른 고장에서 온 사람.

타향(他鄕)바치, 타관(他官)붙이

4. 예전에, 거적을 깔고 엎드려 윗사람의 처벌(處罰)을 기다리는 일.

석고청죄(席藁請罪)

9. 오래되어 낙후(落後)된 건축물(建築物)이나 불법(不法)으로 지어진 건축물 따위를 헐고 그 자리에 새로 지음.

11. 사람의 능력(能力)을 뛰어넘어 신기(神技)한 일을 행하는 사람.

요술사(妖術師)

12. 먼 곳으로 운동(運動) 경기(競技)나, 조사(照査), 답사(踏査), 탐험(探險), 등반(登攀) 따위를 하러 가는 단체(團體).

15. 백두산(白頭山)에서 시작(始作)하여 금강산(金剛山), 설악산(雪嶽山), 태백산(太白山), 소백산(小白山)을 거쳐 지리산(智異山)으로 이어지는 큰 산줄기.

태백산맥(太白山脈)

16. 정치(政治)나 도덕(道德), 풍속(風俗) 따위가 쇠퇴(衰退)하여 어지러운 세상(世上).

계말(季末), 말조(末造)

연진천리(煙塵千里), 오탁악세(五濁惡世)

전국시대(戰國時代), 풍진세상(風塵世上)

↔ 국무도적(國無盜賊), 야불폐문(夜不閉門)

17. 독을 없애는 데 다른 독을 쓰는 것.

이독공독(以毒攻毒), 이독치독(以毒治毒)

19. 본디는 그 물건(物件)을 살 생각이 없었으나 광고(廣告)를 보았거나 장 보는 중에 마음이 흔들려 물건을 사는 행위(行爲).

감성소비(感性消費), 견물생심(見物生心)

불견가욕(不見可欲), 욕적지색(欲炙之色)

1			2	■	3			4
	■	■	5			■	■	
	■	6		■	7		■	
8	9	■	10	11		■	12	
■	13		■		■	14		■
15		■	16		17	■	18	19
	■	20		■	21		■	
	■	■	22			■	■	
23				■	24			

다섯 번째

가 로 열 쇠

1. 「달걀에도 뼈가 있음」 '모처럼 구한 계란이 곯았다'는 말로, 운수(運數)가 나쁜 사람은 어쩌다 좋은 기회(機會)를 만나도 역시(亦是) 일이 잘 안됨.

3. 자기(自己) 몸을 희생(犧牲)하여 인(仁)을 이룸.

살신입절(殺身立節), 사생취의(捨生取義)

5. 쇠고기를 간장에 넣고 조린 반찬(飯饌). 장조림

6. 물체(物體)가 깨지거나 상(傷)함.

훼손(毁損), 괴손(壞損)

병(兵)이 들거나 다침.

품질(品質)이 변하여 나빠짐.

7. 한집안을 이루어 살아가는 일.

살아가는 형편(形便)이나 정도(程度).

집 안에서 주로 쓰는 세간.

8. 삶을 경제적(經濟的)으로나 정신적(精神的)으로 풍부(豊富)하고 윤택(潤澤)하게 하는 일.

건강(健康)을 유지(維持)하거나 좋게 하는 일.

· 자기보다 후대(後代)에 태어난 사람.

자기(自己)보다 뒤에 배운 사람.

죽어서 다시 새롭게 태어나는 삶

10. 여럿 가운데서 가장 작고 품질(品質)이 낮은 것.

지지리 못난 사람을 낮잡는 말.

12. 어떤 것에 마음이 끌려 신경(神經)을 쓰거나 주의를 기울임.

호기심(好奇心)

· 자기 마음의 본성(本性)을 밝혀 살핌.

13. 사람이 활짝 펴서 움직이거나 벌린 두 팔과 두 다리.

· 새의 활짝 핀 두 날개.

14. 겉으로 나타나지 않는 실제(實際)의 마음. 흉차(胸次), 심금(心襟), 흉금(胸襟)

'마음'을 외상(外象)에 상대(相對)하여 이르는 말.

15. 자기(自己)가 소속(所屬)하여 있는 회사(會社).

· 제멋대로 하는 면이 있음.

16. 대학가(大學街)나 단체(團體)에서 자신들의 주장(主張)이나 홍보(弘報)를 위해 큰 글자로 써서 붙이는 게시물(揭示物).

18. 복잡(複雜)하게 얽힌 일의 앞뒤 사정(事情)이나 내용(內容).

20. 이익(利益)을 얻을 목적(目的)으로 자금(資金)을 대거나 정성(精誠)을 쏟음.

출자(出資), 방자(放資)

21. 예정(豫定)하거나 필요(必要)한 수량(數量)보다 많은 상태(狀態).

초과(超過) ↔ 부족(不足)

정해진 수량이나 필요보다 많이 남음.

22. 대규모(大規模)의 군사훈련(軍事訓練).

23. 공교육비(公敎育費) 외에 학부모(學

父母)와 학생(學生)이 교육을 위해 자의(自意)에 따라 추가(追加)로 부담(負擔)하는 비용(費用).

24. 아무 근거(根據) 없이 널리 퍼진 소문(所聞).

가담항설(街談巷說), 부언유설(浮言流說)

세 로 열 쇠

1. 「닭의 주둥이와 소의 꼬리」 큰 집단의 꼴찌보다, 작은 집단(集團)의 우두머리가 낫다는 말.

영위계구 물위우후(寧爲鷄口 勿爲牛後)

계시우종(鷄尸牛從), 용미사두(龍尾蛇頭)

2. 부모(父母)와 자식(子息), 형제자매(兄弟姉妹), 숙질(叔姪) 등 가까운 혈족(血族)끼리 서로 해침.

자두연기(煮豆燃萁), 형제혁장(兄弟鬩墻)

3. 한 집단(集團)이나 국가(國家), 단체(團體) 따위를 이루어 살아가는 일.

집안 따위를 이루어 살아 나가는 데 필요한 온갖 집기(什器).

가장집물(家藏什物), 세간살이

4. 「얼굴은 사람이나 마음은 짐승과 같음」 사람의 도리(道理)를 지키지 못하고 배은망덕(背恩忘德)하거나, 행동(行動)이 흉악(凶惡)하고 음탕(淫蕩)한 사람.

인비인(人非人), 불치인류(不齒人類)

의관금수(衣冠禽獸), 피발좌임(被髮左衽)

9. 한 개인(個人)이나 민족(民族)이 살아온 과정(過程).

11. 햇빛을 가리기 위해 모자의 앞이나 주위(周圍)에 둘러붙은 부분이 넓은 모자.

12. 특별(特別)히 마음에 두고 있는 일.

15. 자기(自己) 스스로 나서서 국가(國家)나 사회(社會) 또는 타인(他人)에게 적극적(積極的)으로 도움을 주는 일.

16. 넓고 커서 끝이 없는 자비(慈悲).

시민여상(視民如傷), 애인휼민(愛人恤民)

17. 신하(臣下)가 임금의 잘못을 바로잡아 고치게 함.

습유보과(拾遺補過), 습유보궐(拾遺補闕)

19. 「나무에 올라 물고기를 구함」 목적(目的)이나 수단(手段)이 일치(一致)하지 않아 성공(成功)이 불가(不可)함.

허술한 계책(計策)으로 큰일을 도모(圖謨)하려 함.

상산구어(上山求魚), 사어지천(射魚指天)

여호모피(與虎謀皮), 여양모육(與羊謨肉)

여섯 번째

가 로 열 쇠

1. 예전부터 있어 온 시장.

    전통시장(傳統市場)

3. 작품(作品)의 원작자(原作者)가 누구인지 알 수 없는 경우(境遇).

5. 흥겹게 즐기면서 노는 데 드는 비용(費用).

6. 성급(性急)하게 굴지 않고 사리(事理) 판단(判斷)을 너그럽게 하는 마음의 상태(狀態).

    물질적(物質的)이거나 시간상(時間上)으로 넉넉하고 남음이 있음.

7. 삶의 본보기가 될 만한 귀중(貴重)한 내용(內容)을 담고 있는 격언(格言)이나 명언(名言).

    • 말하지 않음.

8. 먼 길을 떠날 때 웃어른께 작별(作別)을 아룀.

10. 개인적(個人的)인 감정(感情)과 정서(情緖)를 주관적(主觀的)으로 표현(表現)한 시(詩).

12. 진술(陳述)이나 주장(主張), 입장(立場) 따위를 이리저리 고쳐 뒤집음.

13. 감각 기관(感覺器官)을 통하여 외부(外部)의 사물(事物)을 인식(認識)하는 작용(作用).

    • 알아서 깨달음.

14. 자기(自己)의 지식(知識)이나 경제적(經濟的) 능력(能力), 분수(分數) 등에 어울리지 않게 겉만 화려(華麗)하게 꾸미는 것.

15. 여러 가지 일.

    범백사(凡百事), 매사(每事)

16. 지구(地球)가 유성군(流星群) 속을 통과(通過)할 때, 많은 유성이 비처럼 떨어지는 현상(現想).

    운석우(隕石雨), 별똥비

18. 어떠한 일이나 행동(行動)을 하기에 가장 좋은 때나 경우(境遇).

    때, 찬스(chance).

    겨를이나 짬.

20. 서로 비슷한 점을 비교(比較)하여 하나의 사물에서 다른 사물(事物)로 추리(推理)를 미치는 일.

    유비추리(類比推理)

21. 사회(社會) 전체(全體)의 이익(利益).

    공리(公利) ↔ 사익(私益)

22. 해가 막 떠오르는 때.

23. 「달걀로 돌을 침」 아주 약한 것으로 매우 강한 것에 대항(對抗)하려는 어리석음을 비유(比喩)하는 말.

    이란격석(以卵擊石), 당랑거철(螳螂拒轍)
    당랑지부(螳螂之斧), 당비당거(螳臂當車)
    부자양력(不自量力), 불감포호(不敢暴虎)

24. '분화구(噴火口)'의 제주도(濟州島) 방언(方言).

세 로 열 쇠

1. 임진왜란(壬辰倭亂) 당시(當時) 실의(失意)에 빠져 있던 '서애(西厓) 유성룡(柳成龍)'에게 '충무공(忠武公) 이순신(李舜臣)'이 적어 준 글귀로, 「나라를 다시 만들다」라는 의미(意味)임.

2. 오륜의 하나로 「어른과 어린이 또는 윗사람과 아랫사람 사이에는 지켜야 할 차례(次例)와 질서(秩序)가 있음」을 뜻함.

오륜지서(五倫之序), 장유지서(長幼之序)

3. 경우(境遇)가 일변(一變)하여 전에는 그르다고 여겨지던 것이 이제는 옳은 것으로 여겨짐. 금시작비(今是昨非)

↔ 작시금비(昨是今非)

4. 위에서 명령(命令)하면 아래에서는 무조건(無條件) 복종(服從)한다는 뜻으로, 상하관계(上下關係)가 매우 분명(分明)함을 이르는 말.

검사동일체원칙(檢事同一體原則)

9. 조선시대(朝鮮時代)에, 임금의 특명(特命)을 받아 지방관(地方官)의 치적(治績)과 비위(非違)를 탐문(探聞)하고 백성(百姓)의 어려움을 살펴서 개선(改選)하는 일을 맡아 하던 임시(臨時) 벼슬.

암행어사(暗行御史), 추생어사(抽栍御史)

11. 사물(事物)이 발전(發展)하거나 앞으로 나아가지 못하고 한곳에 머물러 있는 특성(特性).

• 어떤 존재(存在)가 본질적(本質的)으로 가지는 특성.

12. 번성(蕃盛)하고 영화(榮華)롭게 되는 시기(時機).

15. 어떤 충격(衝擊)이나 실패(失敗) 따위로 마음이 심히 상하여 모든 의욕(意欲)을 잃은 상태(狀態)를 비유(比喩)하는 말.

16. 어떤 사실(事實)에 관하여 직접(直接) 규정(規定)하는 법규(法規)가 없는 경우(境遇) 그것과 비슷한 사항(事項)을 규정하는 법규를 끌어다 쓰는 것.

17. 「어리석은 영감(令監)이 산을 옮김」 어떤 일이든 꾸준하게 열심(熱心)히 하면 반드시 이룰 수 있음을 이르는 말.

마부작침(磨斧作針), 수적촌루(銖積寸累)

승거목단(繩鋸木斷), 적수성연(積水成淵)

진적위산(塵積爲山), 진합태산(塵合太山)

19. 만난 사람은 반드시 헤어지게 됨.

낙엽귀근(落葉歸根), 생자필멸(生者必滅)

성자필쇠(盛者必衰), 회필유리(會必有離)

↔ 거자필반(去者必返)

1			2	■	3			4
	■	■	5			■	■	
	■	6		■	7		■	
8	9	■	10	11		■	12	
■	13		■		■	14		■
15		■	16		17	■	18	19
	■	20		■	21		■	
	■	■	22			■	■	
23				■	24			

일곱 번째

가 로 열 쇠

1. 1896년 독립협회(獨立協會)의 서재필(徐載弼), 윤치호(尹致昊)가 창간(創刊)한 최초(最初)의 순한글로 된 민간(民間) 신문(新聞).

3. 양잠(養蠶)이나 제사(製絲) 과정(過程)에서 생기는 고치실 부스러기나 풀솜 등의 짧은 섬유(纖維)를 원료(原料)로 만든 실.

5. 정부(政府)가 국회(國會)에 제출(提出)하는 의안(議案).

6. 혹시(或是) 있을지도 모르는 뜻밖의 경우(境遇).

만일(萬一), 약혹(若或), 여혹(如或)

7. 어떤 사람이 죽은 뒤.

망후(亡後), 사후(死後), 신후(身後)

8. 가을에 수확(收穫)한 것을 겨울에 갈무리하여 저장(貯藏)함.

· 한 동네의 우두머리.

10. 남편(男便)의 누나나 누이동생.

12. 일의 형편(形便)이나 그렇게 된 까닭을 말하고 무엇을 간청(懇請)함.

· 조사(照査)하거나 심사(審査)하여 결정(決定)함.

· 잘못된 일을 다스려 바로잡음.

13. 고대인(古代人)의 사유(思惟)나 표상(表象)이 반영(反影)된 신성(神聖)한 이야기.

절대적(絶對的)이고 획기적(劃期的)인 업적(業績)

14. 어떤 일이나 현상(現狀)이 이루어지는 바로 그때.

지극(至極)히 짧은 시간. 순간(瞬間)

15. 어떤 것을 필요(必要)하다고 바라거나 요청(要請)함.

16. 오랜 기간(其間)에 걸쳐 싸우는 싸움.

18. 정신적(精神的), 물질적(物質的)으로 보탬이 되는 일.

부처의 가르침을 받음으로써 얻는 은혜(恩惠)나 행복(幸福).

20. 모자라는 점이나 결점(缺點).

· 저지른 잘못. 건려(愆戾), 건과(愆過)

21. 어떤 일이나 사태(事態)에 자기 나름의 행동(行動)을 취함.

같은 정도(程度)로 마주함.

22. 공통(共通)된 가치관(價値觀)이 붕괴(崩壞)하고 목적의식(目的意識)이나 이상(理想)이 상실(喪失)됨에 따라 나타나는 혼돈상태(混沌狀態).

23. 여러 가지의 잘잘못, 옳고 그른 것을 여러 가지로 따져 판단(判斷)함.

24. 「서재(書齋)에 꼭 있어야 할 네 벗」 종이, 붓, 먹, 벼루를 말함.

문방사보(文房四譜), 지필연묵(紙筆硯墨)

문방사후(文房四侯)

세 로 열 쇠

1. 일제강점기(日帝强占期)에, 우리 민족이 독립(獨立)하기 위하여 여러 가지 민족운동(民族運動)을 하던 일.

2. 「대문 안뜰이 저자와 같음」 집안에 모여드는 사람이 많음.

문전성시(門前成市), 문정여시(門庭如市)

3. 물을 세게 두드려 물고기를 방안에 몰아서 잡는 방법(方法).

4. 성리학(性理學)의 철학적(哲學的) 개념(槪念) 중 하나. 선천적(先天的)이고 도덕적(道德的)인 능력(能力)과 인간(人間)의 본성(本性)이 사물(事物)을 접하면서 표현(表現)되는 자연적(自然的) 감정(感情).

측은지심(惻隱之心), 수오지심(羞惡之心)

사양지심(辭讓之心), 시비지심(是非之心)

기쁨・노여움・슬픔・두려움・사랑・미움・욕망(慾望)

9. 몸을 치장(治粧)하는 데 쓰이는 여러 가지 물건(物件).

군인(軍人)들이 전투(戰鬪) 따위의 임무(任務) 수행(修行)을 위하여 휴대(携帶)하는 군용(軍用) 물품(物品).

11. 해지거나 뜯어진 곳에 다른 천을 대 누덕누덕 기운 헌 옷.

12. 한창때의 젊고 씩씩한 남자(男子).

건아(健兒), 대장부(大丈夫)

15. 「요동 땅의 돼지」 남이 보기에는 대단찮은 물건(物件)을 대단히 귀한 것으로 생각하는 어리석은 태도(態度)를 비유(比喩)하는 말.

16. 장물(贓物)을 맡아서 매매, 운반(運搬)하거나 이러한 행위(行爲)를 알선(斡旋)하는 사람.

17. 「지난 시대(時代)에는 들어 본 적이 없음」 아주 놀랍고 획기적(劃期的)인 일을 말함.

미증유(未曾有), 미문지사(未聞之事)

문소미문(聞所未聞), 문소불문(聞所不聞)

전고소무(前古所無), 전고미문(前古未聞)

전인미답(前人未踏), 희대미문(稀代未聞)

19. 「사귀어 이로운 세 가지 부류(部類)의 벗」 정직(正直)한 사람, 친구(親舊)의 도리(道理)를 지키는 사람, 지식(智識)이 있는 사람. 삼익우(三益友)

↔ 손자삼우(損者三友)

1			2	■	3			4
	■	■	5			■	■	
	■	6		■	7		■	
8	9	■	10	11		■	12	
■	13		■		■	14		■
15		■	16		17	■	18	19
	■	20		■	21		■	
	■	■	22			■	■	
23				■	24			

여덟 번째

가 로 열 쇠

1. 「그루터기를 지켜 토끼를 기다림」 고지식하고 융통성(融通性)이 없이 구습(舊習)과 전례(前例)만 고집(固執)함.

각주구검(刻舟求劍), 격화소양(隔靴搔癢)

노이무공(勞而無功), 미생지신(尾生之信)

남교수(濫橋水)

↔ 여세추이(與世推移)

3. 인간(人間)이 반드시 겪어야 하는, 나고 늙고 병들고 죽는 네 가지 큰 고통(苦痛).

5. 붉은색으로 된 승려(僧侶)가 입는 법의(法衣).

6. 행성(行星)의 인력(引力)에 의하여 그 행성의 주위(周圍)를 도는 별.

지구(地球)에 대한 달 따위.

로켓에 의해 쏘아 올려져 지구의 주위를 공전(公轉)하는 인공(人工) 물체(物體).

7. 어떤 일이 끝나거나 현상(現想)이나 시기(時機)가 다 한 뒤에 아직 가시지 않고 남아 있는 운치(韻致).

8. 인간(人間)이 대상(對象)과의 관계(關係)로 지니게 되는 중요성(重要性).

사물(事物)이 지닌 값이나 쓸모.

값, 값어치

10. 산기슭이나 산허리의 가파르게 기울어진 땅.

12. 사회(社會)나 정치(政治)에 대한 일정(一定)한 견해(見解)나 생각.

사고(思考) 작용(作用)의 결과(結果)로 얻어진 체계적(體系的)이고 논리적(論理的)인 의식(意識) 내용(內容).

13. 못된 꾀로 남을 속임.

무기(誣欺), 무망(誣罔)

14. 자기(自己)와 관계(關係)있는 것을 남에게 드러내어 뽐냄. 과긍(誇矜)

15. 알맞은 분량(分量). 적당량(適當量)

16. 대사(大使)가 주재국(駐在國)에서 공무(公務)를 집행(執行)하는 공관(公館).

18. 어떤 일을 하기 위하여, 필요(必要)한 물건(物件)이나 자세(姿勢) 따위를 미리 갖추어 차림.

20. 반성(反省)이나 억제(抑制) 없이 발작적(發作的)으로 행동(行動)하려는 마음의 움직임.

21. 어떤 종교(宗敎)의 교리(敎理)를 널리 알리고 교도(敎徒)를 모집(募集)하는 일.

선교(宣敎), 전도(傳道)

22. 어떤 건물(建物)이나 기관(機關) 등이 있는 장소(場所).

23. 바닥이 패어 물이 빙빙 돌며 흐르는 것.

힘, 사상(思想), 감정(感情) 따위가 서로 엉켜 혼란(混亂)스러운 상태(狀態).

24. 「구부러진 것을 바로잡으려다가 너

무 곧게 함」 잘못을 바로잡으려다 지나쳐 오히려 일을 그르침.

교각살우(矯角殺牛), 교왕과정(矯枉過正) 과공비례(過恭非禮), 과유불급(過猶不及) 소탐대실(小貪大失), 수주탄작(隋珠彈雀)

세 로 열 쇠

1. 몸과 마음을 닦아 수양(修養)하고 집안을 돌봄.

수신제가치국평천하(修身齊家治國平天下) 심신(心身)을 닦고 집안을 정제(整齊)한 다음에 나라를 다스리고 천하(天下)를 평정(平定)함.

2. 「흙이 쌓여 산을 이룸」 작은 것이 쌓여 큰 것이 됨.

신합태산(塵合泰山), 석소성대(積小成大) 진적위산(塵積爲山), 적수성연(積水成淵) 승거목단 수적천석(繩鋸木斷 水滴穿石)

3. 「살리거나 죽이고, 주거나 뺏음」 마음 내키는 대로 할 수 있음.

생살여탈(生殺與奪)
↔ 야금용약(冶金踊躍)

4. 선비 · 농부(農夫) · 공장(工匠) · 상인(商人) 등 네 가지 신분(身分).

봉건시대(封建時代)의 계급관념(階級觀念)을 순서(順序)대로 일컫는 말.

9. 생물(生物)을 죽음에 이르게 할 정도(程度)로 많은 약물(藥物)이나 독극물(毒劇物)의 양. 중독량(中毒量), 견딤량

11. 예술작품(藝術作品)에 대한 비평(批評)과 발달(發達)과 그 변천(變遷) 과정(過程). 그것을 역사적(歷史的)으로 서술(敍述)한 기록(記錄).

12. 한옥(韓屋)에서, 집의 안채와 떨어져 바깥주인이 거처(居處)하며 손님을 접대(接待)하는 용도(用度)로 사용(使用)하는 집채.

15. 어떤 일을 맡기기에 알맞은 재능(才能)을 가진 사람을 알맞은 자리에 씀.

잡 호스팅(job hosting)

16. 「크게 같고 작게 다르다」 두 가지 이상(以上)의 대상(對象)이 어슷비슷한 것.

용호상박(龍虎相搏), 우열난분(優劣難分) 차상차하(差上差下), 춘란추국(春蘭秋菊)

17. 「관중(管仲)과 포숙아(鮑叔牙)의 우정(友情)」 아주 친한 친구 사이의 사귐.

막역지우(莫逆之友), 문경지교(刎頸之交) 백아절현(伯牙絶絃), 고산유수(高山流水)

19. 근로(勤勞) 방식(方式), 근로 시간(時間), 고용(雇傭)의 지속성(持續性) 등에서 정식(正式)으로 채용(採用)되지 않은 직업(職業).

1			2	■	3			4
	■	■	5			■	■	
	■	6		■	7		■	
8	9	■	10	11		■	12	
■	13		■		■	14		■
15		■	16		17	■	18	19
	■	20		■	21		■	
	■	■	22			■	■	
23				■	24			

아홉 번째

가 로 열 쇠

1. 「아무것도 하지 않고 능히 다스림」 군주(君主)의 덕(德)이 지극(至極)히 커서 천하(天下)가 저절로 잘 다스려짐.

3. 옥(玉)같이 고운 풀에 핀 구슬같이 아름다운 꽃. 기화이초(奇花異草)

5. 「하늘의 뜻을 앎」 나이 50세.

오십천명(五十天命), 지명지년(知命之年)

6. 어떤 일을 이루려고 꾀하여 봄.

· 시험적(試驗的)으로 해 봄.

7. 사실(事實)이 아닌 것을 사실인 것처럼 거짓으로 꾸밈.

위조(僞造), 조작(造作), 창작(創作)

8. 싸우던 것을 멈추고 안 좋은 감정(感情)을 풀어 없앰.

사화(私和), 화회(和會)

10. 그 고장 사람이 아닌 사람을 이르는 말.

12. 정월(正月) 초하루 날.

원단(元旦) ·정단(正旦) ·정조(正朝)

13. 앞으로 일을 치러 나갈 방향(方向)과 계획(計劃).

· 방위(方位)를 가리키는 자석(磁石)의 바늘.

14. 정실(情實)의 몸에서 태어난 아들.

· 수지(收支) 결산(決算)에서 수입(收入)보다 지출(支出)이 더 많음.

15. 하던 일을 마물러서 끝냄.

· 옛날 중국에서, 관리(官吏)들의 성적(成績)을 매기던 제도(制度).

16. 먹는 물이나 공업(工業), 방화(放火) 등에 쓰는 물을 관(管)을 통해 보내주는 설비(設備).

18. 이러쿵저러쿵하는 여러 가지의 말.

20. 한곳에서 다른 곳까지, 한 물체에서 다른 물체(物體)까지의 거리나 공간(空間).

어느 때에서 다른 한때까지의 동안.

21. 깨를 볶을 때 톡톡 튀듯, 체구(體軀)가 작은 사람이 방정맞게 까부는 모양(模樣).

22. 군사상(軍事上)의 목적(目的)에 사용(使用)되는 모든 비용(費用).

23. 「먼저 행(行)하면 상대방(相對方)을 제압(制壓)할 수 있음」 남보다 앞서 일을 도모(圖謀)하면 남을 능히 누를 수 있음.

선발제인(先發制人), 선성탈인(先聲奪人)

진승오광(陳勝吳廣)

↔ 후발제인(後發制人)

24. 확실(確實)하지 않은 성질(性質). 또는 그런 상태(狀態). 변수(變數)

세 로 열 쇠

1. 「애써 하지 않아도 잘 됨」 위정자(爲政者)의 덕(德)이 크면 백성(百姓)이 저절로 교화(敎化)됨을 이르는 말.

2. 내버려두고 상대(相對)하지 않음.

　도외시(度外視)

3. 자기(自己) 이름을 쓰고 도장(圖章)을 찍음. 압서(押署)

4. 「초야(草野)의 어리석은 신하(臣下)」 신하가 자기(自己)를 낮추어 이르는 말.

　강해지사(江海之士), 고운야학(孤雲野鶴)
　도측기보(道側奇寶), 산림처사(山林處士)
　암거지사(巖穴之士), 은거처사(隱居處士)
　전거지신(傳遽之臣), 초망지신(草莽之臣)
　초모지신(草茅之臣), 초목지신(草木之臣)
　학명지사(鶴鳴之士), 호해지사(湖海之士)

9. 구속(拘束)이나 억압(抑壓), 부담(負擔) 따위에서 벗어난 느낌.

11. 비나 눈 따위가 스며들어 생긴 것으로, 땅속의 토사(土砂), 암석(巖石) 따위를 채우고 있는 물.

12. 핵폭발(核爆發) 직후(直後)에 생기는 거대(巨大)한 버섯 모양(模樣)의 구름.

15. 1차 세계 대전(一次 世界 大戰) 후에, 프랑스가 대(對) 독일(獨逸) 방어선(防禦線)으로 구축(構築)한 요새(要塞) 선(線)으로 당시(當時)의 육군 장관(陸軍 長官) OO노가 건의(建議)함.

　어떤 일이나 사안(事案)에 대하여 받아들이거나 인정(認定)할 수 있는 최저(最低)의 한계선(限界線).

16. 전투(戰鬪)나 군사(軍事)상 공무(公務) 중에 몸을 다친 군인 전상병(軍人戰傷兵).

17. 밤에 묘지(墓地)나 습지(濕地)의 찬 곳 위로 어른거리는 푸른 불빛.

　귀린(鬼燐), 음화(陰火), 인화(燐火)

19. 「구름과 같은 마음과 달과 같은 성품(性品)」 맑고 깨끗하여 욕심(慾心)이 없음.

　담박무욕(淡泊無慾), 담백무욕(淡白無慾)
　명경지수(明鏡止水), 무욕무심(無慾無心)
　무욕염담(無慾恬淡), 빙청옥결(氷清玉潔)
　심성본정(心性本淨), 운심학안(雲心鶴眼)
　청렴강직(清廉剛直), 청정무구(清淨無垢)
　평이담백(平易淡白)

↔ 야심만만(野心滿滿)
　탐다무득(貪多務得)

1			2	■	3			4
	■	■	5			■	■	
	■	6		■	7		■	
8	9	■	10	11		■	12	
■	13		■		■	14		■
15		■	16		17	■	18	19
	■	20		■	21		■	
	■	■	22			■	■	
23				■	24			

열 번째

가 로 열 쇠

1. 이러지도 못하고 저러지도 못하는 매우 곤란(困難)한 상태(狀態).

간어제초(間於齊楚), 거주양난(去住兩難)
기세양난(其勢兩難), 낭패불감(狼狽不堪)
사면수적(四面受敵), 사면초가(四面楚歌)
사제사초(事齊事楚), 양당리파(羊撞籬笆)
진퇴무로(進退無路), 진퇴유곡(進退維谷)
상불상하불하(上不上下不下)

3. 「미생의 믿음」 우직하게 약속(約束)만을 굳게 지킴.

융통성(融通性)이 없이 약속만을 굳게 지키는 것.

남교수(濫橋水), 각선구검(刻船求劍)
송양지인(宋襄之仁), 수주대토(守株待兔)

5. 균형(均衡)을 이루는 성질(性質).

6. 남의 허물을 드러내거나 꼬집어 나쁘게 말함.

7. (해(年)를 뜻하는 말 뒤에 쓰여) 일정(一定)한 기간(其間)으로서의 어느 한 해에 만들어진 작품(作品).

8. 어떤 행동(行動)이나 제안(提案), 주장(主張) 따위가 옳거나 좋다고 판단(判斷)하여 뜻을 같이함.

동조(同調), 동의(同意)

· 조선시대(朝鮮時代), 의정부(議政府)에 딸린 종1품(從一品)의 벼슬.

10. 언론(言論)이나 경찰(警察) 따위에, 사건(事件)의 정보(情報)를 제공(提供)하여 주는 사람.

12. 어떤 대상(對象)에 쏠리는 많은 사람의 관심(關心)이나 호감(好感).

· 사람의 도량(度量)과 재간(才幹).

13. 어떤 목적(目的)을 달성(達成)할 때까지 좇아 구함.

14. 목적을 이루기 위하여 있는 힘을 다해 부지런히 애를 씀.

15. 상황(常況)이 좋지 않음.

행복(幸福)하지 못함.

16. 어떤 사물(事物)이나 상황(狀況)을 보거나 겪고서 느낀 생각을 적은 글.

18. 남의 요청(要請)이나 제안(提案) 따위를 받아들이지 않고 물리침.

20. 사람이 살아가는 데 훈계(訓戒)가 되는 짧은 말.

격언(格言), 금언(金言), 경구(警句)

21. 큰 포부(抱負)를 가지고 어떤 일을 조직적(組織的)으로 계획(計劃)함. 또는 그런 계획이나 포부.

22. 어떤 사물(事物)에 대하여 마음에 떠오르는 직관적(直觀的) 인상(人相).

23. 음탕(淫蕩)하고 도리(道理)에 어긋나는 이야기.

외설설화(猥褻說話), 육두문자(肉頭文字)

24. 어떤 것을 먼저 차지하거나 사용(使用)할 수 있는 차례(次例)나 위치(位置).

우선권(優先權)

세 로 열 쇠

1. 푸짐하게 잘 차린 맛있는 음식(飮食).
   고량후미(膏粱厚味), 산진해미(山珍海味)
   산진해착(山珍海錯), 수륙진미(水陸珍味)
   수륙진찬(水陸珍饌), 식전방장(食前方丈)

2. 「누구를 형이라 하기도 어렵고 아우라 하기도 어려움」 서로 비슷비슷하여 우열(優劣)을 가리기 어려움.
   난백난중(難伯難仲), 백중지세(伯仲之勢)
   오십소백(五十笑百), 용호상박(龍虎相搏)
   우열난분(優劣難分), 차상차하(差上差下)
   춘란추국(春蘭秋菊), 호각지세(互角之勢)

3. 법률상(法律上)의 권리(權利)를 행사(行事)할 수 있는 성년(成年)이 되지 못한 사람.

4. 자기(自己) 주변(周邊)에서 일어나는 여러 가지 일을 적은 수필체(隨筆體)의 글.
   에세이(essay), 수필(隨筆)

9. 다른 사람을 성적(性的)으로 희롱(戲弄)하거나 폭행(暴行)하는 짓.

11. 예전에, 봇짐장수와 등짐장수를 아울러 이르는 말. 부보상(負褓商)

12. 사람이 직접(直接) 손으로 끄는 수레.
    수거(手車)

15. 서로 뜻이 맞지 않아 일어나는 충돌(衝突).
    둘 이상(以上)의 음(音)이 동시(同時)에 울릴 때 심미적(審美的)으로 어울리지 않아 조화(造化)롭지 않게 들리는 음.

16. 「달콤한 말과 이로운 이야기」 남의 비위(脾胃)에 맞도록 꾸민 달콤한 말과 이로운 조건(條件)을 내세워 꾀는 말.
    감언밀어(甘言蜜語), 교언영색(巧言令色)
    면종후언(面從後言), 미사여구(美辭麗句)
    소리장도(笑裏藏刀), 조삼모사(朝三暮四)
    포장화심(包藏禍心), 화언교어(花言巧語)
    ↔ 눌언민행(訥言敏行)

17. 생사(生死)를 같이하여 목이 떨어져도 두려워하지 않을 만큼 친한 사이.
    고산유수(高山流水), 금란지교(金蘭之交)
    백아절현(伯牙絶絃), 지란지교(芝蘭之交)
    수어지교(水魚之交)
    ↔ 시도지교(市道之交)

19. 고구려(高句麗) 때와 고려(高麗), 조선시대(朝鮮時代)에 임금의 사위에게 내리던 칭호(稱號).
    국서(國壻), 부마(駙馬)

열한 번째

가 로 열 쇠

1. 자연(自然)의 아름다운 경치(景致)를 몹시 사랑하고 즐기는 성벽(性癖).

연하고질(煙霞痼疾), 연하지벽(煙霞之癖)

3. 「태산(泰山)을 알아보지 못함」 인재(人材)를 알아볼 줄 모름을 이름.

5. 여러 가지 덩굴이 꼬이며 뻗어가는 모양(模樣)의 무늬. 덩굴무늬

6. 「아무것도 없이 텅 빔」 노자(老子)의 학설(學說)에서, 형상(刑象)이 없어 볼 수도 들을 수도 없는 우주(宇宙)의 본체(本體). 공허(空虛) ↔ 실존(實存)

7. 사물(事物)이 지닌 쓸모.

대상(對象)이 인간과의 관계(關係)에 따라 지니게 되는 중요성(重要性).

8. 신하(臣下)가 조정(朝廷)에 나아가 임금을 뵙는 일. 조근(朝覲)

· 현악기(絃樂器)의 음률(音律)을 고름.

10. 계절(季節)에 따라 한 해에 네 차례 발행(發行)하는 잡지(雜誌).

12. 어떤 일을 이루기 위하여, 필요(必要)한 조치(措置)나 방법(方法)을 모색(摸索)함. 공작(工作)

· 곡식(穀食) 따위를 팔아서 돈을 마련함.

13. 남을 해치려 하거나 미워하는 악(惡)한 마음.

· 옳지 않거나 좋지 않은 의미(意味)나 의도(意圖).

14. 「끈과 띠」 둘 이상(以上)을 서로 연결(連結)하거나 결합(結合)하게 하는 것.

· 불교(佛敎)에서, 의식(衣食) 따위에 기대어야 살 수 있는, 덧없는 인간의 몸.

15. 거세고 급(急)한 성질(性質).

16. 어린아이가 걸음을 익힐 때 발을 떼어 놓는 걸음걸이.

·어떤 일을 막 시작(始作)하는 단계(段階).

18. 기계(器械)나 부품(部品) 따위가 일을 해내는 능력(能力).

· 기량(技倆)과 재능(才能)을 아울러 이르는 말.

20. 어떤 대상(對象)에 대하여 가지는 생각. 견지(見地)

21. 어떤 일이나 의무(義務), 책임(責任) 따위를 떠맡음.

· 금전적(金錢的)인 면에서 지게 되는 책임.

22. 어떤 대회(大會)나 행사(行事)를 마칠 때 상영(上映)하거나 공연(公演)하는 영화(映畫)나 연극(演劇) 따위의 작품(作品).

23. 널리 대중(大衆)이 즐겨 부르는 노래.

24. 차차 젖어서 번지는 것과 같이 조금씩 오래 두고 하는 참소(讒訴)의 말.

낭패위간(狼狽爲奸), 모략선전(謀略宣傳)
부수지소(膚受之愬), 산심법사(散心法師)
설검순창(舌劍脣鎗), 적설소성(赤舌燒城)

적훼소골(積毁銷骨), 중상모략(中傷謀略)
풍진지언(風塵之言), 호구참언(虎口讒言)

세 로 열 쇠

1. 하늘이 돕고 신(神)이 도움.

고목발영(枯木發榮), 기사회생(起死回生)
만사일생(萬死一生), 천세일시(千歲一時)
행막행의(幸幕幸矣), 호구여생(虎口餘生)

2. 「허황(虛荒)되고 근거(根據)가 없음」 말이나 행동(行動) 따위가 참되지 않고 터무니없음. 허황(虛荒), 황당(荒唐)

허무맹랑(虛無孟浪), 황탄무계(荒誕無稽)

3. 묻지 않아도 알 수 있음.

명명백백(明明白白), 명약관화(明若觀火)
보무타려(保無他慮), 불언가상(不言可想)
소상분명(昭詳分明), 타상하설(他尙何說)

4. 「산에서도 물에서도 싸움」 세상의 온갖 고생(苦生)과 어려움을 다 겪음.

백전노장(百戰老將), 백전노졸(百戰老卒)
비상간고(備嘗艱苦), 십전구도(十顚九倒)
우왕마왕(牛往馬往),

9. 줄을 켜거나 타서 소리를 내는 악기(樂器)를 통틀어 이르는 말.

11. 진동수(振動數)가 비슷한 둘 이상의 음파(音波)가 서로 어울려서 생기는 소리.

12. 답안지(答案紙) 따위에서, 잘못되었다고 표시(表示)로 내리긋는 줄.

기다란 막대기

15. 「눈을 비비고 다시 보며 상대(相對)를 대함」 다른 사람의 학식(學識)이나 업적(業績)이 크게 진보(進步)한 것을 말함.

일진월보(日進月步), 일취월장(日就月將)
괄목상간(刮目相看), 괄목상관(刮目相觀)
일신우일신(日新又日新)

16. 「걸왕의 개가 요임금을 향하여 짖음」 각자(各自) 자기(自己) 주인(自己 主人)에게 충성(忠誠)함을 말함.

묘서동면(猫鼠同眠), 위호작창(爲虎作倀)
의초부목(依草附木), 조걸위학(助桀爲虐)
조주위학(助紂爲虐), 척구폐요(跖狗吠堯)
파지관부(把持官府), 항해일기(沆瀣一氣)

17. 「도끼를 갈아 바늘을 만듦」 어떤 일이라도 끝까지 하면 이룰 수 있음.

점적천석(點滴穿石), 적진성산(積塵成山)
마부위침(磨斧爲針), 마저성침(磨杵成針)

19. 언덕을 천천히 오르내리듯이 고통(苦痛)을 서서히 최대한(最大限)을 느끼면서 죽게 하는 잔혹(殘酷)한 사형(死刑) 방법.

능지처사(陵遲處死), 오우분시(五牛分屍)

1			2	■	3			4
	■	■	5			■	■	
	■	6		■	7		■	
8	9	■	10	11		■	12	
■	13		■		■	14		■
15		■	16		17	■	18	19
	■	20		■	21		■	
	■	■	22			■	■	
23				■	24			

열두 번째

가 로 열 쇠

1. 「사마귀가 앞발을 들고 수레를 멈추려 함」 자기(自己) 분수(分數)도 모르고 무모(無謀)하게 덤빔.

당랑지부(螳螂之斧), 당비당거(螳臂當車)

3. 「천 가지의 모습과 만 가지의 형상(形象)」 사물(事物)의 모양(模樣)이나 현상(現想)이 한결같지 않고 각각 모습과 모양(模樣)이 다름.

5. 어떤 일을 권하여 알리는 내용(內容)을 적은 글.

6. 괜한 일로 고집(固執)을 피우거나 화가 난 마음.

7. 「학처럼 고개를 길게 빼고 바라봄」 무엇을 간절(懇切)히 바람.

학수고대(鶴首苦待)

8. 달의 일부(一部) 또는 전체(全體)가 지구(地球)의 그림자에 가려 보이지 않게 되는 현상(現想). 달가림

10. 어떤 일의 성패(成敗)나 명예(名譽) 따위에 회복(回復)할 수 없을 정도(程度)의 영향(影響)을 주는 것.

12. 남의 권리(權利)나 재산(財産) 따위를 함부로 침범(侵犯)하여 손해(損害)를 끼침. 침손(侵損)

13. 국가(國家)와 사회(社會)를 구성(構成)하고 있는 사람들.

인민(人民), 민서(民庶), 백성(百姓), 민생(民生), 민초(民草), 생치(生齒), 지민(地民), 창생(蒼生)

14. 사회적(社會的) 활동(活動)을 하는 데의 방법(方法)이나 책략(策略).

전쟁(戰爭)을 전반적(全般的)으로 이끌어 가는 방법이나 책략.

15. 용모(容貌)와 행동(行動).

어떤 사실(事實)의 전말(顚末). 일이 되어 가는 모양(模樣).

16. 남녀 간의 애정(愛情)을 적나라(赤裸裸)하게 노래한 고려(高麗) 가요(歌謠).

18. 자기(自己)의 가치(價値)나 능력(能力)을 믿고 마음을 당당(堂堂)하게 가짐.

자시(自恃), 자신(自信), 자긍(自矜)

20. 인류(人類) 사회(社會)의 발전(發展)과 관련(關聯)된 의미(意味) 있는 과거(過去) 사실(事實)들에 대한 인식(認識).

춘추(春秋), 사(史)

21. 사람이 生活에 필요(必要)로 하는 재화(財貨)나 용역(用役)을 생산(生産), 분배(分配), 소비(消費)하는 모든 활동(活動).

나라를 다스리고 백성(百姓)을 구제(救濟)함.

22. 「3년과 같이 시간(時間)이 길게 느껴짐」 몹시 애타게 기다리는 마음.

일각(一刻)○○○, 일일(一日)○○○

23. 사유(私有) 재산제(財産制) 대신(代身)에 재산의 공유(共有)를 실현(實現)함으로 계급(階級) 없는 평등(平等) 사회(社會)를

이룩하려는 사상(思想) 및 운동(運動).

24. 태도(態度)나 결심(決心) 따위가 굳어져 흔들림이나 변화(變化)가 없음.

확고불발(確固不拔), 비석지심(匪石之心)

특립독행(特立獨行)

세 로 열 쇠

1. 「서당(書堂)에서 기르는 개가 풍월(風月)을 읊는다」 어떤 분야(分野)에 대하여 경험(經驗)과 지식(知識)이 전혀 없는 사람이라도 오래 있으면 얼마간의 경험과 지식을 갖게 됨을 말함.

당구삼년폐풍월(堂狗三年吠風月)

2. 「쇠주먹으로 다스림」 폭력(暴力)으로 국민(國民)을 억눌러 다스림을 비유함.

3. 우주(宇宙) 전체(全體)나 그 안에 있는 여러 천체(天體)에 관한 온갖 현상(現象)을 연구(硏究)하는 학문(學問)에 근거(根據)한.

수(數)가 엄청나게 큰 것.

4. 「뽕나무밭이 변하여 푸른 바다가 됨」 세상일의 변천(變遷)이 심함.

격세지감(隔世之感), 고안심곡(高岸深谷)

능곡지변(陵谷之變), 창상지변(滄桑之變)

창해상전(滄海桑田), 화옥산구(華屋山丘)

9. 정치(政治), 경제(經濟), 군사(軍事), 문화적(文化的)으로 다른 나라에 예속(隷屬)되어 독립(獨立) 국가(國家)로서의 자주적(自主的)인 주권(主權)을 갖고 있지 않은 나라.

11. 어떤 분야(分野)에서 기술(技術)과 재주가 뛰어나 이름이 난 사람들에 관한 전기(傳記).

12. 영토(領土)나 국권(國權), 이권(利權) 등을 빼앗을 목적으로 상대(相對) 국가나 집단(集團)을 쳐들어가는 사람이나 집단.

15. 「반딧불·눈과 함께하는 노력(努力)」 고생(苦生)하면서 부지런하고 꾸준하게 공부(工夫)하는 자세(姿勢)를 이르는 말.

형창설안(螢窓雪案), 차윤성형(車胤盛螢)

차형손설(車螢孫雪), 손강영설(孫康映雪)

16. 모든 일이 뜻한 바와 같음.

만사형통(萬事亨通)

↔ 만사휴의(萬事休矣)

17. 봄에 밭을 갈고 가을에 곡식(穀食)을 거둬들임. 춘경추수(春耕秋收)

19. 아무런 주관(主觀)이 없이 남의 의견(意見)을 맹목적(盲目的)으로 좇아 함께 어울림.

난만동귀(爛漫同歸), 수중축대(隨衆逐隊)

아부영합(阿附迎合), 추우강남(追友江南)

1			2	■	3			4
	■	■	5			■	■	
	■	6		■	7		■	
8	9	■	10	11		■	12	
■	13		■		■	14		■
15		■	16		17	■	18	19
	■	20		■	21		■	
	■	■	22			■	■	
23				■	24			

열세 번째

가 로 열 쇠

1. 밤중을 틈타 도망(逃亡)침.
경겁도주(驚怯逃走), 계비구찬(鷄飛狗竄)
망명도주(亡命逃走), 망야도주(罔夜逃走)
쇄문도주(鎖門逃走), 야반도주(夜半逃走)
주위상책(走爲上策)

3. 매우 슬퍼서 목이 메도록 욺.
방성대곡(放聲代哭), 대성통곡(大聲痛哭)

5. 뭐든지 잘 먹고 잘 노는 사람.
· 탐욕(貪慾)스럽게 세력(勢力) 확장(擴張)을 꾀하는 대기업(大企業)을 비난(非難)하는 말.

6. 같은 집에서 살며 끼니를 함께 하는 사람.
어떤 조직(組織)에 속하여 함께 일하는 사람을 비유(比喩)함.

7. 마땅히 예(禮)로써 대함.
· 음식(飮食)을 차려 접대(接待)함.

8. 관념론(觀念論)에서, 사물(事物)의 본질적(本質的) 존재(存在).
· 실제(實際)로 존재함.

10. 어떤 조직(組織)이나 단체(團體)를 이루는 사람. 멤버(member)

12. 서로 같지 않음.
· 질그릇의 한 종류(種類).

13. 헤아리고 판단(判斷)하고 인식(認識)하는 것 따위의 정신 작용(精神作用).
사고(思考), 지려(志慮)

14. 전에 없던 것을 처음 만듦.
조물주(造物主)가 우주(宇宙)를 처음 만듦.

15. 흰쌀, 백설탕(白雪糖), 화학조미료(化學調味料)를 속되게 이르는 말.

16. 감독(監督)의 우두머리.

18. 소동(騷動)을 일으킴.
기뇨(起鬧), 작나(作拏), 작뇨(作鬧)

20. 성품(性品)이 착한 남자(男子).
불법(佛法)에 귀의(歸依)한 남자.

21. 사물(事物)의 가치(價値)나 등급(等級) 따위의 일정(一定)한 표준(標準)이나 정도(程度). 레벨(level)
수면(水面)의 위치(位置).

22. 지상(地上)에서 공중(空中)으로 향함.

23. 헛되이 애만 쓰고 아무런 이로움이 없음. 노이무공(勞而無功)
도로무공(徒勞無功), 금의야행(錦衣夜行)
도비심력(徒費心力), 암중순목(暗中瞬目)
야행피수(夜行被繡), 종정구인(從井救人)

24. 「곁에 아무도 없는 것처럼 여김」 제 세상인 것처럼 함부로 말하거나 행동함.
강려자용(剛戾自用), 격단무휘(擊斷無諱)
곡자아의(曲者我意), 도량방자(跳踉放恣)
만단무방(萬端無方), 무장무애(無障無礙)
방벽사치(放辟邪侈), 방자무기(放恣無忌)
산계야목(山鷄野鶩), 수석침류(漱石枕流)

유아독존(唯我獨尊), 자행자지(自行自止)
종회여류(從懷如流), 질탕방언(跌蕩方言)

세 로 열 쇠

1. 「마루에 올라 방에 들어감」 일에는 차례(次例)가 있음.
   - 학문(學問)이 점점 깊어짐.
   - 등고자비(登高自卑)
   - 행원필자이(行遠必自邇)
   - 척하필자이(陟遐必自邇)

2. 정확(正確)하지 않고 어림짐작으로 하는 계산(計算).

3. 뜻밖의 사태(事態)나 사고(事故)의 발생(發生)을 방지(防止)하기 위하여 특정(特定)한 시설(施設)이나 지역(地域) 따위를 지키는 부대(部隊)나 경찰(警察) 조직(組織)의 구성원(構成員). 독도 ○○○○

4. 성질(性質)이 무르고 다부지지 못한 사람을 얕잡아 이르는 말.

9. 「달의 검은 부분(部分)이 생기기 시작(始作)함」 음력(陰曆) 열엿샛날.

11. 목적(目的)한 바를 이루어서 느끼는 뿌듯하고 자랑스러운 느낌.

12. 어떤 의견(意見)에 대하여 뜻을 같이 하는 사람.

15. 「여자(女子)가 따라야 할 세 가지의 도리(道理)」 아버지를, 남편(男便)을, 자식(子息)을 따라야 함.
    - 삼종지의(三從之義), 삼종지덕(三從之德)
    - 부인삼종(婦人三從), 가계수계(嫁鷄隨鷄)
    - 앙망종신(仰望終身), 이천적인(移天適人)
    - 일부종사(一夫從事)

16. 「붕새가 날개를 펴고 남명(南明)으로 날아가려고 함」 큰 사업(事業)을 계획(計劃)하고 웅비(雄飛)를 꾀함.
    - 도남붕익(圖南鵬翼), 만리붕익(萬里鵬翼)
    - 붕정만리(鵬程萬里), 승풍파랑(乘風破浪)
    - 장풍파랑(長風波浪)

17. 아내가 남편 없이 혼자 지내는 것.
    - 독숙공방(獨宿空房), 고침단금(孤枕單衾)
    - 분수향원(紛愁香怨)

19. 사상(思想)이나 보안(保安) 문제(問題)와 관련(關聯)하여 당국(當局)의 감시(監視)를 받는 사람.

1			2	■	3			4
	■	■	5			■	■	
	■	6		■	7		■	
8	9	■	10	11		■	12	
■	13		■		■	14		■
15		■	16		17	■	18	19
	■	20		■	21		■	
	■	■	22			■	■	
23				■	24			

열네 번째

가 로 열 쇠

1. 「원숭이에게 나무에 오르는 것을 가르침」 나쁜 사람에게 나쁜 짓을 하게 권함. '공자 앞에서 문자 쓰는 격'

반문농부(班門弄斧)

공자문전매효경(孔子門前賣孝經)

3. 하늘과 땅 사이에 가득 찬 넓고 큰 원기(元氣).

공명정대(公明正大)하여 조금도 부끄럼 없는 용기(勇氣).

잡다(雜多)한 일에서 벗어난 자유(自由)로운 마음.

지대지강(至大至剛)

5. 이치(理致)나 논리(論理)에 합당(合當)하지 않음.

6. 어떤 즐길 거리에만 지나치게 열중(熱中)하는 사람을 속되게 이르는 말.

7. 어떤 일을 하거나 무엇을 이용(利用)하기가 쉽지 않고 번거로움.

8. 개인(個人) 간이나 국가(國家) 간에 서로 친하고 사이가 좋음. 선린(善隣)

10. 물건(物件)이나 수레 따위를 뒤에 달고 끄는 차(車).

12. 의견(意見)이 대립(對立)하는 양편(兩便)에서 서로 절충(折衝)하여 일을 끝맺음.

13. 남이 보지 않는 곳에 혼자 있을 때도 도리(道理)에 어긋나지 않도록 조심(操心)하여 말과 행동(行動)을 삼감.

이속우원(耳屬于垣), 불괴옥루(不愧屋漏)

14. 신념(信念)이나 신의(信義) 따위를 굽히거나 바꾸지 않는 강직(剛直)한 태도(態度).

15. 시험(試驗)에서 남을 대신(代身)하여 답안(答案)을 만듦.

16. 공장(工場) 등에서 주요(主要) 열기관(熱機關)이나 전동기(電動機) 따위의 원동기(原動機)를 설치(設置)하여 놓은 방.

18. 잘못을 나무라거나 꾸짖으며 못마땅하게 여김.

20. 사물(事物)의 속이나 밑에 있는 깊은 층(層).

21. 공동생활(共同生活)을 하는 사람들의 조직화(組織化) 된 집단(集團)이나 세계.

22. 글을 쓰거나 사무(事務)를 보는 데 필요(必要)한 도구(道具)를 파는 가게.

23. 「비단(緋緞) 위에 꽃을 더함」 좋은 일 위에 더 좋은 일이 더하여짐.

첨금상화(添錦上花), 쌍희임문(雙喜臨門)

호상가호(好上加好)

↔ 설상가상(雪上加霜), 전호후랑(前虎後狼)

24. 하는 일 없이 빈둥빈둥 놀면서 도시(都市)의 이곳저곳을 돌아다니며 방탕(放蕩)한 생활(生活)을 하는 무리.

시정잡배(市井雜輩), 무뢰배(無賴輩)

세 로 열 쇠

1. 「소의 뿔을 바로잡으려다가 소를 죽임」 결점(缺點)이나 흠(欠)을 고치려다가 그 정도(程度)가 지나쳐 오히려 일을 그르침.

교왕과직(矯枉過直), 과유불급(過猶不及)
수주탄작(隋珠彈雀), 원별실귀(援鼈失龜)
명주탄작(明珠彈雀), 이주탄작(以珠彈雀)
↔ 사소취대(捨小取大), 취대사소(取大捨小)

2. 눈으로 차마 볼 수 없음.

불인정시(不忍正視), 목불인시(目不忍視)
목불인도(目不忍睹)

3. 조금도 틀림이 없음.

무일호차(無一毫差), 불실서루(不失黍累)
불실치수(不失錙銖), 만무일실(萬無一失)
여인일판(如印一板)

4. 글을 체계(體系) 있게 짓는 방식(方式)으로, 문제(問題) 제기(提起), 전개(展開), 전환(轉換), 마무리의 네 단계(段階)로 이루어짐.

기승전락(起承轉落), 기승전합(起承轉合)

9. 자기(自己)의 몸을 보호(保護)하기 위한 무술(武術).

11. 인생(人生)의 의의(意義), 가치(價值), 목적(目的) 따위를 이해(理解)하고 평가(評價)하는 전반적(全般的)인 사고(思考) 체계(體系).

12. 어려움이나 고난(苦難) 따위를 해결(解決)하여 길을 열어 갈 방책(方策).

15. 「소를 마주 대하고 거문고를 탐」 어리석은 사람에게 깊은 이치(理致)를 말하여 주어도 아무 소용(所用)이 없음.

풍과이(風過耳), 마이동풍(馬耳東風)
우이독경(牛耳讀經), 우이송경(牛耳誦經)

16. 한 민족(民族)이나 사회(社會)의 기층(基層)을 이루는 사람들의 문화(文化).

↔ 표층문화(表層文化)

17. 사실(事實)에 토대(土臺)를 두어 진리(眞理)를 탐구(探究)하는 일.

공리공론(空理空論)을 바탕으로 하는 과학적(科學的) · 객관적(客觀的) 학문(學問) 태도(態度)를 이르는 것으로, 조선시대(朝鮮時代) 실학파(實學派)의 학문에 큰 영향(影響)을 줌.

실천궁행(實踐躬行), 정구훈고(精求訓詁)

19. 「소 잃고 외양간 고친다」 어떤 일이 이미 실패(失敗)한 뒤에는 뉘우쳐 보아야 소용(所用)이 없음.

갈이천정(渴而穿井), 대한색구(大寒索裘)
서제막급(噬臍莫及), 우후송산(雨後送傘)

열다섯 번째

가 로 열 쇠

1.「붉은 것을 가까이하면 반드시 붉어짐」 주위환경(周圍環境)이 중요(重要)하다는 의미(意味). 근묵자흑(近墨者黑)

근주근묵(近珠近墨) 남귤북지(南橘北枳)

마중지봉(麻中之蓬) 봉생시중(蓬生枲中)

3. 큰 비중(比重)을 두어 내용(內容)과 형식(形式)을 특별(特別)히 두드러지게 보이도록 크게 씀.

대자특서(大字特書), 대서특보(大書特報)

5. 하얀 헝겊으로 가장자리를 둘러댄 돗자리.

6. 한 개인(個人)이 가지는 고유(固有)의 특성(特性). 퍼스낼리티(personality)

· 성문(城門)을 엶. 적군(敵軍)의 힘에 눌려 굴복(屈伏)함.

7. 각각(各各)의 이름이나 신분(身分)에 따라 마땅히 지켜야 할 도리(道理).

명목하(名目下), 명목(名目), 명색(名色)

· 이미 정하여져 있어 인간(人間)의 힘으로는 어쩔 수 없는 천운(天運)과 기수(氣數).

8. 무엇을 가지고 모임에 참여(參與)함.

지니고 옴.

10. 절반(折半)이 훨씬 넘어 전체(全體) 양(量)에 거의 가까운 정도(程度).

대개, 대체로.

12. 균형(均衡)이 맞게 바로 바로잡음.

· 적당(適當)히 맞추어 나감.

13. 여러 사람을 미혹(迷惑)시키는 말이나 주장(主張).

여러 사람의 주장이나 학설(學說).

14. 건설(建設) 현장(現場)에 임시(臨時)로 마련되어 있는 식당(食堂).

15. 실현(實現) 가능성(可能性)이 없는 헛된 생각을 함.

· 상복(喪服)을 입음.

16. 이마에서 정수리까지의 머리카락을 양쪽으로 갈랐을 때 생기는 금.

18. 깊은 못.

· 빠져나오기 힘든 구렁.

· 뛰어넘을 수 없는 높은 간격(間隔).

20. 산보다는 조금 낮고 완만(緩慢)하게 비탈진 곳.

21. 슬프고 아까움.

· 소중(所重)히 여기고 아낌.

22. 아무것도 놓인 것이 없이 비어 있는 구석.

23. 거북이를 소재(素材)로 한 옛 시가(詩歌)의 하나로, 임금을 맞이하는 노래.

구지가(龜旨歌)를 달리 이르는 말.

24. 보통(普通) 사람의 생각으로는 도저히 미루어 헤아릴 수 없을 만큼 이상야릇함.

불가지해(不可知解), 괴괴기기(怪怪奇奇)

해괴망측(駭怪罔測), 미스터리(mystery)

세 로 열 쇠

1. 겨우겨우 배겨 나가거나 견디어 나감.
도량모(稻粱謀), 생구불망(生口不網)
식유호구(食猶糊口), 죽일연명(粥一延命)
조반석죽(朝飯夕粥), 취식지계(取食之計)
근근도생(僅僅圖生), 근근득생(僅僅得生)

2. 작은 것이나 적은 것도 쌓이면 크게 되거나 많아짐.
수적천석(水滴穿石), 수적촌루(銖積寸累)
적소성대(積小成大), 적수성연(積水成淵)
적우침주(積羽沈舟), 중소성다(衆小成多)
진합태산(塵合泰山), 홍취침주(鴻毳沈舟)
적진성산(積塵成山), 적토성산(積土成山)

3. 사람으로서 마땅히 지켜야 할 중대(重大)한 의리(義理)와 명분(名分).
행동(行動)의 기준(基準)이 되는 도리(道理).
이유(理由)가 되는 명백(明白)한 근거(根據).

4. 반드시 무슨 까닭이 있음.
소소곡절(小小曲折), 우여곡절(迂餘曲折)
전후곡절(前後曲折), 필유사단(必有事端)
임중다질풍(林中多疾風)

9. 비참(悲慘)하고 끔찍한 모습이나 광경(光景).

11. 크고 가볍게 떠는 모양.
얇은 종이나 털 따위에 불이 붙어 거볍게 타오르는 모양(模樣).

12. 조마조마하여 마음을 졸임. 그렇게 졸이는 마음.

15. 「꿈과 허깨비, 거품과 그림자」인 생(人生)이 헛되고 덧없음을 이르는 말.

16. 사람의 머리를 한 상상(想像)의 새로, 히말라야에 살며 그 울음소리가 곱고, 극락(極樂)에 둥지를 튼다고 함.
호성조(好聲鳥), 선조(仙鳥), 묘음조(妙音鳥)

17. 자연(自然)의 암벽(岩壁), 구릉, 동굴(洞窟) 벽(壁) 따위에 새긴 불상(佛像).
벼랑부처, 마애불(磨崖佛)

19. 혈연(血緣)이나 학연(學緣), 지연(地緣) 따위로 맺어진 관계(關係)를 중요(重要)하게 여기거나 우선(于先)시하는 태도(態度). 네포티즘(nepotism)

열여섯 번째

가 로 열 쇠

1. 「겉과 속이 같지 않음」 마음이 음흉(陰凶)하여 겉과 속이 다름.

감언밀어(甘言蜜語), 구밀복검(口蜜腹劍)
권상요목(勸上搖木), 면종복배(面從腹背)
소리장도(笑裏藏刀), 양두구육(羊頭狗肉)
양질호피(羊質虎皮)

3. 「쇠귀에 경 읽기」 우둔(愚鈍)한 사람은 아무리 가르치고 일러주어도 알아듣지 못함. 마이동풍(馬耳東風)

대우탄금(對牛彈琴), 하우불이(下愚不移)

5. 원래(原來) 하나였다가 전쟁(戰爭)이나 외국(外國)의 지배(支配) 등의 이유(理由)로 둘 이상(以上)으로 갈라진 나라.

6. 일정(一定)한 범위(範圍) 안에서 일의 원인(原因)과 결과(結果)를 지배하는 근본(根本) 원리(原理).

사물(事物)들의 규칙적(規則的)인 배치(配置)나 배열(配列).

질차(秩次)

7. 국가(國家)나 사회(社會) 또는 남을 위하여 자신(自身)을 돌보지 않고 애씀.

8. 신분(身分)이나 지체(地體)에 알맞은 체면(體面).

10. 어떤 일이나 분야(分野), 단체(團體) 등에서 중심(中心)이 되거나 주도적(主導的)인 역할(役割)을 하는 인물(人物).

주역(主役)

12. 어떤 일이 생기기 이전(以前)에 그 일에 대해서 미리 보이는 여러 가지 조짐. 증후(證候), 전조(前兆)

13. 어떤 행동(行動)이나 일에서 나타나는 부정적(否定的)인 현상(現狀)이나 해로운 요소(要素).

폐(弊), 병폐(病弊)

14. 남의 요청(要請)이나 제안(提案) 따위를 받아들여서 자기 것으로 삼음.

예술작품(藝術作品) 등을 감성(感性)으로 받아들여 즐김.

15. 세 가지가 잘 어울려 딱 들어맞음.

16. 물건(物件)의 가격(價格)이나 요금(料金), 봉급(俸給) 등을 올리는 데에 대한 의안(議案).

18. 여러 가지. 모든 것.

각반(各般), 백반(百般)

20. 어려서부터 한 사람에게 영향(影響)을 끼쳐 온 혈통(血統)이나 환경(環境).

출신(出身), 환경(環境).

사물(事物)이나 생각 등이 생기는 본바탕. 근간(根幹).

21. 일 년 중 낮이 가장 길고 밤이 가장 짧다는 날. ↔ 동지(冬至)

22. 맡아서 해야 할 가장 주되고 중요(重要)한 일.

23. 개인(個人)이나 여러 집단(集團)이 기본(基本)으로 삼는 원칙(原則)이나 목적(目的)이 서로 다를 수 있음을 인정(認定)하는 태도(態度).

24. 인간(人間)이 지켜야 할 네 가지 덕목(德目). 어질고 의로우며, 충성(忠誠)하며 효도(孝道)함.

세 로 열 쇠

1. 「안팎이 하나가 됨」 두 사물(事物) 사이의 관계(關係)가 아주 가깝게 됨.

언행일치(言行一致), 지행합일(知行合一)
지행일치(知行一致), 화복규묵(禍福糾纆)
화복규승(禍福糾繩)

2. 「동쪽으로 뛰고 서쪽으로 뛤」 여기저기 사방(四方)으로 분주(奔走)하게 돌아다님. 마상득천하(馬上得天下)

동치서주(東馳西走), 동행서주(東行西走)

3. 나랏일을 염려(念慮)하면서 나라를 위해 온 힘을 다함.

멸사봉공(滅私奉公), 우국충정(憂國衷情)

4. 「한 번 화살에 놀란 새는 구부러진 나무만 보아도 놀람」 어떤 일로 한 번 혼이 난 뒤에 그것을 두려워하는 마음을 가짐. 상궁지조(傷弓之鳥)

사영배궁(蛇影杯弓), 오우천월(吳牛喘月)
징갱취제(懲羹吹虀), 징선기여(懲船忌輿)

9. 같거나 비슷한 종류(種類)의 여러 기업(企業)이나 기구(機構) 따위를 폐지(廢止)하거나 합쳐서 하나로 만듦.

11. 인간(人間)으로서 갖추어야 할 모습.
한 사람의 전인격적(全人格的)인 모습.

12. 일제강점기(日帝强占期), 일본 제국주의자(帝國主義者)들이 조선(朝鮮) 사람을 강제(强制)로 동원(動員)하기 위해 만든 제도(制度).

15. 「세 가지는 없고 다섯 가지는 많음」 도둑, 거지, 뱀의 세 가지는 없고, 눈, 바람, 오징어, 미녀(美女), 향나무 등 다섯 가지는 많음. 울릉도(鬱陵島).

16. 인간(人間)이 모든 것의 중심(中心)이 된다는 사상(思想). 인문주의(人文主義)

휴머니즘(humanism)

17. 「눈 아래 보이는 사람이 없음」 방자(放恣)하고 교만(驕慢)하여 다른 사람을 업신여김.

방약무인(傍若無人), 오만불손(傲慢不遜)
망자존대(妄自尊大), 야랑자대(夜郎自大)

19. 「까마귀 새끼가 자라서 늙은 어미에게 먹이를 물어다 주는 효」 자식(子息)이 자라서 어버이의 은혜(恩惠)에 보답(報答)하는 효성(孝誠)을 이르는 말.

오조사정(烏鳥私情), 원걸종양(願乞終養)

열일곱 번째

가 로 열 쇠

1. 뼈에 사무칠 만큼 원통(怨痛)함.
각골분한(刻骨憤恨), 각골통상(刻骨痛傷)
각골통한(刻骨痛恨), 애통망극(哀痛罔極)
촉목상심(觸目傷心), 통운망극(通隕罔極)

3. 모든 사람의 의견(意見)이 완전(完全)히 일치(一致)함.
만구일담(萬口一談), 순모첨동(詢謀僉同)
일치단결(一致團結), 전수가결(全數可決)
전원일치(全員一致), 중구일사(衆口一辭)
↔ 중론불일(衆論不一)

5. 이론(理論)이나 명분(名分)을 따지기보다 행동(行動)으로 옮기는 사람.

6. 어떤 목적(目的)이나 사업(事業), 행사(行事) 따위에 쓸 기본적(基本的)인 자금(資金). 또는 기초(基礎)가 되는 자금.

7. 보고 듣거나 배워서 얻은 지식(知識)과 견문(見聞).
· 어깨를 쉬게 함.
무거운 책임(責任)을 벗음.

8. 색(色)에 대한 감각(感覺).
색에서 받는 느낌.

10. 매우 우세(優勢)하거나 주도적(主導的)인.

12. 중요(重要)한 내용(內容)만 뽑아 간추려 놓은 책(冊).
· 젖먹이를 놀게 하거나 재우기 위해 올려놓고 흔들도록 만든 물건(物件).

13. 갓 결혼(結婚)한 젊은 여자.
새색시 모양(模樣)으로 조그맣게 만든 인형(人形).

14. 그림이나 조각(彫刻), 사진(寫眞) 따위에서, 예술적(藝術的) 효과(效果)를 얻기 위한 인물(人物)의 자세(姿勢).

15. 매우 강하여 겨룰 만한 맞수가 없음.
· 안개가 끼었을 때, 선박(船舶)의 충돌(衝突)과 같은 사고(事故)를 막으려고 등대(燈臺)나 배가 울리는 고동.

16. 해산물(海産物)을 파는 가게.

18. 전축(電蓄)이나 오디오 따위의 회전(回轉)판에 걸어 소리를 들을 수 있게 만든 동그란 물건(物件).
판(板), 디스크(disk),
레코드(record)

20. 어떤 일의 주체(主體)인 그 사람.
나, 당사자(當事者), 오인(吾人), 장본인(張本人)

21. 서로 간에 마음이나 뜻을 모아 화목(和睦)하게 어울림.

22. 남에게 등을 대고 기대거나 떼를 쓰는 짓.

23. 「일을 안 하고 놀기만 하면 산(山)도 빔」 산더미 같은 재산(財産)도 놀고먹기만 하면 결국(結局)에는 다 없어지게 됨.
무위도식(無爲徒食), 유수도식(遊手徒食)
불농불상(不農不商), 비육지탄(髀肉之嘆)

24. 앞뒤로 적(敵)과 마주 대함.

고목봉추(枯木逢秋), 병상첨병(病上添病)
사면초가(四面楚歌), 설상가상(雪上加霜)
진퇴양난(進退兩難), 전호후랑(前虎後狼)

세 로 열 쇠

1. 서로 다른 각각(各各)의 여러 모양(模樣)의 빛깔.

각양각태(各樣各態), 각인각설(各人各設)
각인각성(各人各姓), 각인각색(各人各色)
다종다양(多種多樣), 두두물물(頭頭物物)
만단무방(萬端無方), 백인백색(百人百色)
종종색색(種種色色), 형형색색(形形色色)

2. 특정(特定)한 지역(地域)이나 시간(時間)에 사람이나 차량(車輛)이 다니는 것을 막음.

3. 통일(統一)신라(新羅) 시대(時代), 신문왕(神文王) 때의 전설(傳說)상의 피리.

4. 여자(女子)의 드세거나 극성(極盛)스러운 활동(活動)을 비유(比喩)함.

9. 어떤 것의 느낌이나 자극(刺戟)에 민감(敏感)한.

↔ 개념적(概念的), 관념적(觀念的)

11. 동물(動物) 체내(體內)에서 몸 밖으로 내보내진 노폐물(老廢物).

12. 바로 얼마 전부터 이제까지의 무렵.

근경(近頃), 작금(昨今), 저간(這間)

15. 거짓으로 고자질하여 남을 벌(罰) 받게 한 사람에게, 고자질 당한 사람이 받은 벌과 같은 벌을 주던 일.

16. 「조개와 황새가 서로 싸우는 판에 어부(漁夫)가 두 놈을 쉽게 잡아서 이익(利益)을 봄」

어부지리(漁父之利), 어인득리(漁人得利)
견토지쟁(犬兎之爭), 동귀어진(同歸於盡)
변장자호(卞莊刺虎), 양패구상(兩敗俱傷)
전부지공(田夫之功), 종중어리(從中漁利)
좌수어리(坐收漁利), 휼방상쟁(鷸蚌相爭)

17. 「재앙(災殃)이 바뀌어 오히려 복(福)이 됨」 어떤 불행(不幸)한 일이라도 끊임없는 노력(努力)과 강인(强靭)한 의지(意志)로 힘쓰면 행복(幸福)으로 바꾸어 놓을 수 있다는 말.

새옹지마(塞翁之馬), 반화위복(反禍爲福)
고진감래(苦盡甘來), 화전위복(禍轉爲福)
↔ 흥진비래(興盡悲來), 낙극생비(樂極生悲)

19. 인간관계(人間關係)에서 지켜야 할 기본적(基本的)인 질서(秩序)나 도리(道理)를 거스르는 것.

1			2	■	3			4
	■	■	5			■	■	
	■	6		■	7		■	
8	9	■	10	11		■	12	
■	13		■		■	14		■
15		■	16		17	■	18	19
	■	20		■	21		■	
	■	■	22			■	■	
23				■	24			

열여덟 번째

가 로 열 쇠

1. 「배 위에서 칼을 물속에 떨어뜨리고 그 위치(位置)를 뱃전에 표시(標示)했다가 나중에 배가 움직인 것을 생각하지 못하고 칼을 찾음」융통성(融通性) 없이 현실(現實)에 맞지 않는 낡은 생각을 고집(固執)하는 어리석음.

각선구검(刻船求劍), 격혜소양(隔鞋搔癢)

미생지신(尾生之信), 수주대토(守株待兔)

↔ 여세추이(與世推移)

3. 피를 흘려 싸우지 않고 성(城)을 점령(占領)함.

5. 문화적(文化的)으로 세련(洗練)되고 교양이 있으며 생활수준(生活水準)이 높은 사람. 문화인(文化人), 교양인(教養人)

6. 점잖고 바른 품성(品性)과 행실(行實).

7. 사물(事物)의 이치(理致)나 상황(狀況)을 제대로 깨닫고 그것에 현명(賢明)하게 대처(對處)할 방도(方途)를 생각해 내는 정신(精神)의 능력(能力).

8. 임금이나 지방관(地方官)이 백성(百姓)을 다스림.

10. 선입견(先入見)이나 감정(感情)에 치우친 관점(觀點)을 비유(比喩)하는 말.

12. 하던 일이나 하려던 일을 도중(途中)에 그만두어 버림. 기권(棄權)

13. 적(敵)의 내부(內部)에 침투(浸透)하여 적의 형편(形便)을 살펴서 알려 줌.

첩정(諜呈)

14. 사물(事物)이나 사업(事業)의 밑바탕이 되는 기초(基礎)나 밑천.

건축물(建築物)의 밑바탕이 되는 맨 아랫부분.

15. 소름이 끼치도록 무섭거나 괴상(怪狀)한 소리.

16. 사회적(社會的), 문화적(文化的)인 관습(慣習) 등에 의하여 신성시(神聖視)되거나 부정(不淨)한 것으로 여겨지는 대상(對象)을 포함(包含)하는 단어(單語).

터부(taboo)

18. 신문(新聞)이나 잡지(雜誌) 등에 신기위하여 원고(原稿)를 써서 보냄.

기서(寄書), 투고(投稿)

20. 적극적(積極的)으로 무엇을 하고자 하는 마음이나 욕망(慾望).

어떤 목표(目標)를 향한 적극적인 의지(意志) 활동(活動).

21. 어떤 어려움에 부닥쳐도 굽히지 않음.

22. 인간(人間)이 어떤 일을 할 때 보여주는 자유(自由)롭고 자주적(自主的)이며 고유(固有)한 성질(性質)이나 특성(特性).

23. 사람의 생김새와 옷차림.

인상복색(人相服色), 용모(容貌), 형모(形貌), 면체(面體), 면상(面相),

상모(相貌), 용모파기(容貌疤記),

몽타주(montage)

24. 서로 변론(辯論)을 주고받으며 옥신각신함.

여러 말이 서로 오고 감.

갑론을박(甲論乙駁), 왈가왈부(曰可曰否)

언래어거(言來語去), 설론(舌論)

세 로 열 쇠

1. 「고니를 조각(彫刻)하다가 실패(失敗)하더라도 집오리와 비슷하게 됨」 성현(聖賢)의 글을 배움에 있어 그것을 완전(完全)히 다 익히지는 못하더라도 최소(最小)한 선인(善人)은 될 수 있다는 말.

각곡유아(刻鵠類鵝)

↔ 화호불성(畵虎不成), 화호유구(畵虎類狗)

2. 경찰(警察) 등이 범법자(犯法者)로 의심(疑心)이 가는 사람을 조사(調査)하여 따져 묻고 단서(端緖)나 증거(證據)를 찾기 위해 살펴 조사함.

가두검색(街頭檢索)

3. 사람이 살고 있지 않은 외진 곳.

무인지지(無人之地)

4. 어떤 목적(目的)한 일을 이루겠다는 결심(決心)을 하게 하는 내적(內的) 의욕(意欲). 달성동기(達成動機)

9. 동작(動作)이 아주 날쌔고 눈치가 빠른 성질(性質).

11. 바뀌거나 흔들리지 않고 평안(平安)한 상태(狀態)를 유지(維持)하는 기간(其間).

12. 어린아이를 덮어 주거나 업을 때 쓰는 작은 이불.

15. 자기(自己) 몸을 희생(犧牲)하여 인(仁)을 이룸.

비궁지절(匪躬之節), 사생취의(捨生取義)

살신입절(殺身立節), 종용취의(從容取義)

↔ 가공제사(假公濟私), 손인리기(損人利己)

16. 정신적(精神的)·육체적(肉體的) 욕망(慾望)이나 욕구(慾求) 및 세속적(世俗的) 명예(名譽)나 이익(利益)을 탐(貪)하는 모든 욕심(慾心)을 억제(抑制)하여 종교(宗敎)나 도덕(道德)에서 이상(理想)을 성취(成就)하려는 사상(思想).

견인주의(堅忍主義), 극기주의(克己主義)

수덕주의(修德主義), 제욕주의(制慾主義)

17. 「이치(理致)에 맞지 않아 말이 도무지 되지 않음」 자기(自己)가 한 말이나 약속(約束)을 지키지 않고 헛소리만 자꾸 늘어놓음을 이르는 말.

만불성설(萬不成說), 어불근리(語不近理)

19. 쓴 것이 다하면 단 것이 옴.

↔ 흥진비래(興盡悲來)

열아홉 번째

가 로 열 쇠

1. 「범이 눈을 부릅뜨고 먹이를 노려봄」 남의 것을 빼앗기 위하여 형세(形勢)를 살피며 가만히 기회(機會)를 엿봄. 또는 그런 모양(模樣).

용양호시(龍驤虎視), 용양호보(龍驤虎步)

3. 「공(功)을 이루었으면 몸은 후퇴(後退)함」 성공(成功)을 이루고 그 공을 자랑하지 않음을 이르는 말.

공수신퇴(功遂身退)

5. 자정(子正)을 전후(前後)한 캄캄한 밤중.

6. 인간의 삶에 있어서 중요(重要)한 인생관(人生觀), 세계관(世界觀) 따위를 탐구(探究)하는 학문(學問). 이학(理學)

7. 나라, 단체(團體)들 사이의 무력(武力)을 써서 행하는 싸움.

간과(干戈), 간척(干戚)

8. 기도(氣道)의 점막(粘膜)이 자극(刺戟)을 받아 갑자기 숨소리를 터트려 내는 일.

10. 관(官)에서 운영(運營)하던 기업(企業)을 민간(民間)이 경영(經營)하게 됨.

12. 명분(名分)과 의리(義理).

· 어떤 일에 공식적(公式的)으로 내세우는 문서(文書)상의 이름.

13. 유명(有明) 연예인(演藝人) 등을 열광적(熱狂的)으로 좋아하여 팬으로서의 적극적(積極的)인 활동(活動)을 얕잡는 말.

14. 넓고 먼 곳을 멀리 바라봄.

· 다가오는 앞날을 미리 내다봄.

15. 권(勸)하여 그만두게 함.

· 가로로 길게 이어서 둥글게 둘둘 만 종이.

16. 건물(建物)에 드나들도록 입구(入口) 쪽에 낸 문.

18. 무엇을 주먹이나 몽둥이로 치거나 때림.

· 물건(物件)이 지닌 가치(價値)를 돈으로 나타낸 값.

20. 반란(反亂)을 일으킨 군대(軍隊) 또는 집단(集團).

· 군벌(軍閥), 군부(軍部), 군국주의(軍國主義) 따위를 반대(反對)함.

21. 민중(民衆)들 사이에서 저절로 생겨나 전해지는 노래.

· 정치(政治), 사회적(社會的) 문제(問題)로 민중(民衆)들이 집단적(集團的)으로 일으킨 폭동(暴動)이나 소요(騷擾).

22. 속도(速度)가 빠르고 작은 배.

23. 어려운 싸움과 괴로운 다툼.

고군분투(孤軍奮鬪), 고전악투(苦戰惡鬪)
부중치원(負重致遠), 인소불감(人所不堪)
임중도원(任重道遠), 책중산악(責重山岳)

24. 「두 관계(關係)가 붙지도 않고 떨어지지도 않음」 찬성(贊成)하지도, 반대(反對)하지도 않음.

세 로 열 쇠

1. 「하늘과 땅 사이에 가득 찬 넓고 큰 원기」 거침없이 넓고 큰 기개(氣槪), 공명정대(公明正大)하여 조금도 부끄럼 없는 용기(勇氣).

   지대지강(至大至剛)

2. 벼슬아치가 사리사욕(私利私慾)으로 부정행위(不正行爲)를 저지르며 백성(百姓)을 학대(虐待)하던 일.

   가렴주구(苛斂誅求), 백골징포(白骨徵布)
   백지징세(白地徵稅), 불인지정(不忍之政)
   불한이율(不寒而慄), 솔수식인(率獸食人)
   여랑목양(如狼牧羊), 준민고택(浚民膏澤)
   타가겁사(打家劫舍), 토호열신(土豪劣紳)
   할박지정(割剝之政)
   가정맹어호(苛政猛於虎)

3. 여러 사람이 요금(料金)을 내고 수시(隨時)로 사용(使用)하도록 공공장소(公共場所)에 설치(設置)한 전화(電話).

4. 도덕(道德)이나 풍속(風俗), 문화(文化) 따위가 문란(紊亂)하여 건전(健全)하지 못하게 되는 경향(傾向). 또는 그런 태도(態度).

9. 유인원과(類人猿科)에 속한 포유동물(哺乳動物)의 한 가지.

   흑성성(黑猩猩)

11. 빛의 형상(形狀)을 전자(電子) 형상으로 바꾸는 장치(裝置).

12. 세상(世上) 사람이 따르는 덕망(德望)이 있고, 이름이 널리 알려진 사람.

15. 착한 일을 권장(勸奬)하고 악한 일은 징계(懲戒)함.

   거악취선(去惡就善), 격탁양청(激濁揚淸)
   견선여갈(見善如渴), 구주필벌(口誅筆伐)
   복선화음(福善禍淫), 상선벌악(賞善罰惡)
   상일권백(賞一勸百), 알악양선(遏惡揚善)
   정근사원(正近邪遠), 진선진미(盡善盡美)
   헌가체부(獻可替否), 창선징악(彰善懲惡)

16. 적진(敵陣)으로 깊이 들어가서 후방(後方)의 본진(本陣)과 연락(連絡)도 없고 후원군(後援軍)도 없이 외롭게 싸움.

   고전분투(孤戰奮鬪), 악전고투(惡戰苦鬪)

17. 직업(職業)이 군인(軍人)이 아닌 일반(一般) 국민(國民)이 세운 정부(政府).

↔ 군벌정치(軍閥政治), 군인정치(軍人政治)

19. 강을 사이에 둔 것과 같은 가까운 거리에 있으면서도 오고 가기가 불편(不便)하여 천리(千里)나 멀리 떨어진 것처럼 느껴진다는 말.

   봉래약수(蓬萊弱水), 산장수원(山長水遠)
   수륙만리(水陸萬里), 지각천애(地角天涯)
   호월지격(胡越之隔)

1			2	■	3			4
	■	■	5			■	■	
	■	6		■	7		■	
8	9	■	10	11		■	12	
■	13		■		■	14		■
15		■	16		17	■	18	19
	■	20		■	21		■	
	■	■	22			■	■	
23				■	24			

스무 번째

가 로 열 쇠

1. 물고기는 머리 쪽이 맛이 있고 짐승 고기는 꼬리 쪽이 맛이 있다는 말.
어두봉미(語頭鳳尾), 어두일미(魚頭一味)

3. 나이에 거리끼지 않고 허물없이 사귀는 벗.
망년지교(忘年之交), 강좌칠현(江左七賢)

5. 남의 글이나 말 가운데 필요(必要)한 것을 직접(直接) 또는 간접(間接)으로 끌어다 쓴 문장(文章).

6. 심장(心臟) 박동(搏動)으로 생기는 동맥벽(動脈壁)의 주기적(週期的)인 진동(振動).

7. 인구(人口)나 건물(建物), 산업(產業) 따위가 한곳에 지나치게 많이 몰려 있음. 집중(集中) ↔ 과소(過疏)

8. 비어 있는 그릇에 내용물(內容物)을 다시 채움.

10. 경기(競技)나 경쟁(競爭) 등에서 이기고 지는 것이 아름답게 이루어지는 일.

12. 남을 존중(尊重)하고 자기(自己)를 낮추는 태도(態度)가 있음.

13. 주로 생산(生產)과 영리(營利)를 목적(目的)으로 지속(持續)하는 계획적(計劃的)인 경제활동(經濟活動).

14. 이익(利益)을 얻을 목적(目的)으로 자금(資金)을 대거나 정성(精誠)을 쏟음.
출자(出資), 방자(放資)

15. 인쇄(印刷)하여 펴낸 책(冊).

16. 아내에게 꼼짝하지 못하고 눌려 지내는 남편(男便).

18. 예전에, 국가 권력(權力)을 상징(象徵)하는 것으로 국가적(國家的)인 문서(文書)에 사용(使用)하는 임금의 도장(圖章).
옥새(玉璽)

20. 하지 않아도 좋은 군더더기 말.
군담, 군말

21. 억울(抑鬱)하고 원통(怨痛)한 사정(事情)을 남에게 강한 주장(主張)이나 표현(表現)으로 하소연함. 호원(呼冤)

22. 무엇을 조사(調査)하거나 심사(審査)하는 과정(過程)에서 조사자의 편파성(偏頗性)을 배제(排除)하고 조사 대상(對象)에 동등(同等)한 선택(選擇)의 가능성(可能性)을 부여(附與)하는 일.

23. 병아리가 알에서 나오기 위해서는 새끼와 어미 닭이 안팎에서 서로 쪼아야 한다는 말로, 가장 이상적(理想的)인 사제간(師弟間)을 비유하거나, 서로 합심(合心)하여 일이 잘 이루어지는 것을 비유(比喩)하는 말임.
줄탁지기(啐啄之機), 줄탁동기(啐啄同機)

24. 좋은 일에는 흔히 시샘하는 듯이 안좋은 일들이 많이 따름.
시어다골(鰣魚多骨), 호몽부장(好夢不長)
호사다방(好事多妨)
↔ 일범풍순(一帆風順)

세 로 열 쇠

1. 황새와 조개가 다투는 틈을 타서 어부(漁夫)가 둘 다 잡았다는 고사(故事)에서, 두 사람이 다투는 사이 제삼자(第三者)가 이익(利益)을 보게 됨.

견토지쟁(犬兎之爭), 방휼지쟁(蚌鷸之爭)

어인득리(漁人得利), 전부지공(田夫之功)

2. 미인(美人)은 흔히 불행(不幸)하거나 병약(病弱)하여 요절(夭折)하는 일이 많다는 말.

가인박명(佳人薄命), 홍안박명(紅顔薄命)

3. 결혼(結婚)을 약속(約束)한 남자(男子)가 죽어서 시집도 못 가고 처녀(處女)인 채로 있는 여자(女子).

까막과부(--寡婦)

4. 「비 온 뒤에 여기저기 돋아나는 죽순(竹筍)」 어떤 일이 한때에 많이 생겨남. 우후춘순(雨後春筍)

9. 손으로 베껴 쓴 책(冊)이나 서류(書類).

11. 주로 운동(運動) 경기(競技)에서, 이기고 지는 것이 판가름 나는 중요(重要)한 기회(機會)나 순간(瞬間).

12. 손을 대거나 손이 닿았던 흔적(痕迹).

15. '인조(人造) 혈관(血管)'의 북한(北韓) 말.

16. 빈말만 하고 실천(實踐)이 따르지 않음. 공염불(空念佛), 공수표(空手票)

시선(始線), 구두선(口頭禪)

구두삼매(口頭三昧), 도구염불(徒口念佛)

↔ 실천궁행(實踐躬行)

17. 「여우가 범의 위세(威勢)를 빌어 다른 짐승들을 위협(威脅)함」 신하(臣下)가 군주(君主)의 권세(權勢)에 힘입어 다른 신하를 공갈(恐喝)하거나, 약자(弱者)가 강자(强者)의 세력(勢力)에 힘입어 백성(百姓)을 협박(狹薄)함을 비유(比喩)함.

차호위호(借虎威狐), 호가호위(狐假虎威)

기군망상(欺君罔上), 지록위마(指鹿爲馬)

19. 「변방(邊方)에 사는 노인(老人)의 말」 세상만사(世上萬事)는 변화(變化)가 많아 어느 것이 화(禍)가 되고, 어느 것이 복(福)이 될지 예측(豫測)하기 어려워 재앙(災殃)도 슬퍼할 게 못 되고 복도 기뻐할 게 아님을 이르는 말.

반화위복(反禍爲福), 화전위복(禍轉爲福)

새옹득실(塞翁得失), 새옹화복(塞翁禍福)

북수실마(北叟失馬), 고락병행(苦樂竝行)

스물한 번째

가 로 열 쇠

1. 어떤 대상(對象)의 분위기(雰圍氣)가 재미나 멋이 없고 메마름.

무미건조(無味乾燥)

3. 여러 사람이 모여 소리, 굿, 춤, 등의 놀이를 하는 곳.

5. 한창때 젊고 씩씩한 남자.

대장부(大丈夫).

당당(堂堂)하고 떳떳함을 강조(强調)한 '남자(男子)'.

6. 어떤 일이나 모임에 참가(參加)하여 관계(關係)함.

간예(干預), 참예(參預), 참녜

· 재판(裁判) 따위가 벌어지는 현장(現場)에서 지켜봄.

7. 국가(國家)나 사회(社會)의, 공적(公的)으로 인정(認定)된 형식(形式)과 방식(方式).

· 절에 찾은 손님에게 음식(飮食)을 거저먹게 함.

8. 「살을 도려내고 뼈를 발라냄」 부정적(否定的)이거나 나쁜 것들을 찾아 없앰.

근절(根絶), 제거(除去), 타파(打破)

10. 어떤 조직(組織)이나 단체(團體)를 이루고 있는 사람.

12. 줄거리만 추려서 간략(簡略)하게.

대강

13. 이김과 짐.

· 사람의 죽음을 알리는 글을 받음.

14. 거쳐야 할 순서(順序)나 절차(節次).

· 일이나 학문(學問) 따위의 일정(一定)한 분야(分野)나 부분(部分).

· 잇달아 병(病)을 앓음.

15. 나라에서 은혜(恩惠)를 베풀어 내리던 특혜(特惠).

· 넉넉히 차린 제물(祭物).

16. 부끄럽거나 술에 취해 붉어진 얼굴.

당근, 호나복(胡蘿菖), 홍나복(紅蘿蔔)

18. 현실(現實)에는 없는 신기(神奇)하고 영묘(靈妙)한 세계(世界).

20. 마음에 새겨 두고 조심(操心)함.

어떤 한곳이나 일에 관심(觀心)을 집중(集中)하여 기울임.

경고(警告)나 훈계(訓戒)의 뜻으로 일깨움.

· 굳게 지키는 주장(主張)이나 방침(方針).

21. 양편(兩便) 사이에서 일이 이루어지도록 주선(周旋)함.

· 공습(攻襲), 화재(火災) 등에 대비(對備)해 도시(都市)나 밀집(密集)하고 있는 곳의 주민(住民)이나 시설(施設) 따위를 분산(分散)함.

22. 어린아이 모습의 불상(佛像).

23. 나이가 중년(中年)이거나 그보다 더 늙은 사람.

24. 지정(指定)된 발권(發券) 은행(銀行)이 아닌 곳에서 만들어 낸 가짜 지폐(紙幣).

세 로 열 쇠

1. 「하늘이냐 땅이냐를 한 번 던져서 결정(決定)함」 운명(運命)과 흥망(興亡)을 걸고 단판으로 승부(勝負)나 성패(成敗)를 겨룸, 또는 이 한 번에 흥망성쇠(興亡盛衰)가 걸려 있는 일.

일척건곤(一擲乾坤), 일결자웅(一決雌雄)
재차일거(在此一擧)
일척도건곤(一擲賭乾坤)

2. 「아름답게 꾸민 말과 글귀」 아름다운 문장(文章)과 듣기 좋은 글귀.

감언이설(甘言利說), 교언영색(巧言令色)
미문여구(美文麗句), 조삼모사(朝三暮四)
화언교어(花言巧語)

3. 사람들의 휴식(休息)이나 놀이를 위하여 다양(多樣)한 놀이시설(--施設)이 있는 공원(公園).

4. 정당(政黨)의 이익(利益)과 그 이익을 위한 정치적(政治的) 계략(計略).

9. 운동(運動) 경기(競技) 따위에서, 마지막으로 승부(勝負)를 가리는 시합(試合).

11. 성황신(城隍神)을 모시고 제사(祭祀)를 지내는 집.

12. 공화국(共和國)의 최고(最高) 지도자(指導者)로서 외국(外國)에 대해 국가(國家)를 대표(代表)하는 국가의 수반(首班).

15. 「자신(自身)을 드러내지 않고 참으며 신중(愼重)하게 행동(行動)함」 밖으로 드러내지 아니하고 참고 몸가짐을 신중히 함.

근언신행(謹言愼行), 금영무참(衾影無慚)
불괴옥루(不愧屋漏), 불사암실(不斯闇室)
불기암실(不欺闇室), 율기제행(律己制行)
자숙자계(自肅自戒), 패령자계(佩鈴自戒)
↔ 경거망동(輕擧妄動)

16. 「붉은 옷을 입은 사내아이」 곱게 차린 어린아이를 이르는 말.

17. 못할 일이 없음.

못 하는 일이 없음.
능소능대(能小能大), 능수능란(能手能爛)
무소불능(無所不能), 무처부당(無處不當)
전지전능(全知全能)

19. 「닭과 개가 짖음」 인가(人家)와 촌락(村落)이 잇대어 있음을 비유(比喩)함.

계견상문(鷄犬相聞)

스물두 번째

가 로 열 쇠

1. 「입에 풀칠함」 죽지 않고 살아갈 만큼 간신(艱辛)히 먹고살아 갈 수 있는 방법(方法).

구복지계(口腹之計), 구생지계(口生之計)
구식지계(口食之計), 자신지책(資身之策)
취식지계(取食之計), 호식지책(糊食之策)

3. 계속(繼續)하여 승리(勝利)하는 기세(氣勢).

세여파죽(勢如破竹), 요원지화(燎原之火)
일사천리(一瀉千里), 탄탄대로(坦坦大路)
파죽지세(破竹之勢), 승승장구(乘勝長驅)

5. 기관(機關)이나 집단(集團) 등에서 지도적(指導的)인 위치(位置)에 있는 사람들로 이루어진 부분(部分).

6. 힘이나 세력(勢力) 따위가 약해져 전보다 못한 상태(狀態)로 됨.

퇴폐(頹廢), 피폐(疲弊), 쇠잔(衰殘)

7. 애틋하고 안타까워서 감히.

아무리 해도.

8. 일상생활(日常生活)에서 벗어나 성당(聖堂)이나 수도원(修道院) 같은 곳에 가서 조용히 자신(自身)을 살피고 기도(祈禱)하며 지내는 일.

10. 사람들의 주의(注意)를 사건(事件)의 핵심(核心)을 벗어난 사항(事項)이나 다른 사건으로 끄는 행위(行爲).

12. 어떤 일이나 상황(常況)에 직면(直面)했을 때의 입장(立場)이나 자세(姿勢).

어떤 대상(對象)을 대했을 때 드러나는 표정(表情)이나 몸짓.

13. 어떤 분야(分野)에서 지도적(指導的)인 영향력(影響力)을 발휘(發揮)하는 중요(重要)한 인물(人物). 중견(中堅)

14. 주로 옳지 않은 것들이 나타나 마구 퍼짐.

작은 물체(物體)가 춤을 추듯이 날거나 날림.

15. 권리(權利)나 소유권(所有權) 따위가 넘어감.

움직여 옮김. 움직여 자리를 바꿈.
전이(轉移)

16. 동물(動物)이 공기(空氣)를 이용(利用)하여 성대(聲帶)를 진동(振動)하여 내는 소리.

18. 외부(外部)의 자극(刺戟)에 미묘(微妙)하게 움직이거나 감동(感動)하는 마음을 거문고에 비유(非喩)하는 말.

마음속에 품은 깊은 뜻. 흉금(胸襟)

20. 몹시 놀랍거나 위험(危險)하고 괴롭고 다급한 일을 당하여 외마디 소리를 지름.

슬피 욺.

21. 성적(性的)인 목적(目的)을 갖고 그럴듯한 말이나 행동(行動)으로 이성(異性)을 꾐.

22. 제목(題目)을 붙이지 않은 시(詩).

23. 「개나 말 정도(程度)의 하찮은 힘」

윗사람에게 충성(忠誠)을 다하는 자신(自身)의 노력(努力)을 낮추어서 하는 말.

견마지성(犬馬之誠), 견마지심(犬馬之心)
견마지양(犬馬之養), 견마지역(犬馬之役)
견마지충(犬馬之忠), 견마지치(犬馬之齒)
한마공로(汗馬功勞), 한마지로(汗馬之勞)

24. 사람과 사람 사이에 맺어지는 개인적(個人的)이고 정서적(情緒的)인 관계(關係)를 통틀어 이르는 말.

세 로 열 쇠

1. 「호랑이는 죽어서 가죽을 남김」 사람은 죽어서 명예를 남겨야 함.

표사유피(豹死留皮)
○○○○ 인사유명(人死留名)

2. 책상(冊床) 앞에 앉아 글공부(-工夫)만 하는 세상일을 잘 모르는 사람을 낮잡아 이르는 말.

책상양반(冊床兩班), 책상물림
백면서생(白面書生), 일개서생(一介書生)
폐호선생(閉戶先生)

3. 축구(蹴球)에서, 정해진 시간(時間) 내에 골로 승부(勝負)가 나지 않는 경우(境遇) 일정한 횟수의 페널티 킥(penalty kick)을 차서 승부를 내는 일.

'11m의 러시안룰렛'

4. 중세(中世) 유럽(Europe)에서, 길드(guild)에서 수공업자(手工業者)가 후계자(後繼者)를 양성(養成)하는 제도(制度).

9. 조용한 가운데 어떤 움직임이 있음.

11. 사물(事物)의 이치(理致)에 맞는 옳은 성질(性質).

어떤 판단(判斷)이 가치(價値)가 있다고 인식(認識)되는 일.

12. 거의 아무 생각이나 감정(感情)이 없음. 거의 쓰는 마음이 없음.

그냥, 가만히

15. 「귀로 듣고 눈으로 봄」 실지(實地)로 경험(經驗)함을 이르는 말.

이문불여목견(耳聞不如目見)
이문목도(耳聞目睹), 이이목지(耳而目之)

16. 죄(罪)나 잘못이 없음을 말하여 밝힐 길이 없음.

변명무로(辨明無路), 발명이목(發明耳目)

17. 중세(中世) 유럽에서 여러 지방(地方)을 떠돌아다니며 시를 읊었던 시인(時人). 민스트릴(Minstrel)

19. 쇠나 돌처럼 굳고 변함없는 사귐.

담수지교(淡水之交), 막역지교(莫逆之交)
막역지우(莫逆之友), 문경지교(刎頸之交)
문경지우(刎頸之友), 백아절현(伯牙絶絃)

1			2	■	3			4
	■	■	5			■	■	
	■	6		■	7		■	
8	9	■	10	11		■	12	
■	13		■		■	14		■
15		■	16		17	■	18	19
	■	20		■	21		■	
	■	■	22			■	■	
23				■	24			

스물세 번째

가 로 열 쇠

1. 세상을 마음대로 다스릴 만한 뛰어난 재기(才氣), 또는 그런 재기를 가진 사람.

발산개세(拔山蓋世), 개세기상(蓋世氣象) 개세영웅(蓋世英雄), 영영대풍(泱泱大風)

3. 다른 사람이 말하는 대로 좇아서 하는 비평(批評).

부화뇌동(附和雷同), 부화수행(附和隨行) 왜자간희(矮者看戱), 왜인관장(矮人觀場)

5. 밤에만 활동(活動)하는 동물(動物)의 습성(習性).

6. 어떤 사물(事物)이나 상태(狀態)를 변화(變化)시키거나 일으키게 하는 근본(根本)이 된 일이나 사건(事件).

7. 건물(建物), 동굴(洞窟), 무덤 등의 벽(壁)에 그린 그림.

8. 학식(學識)이 높고 행실(行實)이 어진 사람.

마음이 착하고 무던한 사람.

10. 사물(事物)의 이치(理致)를 궁리(窮理)하여 깨닫는 능력(能力).

12. 봉(奉)한 것을 떼어서 엶.

새 영화(映畫)를 처음으로 상영(上映)함.

13. 남이 보지 않는 곳에 혼자 있을 때도 도리(道理)에 어긋나지 않도록 조심(操心)하여 말과 행동(行動)을 삼감.

근독(謹獨)

· 경전(經典)을 읽는 것이 아니라 몸으로 실천(實薦)함.

14. 법(法) 아래에서 국가(國家) 목적(目的)을 실현(實現)하기 위해 행(行)하는 능동적(能動的)이고 적극적(積極的)인 활동(活動).

· 일이 진행(進行)되어 가는 과정(過程).

15. 감성(感性)이나 감수성(感受性)이 풍부(豊富)함.

· 느낌이 많고 감동(感動)하기 쉬운 모양(模樣).

16. 「사람이 곧 하늘」이라는 천도교(天道教)의 기본(基本) 사상(思想).

18. 사람을 데리고 함께 가거나 물건(物件)을 지니고 감.

증인(證人)으로 현장(現場)에 참석(參席)함.

함께 따르게 하고 가거나 오거나 함.

20. 옳고 그름을 가리지 않고 덮어놓고 믿는 일. 광신(狂信), 광신앙(狂信仰)

21. 아기자기하게 즐거운 기분(氣分)이나 느낌.

안부(安否)를 묻는 인사말에서, 어떤 일이나 생활(生活)의 형편(形便).

좋은 성과(成果)나 보람.

22. 국경일(國慶日)이나 일요일(日曜日)과 같이 국가(國家)나 사회(社會)에서 정하여진 휴일(休日).

23. 적(敵)이나 상대(相對)를 제압(制壓)하기 위해 먼저 공격(攻擊)함.

24. 나랏일을 걱정하고 충성(忠誠)을 다하는 절개(節槪).

갈충보국(竭忠報國), 견위치명(見危致命)
결사보국(決死報國), 대의멸친(大義滅親)
멸사봉공(滅私奉公), 무아봉공(無我奉公)
선공후사(先公後私), 우국단충(憂國丹忠)
일사보국(一死報國), 진충보국(盡忠報國)
향국지성(向國之誠)

세 로 열 쇠

1. 싸움에서 이기고 돌아온 장군(將軍). 어떤 일에 크게 성공(成功)한 사람.

2. 제도적(制度的) 정치조직(政治組織)에 들어가지 못하는 처지(處地)에 있는 사람.

강해지사(江海之士), 은거처사(隱居處士)
장동은사(牆東隱士), 학명지사(鶴鳴之士)

3. 격렬(激烈)한 천둥과 벼락」

뇌진(雷震), 뇌정(雷霆),
뇌정벽력(雷霆霹靂)

4. 「부평초(浮萍草)처럼 떠돌아다니다가 만남」 여행(旅行) 중에 우연(偶然)히 사람을 만남. 해후상봉(邂逅相逢)

9. 어떤 일을 자신(自身)의 능력(能力)으로 충분(充分)히 감당(堪當)할 수 있다고 믿는 마음.

11. 썩은 풀이나 썩은 달걀에서 나는 것과 같은 고약한 냄새.

12. 고쳐서 바로잡은 안건(案件).

15. 「많으면 많을수록 더욱 좋음」 한나라 장수(將帥) 한신(韓信)이, 고조는 병사(兵士) 10만을 지휘(指揮)할 그릇이지만, 자기(自己)는 많으면 많을수록 잘 지휘(指揮)한다고 한 말.

다다익판(多多益辦)

16. 신상(身上)에 관한 일을 들어서 남을 비난(非難)하고 공격(攻擊)함.

데마고기(dema gogy)
인육수색(人肉搜索), 풍문탄핵(風聞彈劾)

17. 「천 년 동안 겨우 한 번 만남」 좀처럼 만나기 어려운 좋은 기회(機會).

천세일시(千歲一時), 천재일시(千載一時)
만세일기(萬歲一期), 맹귀우목(盲龜遇木)
↔ 사공견관(司空見慣)

19. 「추운 겨울에는 따뜻하게, 더운 여름에는 서늘하게 함」 부모(父母)를 잘 섬기어 효도(孝道)함을 말함.

온정정성(溫凊定省), 황향선침(黃香扇枕)
선침온금(扇枕溫衾), 원걸종양(願乞終養)
오조사정(烏鳥私情), 맹종읍죽(孟宗泣竹)
백리부미(百里負米), 효자애일(孝子愛日)

스물네 번째

가 로 열 쇠

1. 지난날의 잘못이나 허물을 고쳐 올바르고 착하게 됨.

개과불린(改過不吝), 구실재아(咎實在我)
내시반청(內視反聽), 명정기죄(明正基罪)
설폐구폐(說弊救弊), 승건규류(繩愆糾謬)
회과자책(悔過自責)
과즉물탄개(過則勿憚改)

↔ 자과부지(自過不知)

3. 후견인(後見人)에게 어린 임금을 부탁(付託)하고 국정(國政)을 위탁(委託)함.

부도(負圖), 육척지탁(六尺之託)
인가여탁고(仁可與託孤)

5. 어떤 형상(形相)을 입체적(立體的)으로 새긴 상(相).

6. 몹시 악한 짓을 한 큰 도적.

강도와주(强盜窩主), 도적와주(盜賊窩主)

7. 둘 이상(以上)이 공동(共同)으로 불법적(不法的)인 행위(行爲)를 합의(合意)하거나 범죄(犯罪)의 실행(實行)을 모의(謀議)하는 일.

8. 학문(學問)을 닦은 정도(程度). 또는 출신(出身) 학교(學校)의 사회적(社會的) 지위(地位)나 등급(等級).

출신(出身) 학교나 학파(學派)에 따라 만들어진 파벌(派閥).

10. 어떤 일에 있어서 반드시 지켜야 할 도리나 분수(分數)를 중요(重要)하게 내세우는 견해(見解)나 주장(主張).

12. 학생(學生)들이 배운 지식(知識)이나 기능(技能) 등이 평가(評價)된 결과(結果).

13. 남의 허물이나 결함(缺陷)을 잡아 나무라거나 핀잔함.

14. 겉으로만 착한 체를 하거나 거짓으로 꾸밈.

외식(外飾), 가식(假飾)

↔ 위악(僞惡)

15. 불평(不平)이나 불만(不滿)을 품고 제 마음대로 행동(行動)함.

16. 어음이나 수표(手票) 따위의 금액(金額)이 지급(支給)될 날.

18. 연설(演說)이나 강연(講演) 따위의 내용(內容)이 법률(法律)에 저촉(抵觸)되거나 타인(他人)을 노하게 하여 받는 재난(災難). 필화(筆禍)

20. 어떤 자료(資料)를 살펴서 도움이 될 만한 것으로 삼음.

· 끔찍하게 비참(悲慘)한 고통(苦痛).

21. 도덕적(道德的) 판단(判斷) 능력(能力)을 지닌 자율적(自律的) 의지(意志)의 주체(主體).

사람으로서의 품격(品格).

22. 떼를 지어 다니며 강도질하는 무리.

23. 지진(地震), 홍수(洪水), 태풍(颱風) 따위의 자연현상(自然現象)으로 일어나는 재난(災難)이나 이변(異變).

자연재해(自然災害), 기상재해(氣象災害)

24. 흰옷을 즐겨 입고 흰색을 숭상(崇尙)하는 오랜 전통(傳統)에서 유래(由來)한 말로, '한민족(韓民族)'을 이르는 말.

백의동포(白衣同胞)

세 로 열 쇠

1. 대수롭지 않은 생각을 철학(哲學)인 듯 내세우는 것을 낮잡아 이르는 말.

2. 「매미와 개구리가 시끄럽게 욺」 여럿이 모여 시끄럽게 떠듦.

논의(論意)나 문장(文章)이 졸렬(拙劣)함.

와명선조(蛙鳴蟬噪)

3. 현실성(現實性) 없는 허황(虛荒)한 이론(理論)이나 논의(論議).

궤상공론(机上空論), 공론공담(空論空談)

공리공론(空理空論), 묘항현령(猫項懸鈴)

지상병담(紙上兵談), 허고취생(噓枯吹生)

4. 훌륭해서 이름이 난 경치(景致)와 역사적(歷史的)인 옛 물건(物件)이나 건물(建物). 명승지(名勝地), 명소(名所)

9. 일에 규율(規律)이 없고 난잡(亂雜)함.

11. 어떤 대상(對象) 또는 그 주변(周邊)에서 풍겨 나오는 느낌.

공기(空氣), 냄새

12. 인간(人間)의 타고난 본성(本性)은 선(善)하지만 나쁜 환경(環境)이나 그릇된 욕망(慾望) 때문에 악(惡)하게 된다고 주장(主張)하는 학설(學說). 맹자(孟子)가 주장함. ↔ 성악설(性惡說)

15. 「하늘을 같이 이지 못함」이 세상에서 같이 살 수 없을 만큼 큰 원한(怨恨)을 가진 것을 비유하는 말.

견원지간(犬猿之間), 대천지수(戴天之讐)

부동대천(不同戴天), 무수지수(貿首之讐)

16. 아무리 오랜 세월(歲月)이 흘러도 변하지 않음.

만대불변(萬代不變), 만세불변(萬世不變)

17. 혼자서 능히 백 사람을 당해 냄.

매우 용감(勇敢)하거나 능력(能力)이 많음.

19. 「뱀을 다 그리고 나서 있지도 않은 발을 덧붙여 그려 넣음」 쓸데없는 군짓을 하여 도리어 잘못되게 함. 사족(蛇足)

간발이즐(簡髮而櫛), 누진취영(縷塵吹影)

무병자구(無病自灸), 상상안상(牀上安牀)

첩상가옥(疊牀架屋), 춘치자명(春雉自鳴)

1			2	■	3			4
	■	■	5			■	■	
	■	6		■	7		■	
8	9	■	10	11		■	12	
■	13		■		■	14		■
15		■	16		17	■	18	19
	■	20		■	21		■	
	■	■	22			■	■	
23				■	24			

스물다섯 번째

가 로 열 쇠

1. 곡식(穀食)을 해치는 새, 짐승 따위를 막기 위해 막대기와 짚 따위로 만들어 논밭에 세우는 사람 모양(模樣)의 물건(物件).

3. 무엇이든 못 하는 게 없음.
능간능수(能幹能手), 능소능대(能小能大)
능수능란(能手能爛), 매사진선(每事盡善)
백사가주(百事可做), 섬숙환롱(閃倏幻弄)
수방취원(隨方就圓), 숙능생교(熟能生巧)
안명수쾌(眼明手快), 유인유여(遊刃有餘)
좌우구의(左右具宜)

5. 한 번만 쓰고 버리는 물건(物件).

6. 미리 마련하여 갖춤.
대비(對備), 마련
어떤 일을 행동(行動)으로 옮기기 위한 마음가짐이나 주변(周邊) 조건(條件) 등을 미리 채비함.

7. 단체(團體)나 조직(組織)에서 차지하는 직위(職位)나 위치(位置).

8. 모르던 사람을 처음 한 번 만나 보는 것.
· 물체(物體)의 한 면(面).
· 행정구역(行政區域)인 면(面)의 하나.

10. 낡거나 못쓰게 된 물건을 용도(用途)를 바꾸거나 손질을 가하여 다시 이용(利用)함.

12. 직장(職場)에 적(籍)을 두고 맡은 바 임무(任務)에 종사(從事)함.
· 일직(日直)이나 숙직(宿直), 당번(當番) 따위를 맡아서 함.

13. 일이 순조(順調)롭게 되지 않는 불행(不幸)한 경우(境遇)나 환경(環境).
· 주역(周易)을 삼경(三經)의 하나로써 일컫는 말.

14. 주장(主張)이나 이론(理論)을 뒷받침하는 바탕.

15. 「적은 힘」 남을 위해 애쓰는 자신(自身)의 힘을 겸손(謙遜)히 하는 말.

16. 수입(收入)이 적어 생계(生計)가 어려운 사람.
· 가난한 백성(百姓).

18. 비, 햇빛 등을 막기 위해 집의 위쪽을 덮은 부분(部分).

20. 어떤 주제(主題)에 대하여 설득력(說得力) 있는 논거(論據)를 바탕으로 자기의 주장(主張)이나 생각을 논리적(論理的)으로 밝힘.

21. 발자국.
걸어오거나 지내 온 일의 자취.
발로 밟은 곳에 남아 있는 흔적(痕迹).

22. 의결권(議決權)의 목적(目的)이 회사(會社)의 지배(支配)에 있다는 데서, '의결권주(議決權株)'를 달리하는 말.

23. 자유(自由)롭고 거침없이 자기(自己)의 뜻대로 함.
기책종횡(奇策縱橫), 독왕독래(獨往獨來)

동용서몰(東湧西沒), 무궁자재(無窮自在)
사비사지(使臂使指), 자유삼매(自由三昧)
존망자재(存亡自在), 종횡무애(縱橫無礙)
종횡무진(縱橫無盡), 필력종횡(筆力縱橫)

24. 가지고 있는 생각이나 뜻이 서로 통함.
커뮤니케이션(communication)

세 로 열 쇠

1. 중요(重要)하지 않은 허름한 잡일.
객일

2. 「같은 일이 한두 번이 아님」 어떤 현상(現狀)이나 사실(事實)이 한두 번이 아니고 매우 많음.
부지기수(不知其數), 비비개시(比比皆是)
다반사(茶飯事), 항다반(恒茶飯)

3. 「쓸모없는 것의 쓰임」 언뜻 보아 별 쓸모없는 것으로 생각되는 것이 도리어 크게 쓰임.
각유소장(各有所長), 공옥이석(攻玉以石)
노마지지(老馬之智), 이인투어(以蚓投魚)
일호천금(一壺千金), 죽두목설(竹頭木屑)
척단촌장(尺短寸長), 유용지용(有用之用)

4. 「말을 할 줄 아는 앵무새」 말만 잘하고 실제(實際) 학문(學問)이 없는 사람을 말함.

9. 몸 안에 병원균(病原菌)이나 독소(毒素) 등의 항원(抗原)이 공격(攻擊)할 때, 이에 저항(抵抗)하는 능력(能力).

11. 일의 활기(活氣)를 띠어 가는 형세(形勢).

12. 어떤 활동(活動)의 터전으로 삼는 중요(重要)한 장소(場所).

15. 법률(法律)상의 권리(權利)를 행사(行事)할 수 없는 성년(成年)이 되지 못한 사람.

16. 「눈을 읊는 재주」 중국 진나라 사씨의 딸이 시(詩)를 짓는데, 눈을 보고 바람에 날리는 버들가지 같다고 한 데서 유래(由來)함.
여자의 뛰어난 글재주를 이르는 말.
유서지재(柳絮之才)

17. 독립(獨立)이나 통일(統一)을 위하여 민족(民族)의 독자성(獨自性)이나 우월성(優越性)을 주장(主張)하는 사상(思想).

19. 「하늘이 무너지는 슬픔」 임금의 승하(昇遐)나 아버지가 돌아가신 슬픔을 이르는 말.
궁서안가(宮車晏駕), 궁천지통(窮天之痛)
망극지통(罔極之痛), 백운지어(白雲之馭)
창오지망(蒼梧之望), 천붕지함(天崩地陷)
천붕지괴(天崩地壞), 천붕지탁(天崩地坼)
천붕지탑(天崩地榻), 천붕지함(天崩地陷)
천붕지통(天崩之痛)

스물여섯 번째

가 로 열 쇠

1. 「백성(百姓)을 다스려 기르는 벼슬아치」 고을의 원(員)이나 수령(守令) 등의 외직(外職) 문관(文官)을 통틀어 이르는 말. 목민관(牧民官)

3. 산이나 언덕에서 깎아지른 듯이 급하게 솟거나 비탈진 곳.
단애(斷崖), 벼랑, 절벽(絶壁)

5. 큰 공사(工事)를 감독(監督)하는 사람.
・하나님과 일을 함께 하는 사람.

6. 인간(人間)이 지닌 번뇌(煩惱)의 수(數). 1년의 12개월(個月), 24절기(節氣), 72후(候)를 합하여 이르는 말.

7. 자기(自己) 분수(分數)보다 크게 품은 욕심(慾心).
야수(野獸)와 같은 성적(性的) 욕망(慾望).

8. 고요한 느낌이나 맛.
고요 속의 흥취(興趣).

10. 사태(事態)의 심각성(深刻性)을 깨달아 경계(警戒)하고 조심(操心)하는 마음.

12. 무엇의 내용(內容)이나 의미(意味) 따위를 알기 쉽게 풀어서 설명(說明)함.

13. 일을 잘 해내는 능력(能力)이나 솜씨.

14. 사람이나 동식물(動植物)이 자라서 몸무게가 늘거나 키나 점점 커짐.

15. 배 안에서 임금을 받고 근로(勤勞)를 제공(提供)하는 고용인(雇傭人).

16. 절반(折半)의 반.

18. 조선시대(朝鮮時代), 역적(逆賊)이나 강상죄인(綱常罪人) 등 나라의 큰 죄인(罪人)을 심문(審問)하기 위하여 왕명(王命)에 의해 임시(臨時)로 설치(設置)한 기관(機關).

20. 어렵고 힘들거나 바람직하지 않은 상태(狀態)나 상황(狀況) 등을 노력(努力)으로 없애거나 좋아지게 함.

21. 사람이나 동물(動物)의 몸 안에 들어온 항원(抗原)에 대하여 항체(抗體)가 만들어져서 같은 항원이 침입(侵入)하여도 두 번 다시 발병(發病)하지 않도록 저항력(抵抗力)을 가지는 일.

22. 무기(武器)를 넣어 두는 창고(倉庫).
재간 있게 부리는 기술(技術)이나 재주가 없음.

23. 자기(自己)의 현재(現在) 상태(狀態)를 실제(實際)보다 턱없이 크게 평가(評價)하고 그것이 사실(事實)이라고 믿는 생각.
과대평가(過大評價), 과대황장(過大皇張)
유지첨엽(有枝添葉). 침소봉대(針小棒大)
호왈백만(號曰百萬)
↔ 미소망상(微小妄想)

24. '사회인(社會人)'의 북한어(北韓語).

세 로 열 쇠

1. 「한자(漢字) 중에서 쉬운 글자인 고무래 정(丁)자도 알아보지 못함」 한 글자도 읽을 수 없을 정도(程度)로 아는 것이 없음을 이르는 말.

무지몽매(無知蒙昧), 불식일정(不識一丁)
숙맥불변(菽麥不辨), 어로불변(魚魯不辨)
우불가급(愚不可及), 우이독경(牛耳讀經)
일문부지(一文不知), 일자불식(一子不識)

2. 관동(關東) 지방(地方), 곧 강원도(江原道) 동해안(東海岸)에 있는 여덟 군데의 명승지(名勝地). 영동팔경(嶺東八景)

3. 「이리는 본래(本來)의 야성(野性)이 있어 좀처럼 길들지 않음」 신의(信義)가 없는 사람은 쉽게 교화(敎化)할 수 없음.

양호후환(養護後患), 축구서종(蓄狗噬踵)

4. 조선(朝鮮) 선조(宣祖) 때의 학자(學者)인 이수광(李睟光)이 지은 책(冊)으로, 우리나라 최초(最初)의 백과사전적(百科辭典的)인 저술(著述).

9. 신문(新聞), 잡지(雜誌) 따위의 보도(報道) 기사(記事)나 작품(作品) 재료(材料)의 출처(出處).

11. 각기(各其) 다른 여러 가지.

12. 전날의 술기운으로 거북한 속을 풀기 위하여 먹는 국.

해정국(解酊-), 성주탕(醒酒湯)

15. 선한 일을 쌓으면 좋은 과보가 있음.

선악과보(善惡果報), 인과응보(因果應報)
앙급자신(殃及自身), 자작지얼(自作之孼)
출이반이(出爾反爾)
↔ 악인악과(惡因惡果)

16. 말이나 언행(言行)이 이랬다저랬다 일정하지 않음.

줏대 없이 이랬다저랬다 하며 일정(一定)하지 않음.

부화뇌동(附和雷同), 아부뇌동(阿付雷同)
여진여퇴(旅進旅退), 추우강남(追友江南)

17. 「극히 나쁜 면만을 가르쳐 주는 선생(先生)」 본이 되지 않는 남의 말이나 행동(行動)이 도리어 자신(自身)의 인격(人格)을 수양(修養)하는 데 도움을 줌.

공옥이석(攻玉以石), 타산지석(他山之石)
전거복철(前車覆轍)
↔ 중도복철(重蹈覆轍), 정면교사(正面教士)

19. 「쪽에서 뽑은 푸른색이 쪽보다 더 푸름」 제자(弟子)가 스승보다, 후배(後輩)가 선배(先輩)보다 나음.

청출어람 이청어람(青出於藍 而青於藍)
출람지예(出藍之譽), 후생각고(後生角高)

스물일곱 번째

가 로 열 쇠

1. 표면(表面)에 우묵우묵한 홈이 많은 오래된 돌.

3. 큰 소리로 몹시 슬프게 욺.
   방성통곡(放聲痛哭), 방성대곡(放聲大哭)

5. 기생(妓生) 따위의 노는 계집이 모여서 사는 거리. 화류항(花柳巷)
   유암화명(柳暗花明), 홍등가(紅燈街)

6. 빛나고 아름다운 영예(榮譽)
   · 신령(神靈)한 빛.
   · 하나님과 그리스도에 대한 감사(感謝)의 찬양(讚揚).

7. 큰 세력(勢力)을 가진 가문(家門)의 일족(一族).
   씨족(氏族)의 사회적(社會的) 신분(身分)이나 지위(地位).

8. 경우(境遇)에 맞게 재치 있게 대응(對應)하는 슬기.
   · 군대(軍隊)나 탐험대(探險隊) 등의 활동(活動) 기점(基點)이 되는 근거지(根據地).

10. 특별(特別)히 기념(紀念)할 일이 있을 때나 일정(一定)한 시기(時期)에 맞추어 여는 대규모(大規模)의 연주(演奏) 행사(行事).

12. 기운차게 뻗치는 모양(模樣)이나 형세(形勢).
   · 세상을 속임.

13. 이치(理致)에 맞지 않는 허황(虛荒)된 생각을 함.
   · 병적(病的)으로 생긴 잘못된 판단(判斷)이나 확신(確信).

14. 하나의 사물(事物)을 나타내는 여러 관념(觀念) 속에서 공통적(共通的)이고 일반적(一般的)인 요소(要素)를 추출(抽出)하고 종합(綜合)하여 얻은 관념(觀念).
   어떤 사물에 대한 일반적(一般的)인 뜻이나 내용(內容).

15. 죽을 때까지 남은 생애(生涯).
   여년(餘年), 여령(餘齡)

16. 하루에 천리(千里)를 달릴 수 있는 아주 빠른 말.

18. 둘 또는 여러 대상(對象)이 서로 연결(連結)되어 얽힘.
   · 사회(社會)에서 규정(規定)되는 사람들 사이의 연결성(連結性).
   · 여러 대상이 연결되는 구체적(具體的)인 양상(樣相).

20. 하늘과 땅. 우주(宇宙).
   온 세상(世上).
   사람이 사는 세상의 영역(領域).
   · 대단히 많음.
   · 얕거나 보잘것없는 지혜(智慧).

21. 칭찬(稱讚)하는 말이나 글.
   · 귀양(歸養)을 가서 죽음.

22. 싸움에 이기고 돌아오는 것을 축하(祝賀)하는 노래.
   승전가(勝戰歌), 개악(凱樂)

23. 기이(奇異)하게 생긴 바위와 깎아지른 듯한 낭떠러지.

기암단애(奇巖斷崖), 고봉절안(孤峰絕岸)
만장절애(萬丈絶崖), 천인단애(千仞斷崖)
층암절벽(層巖絶壁)

24. 일이 매우 더디어 잘 진척(進陟)되지 않음. 흐지부지, 흐리멍텅

유야무야(有耶無耶)

세 로 열 쇠

1. 얼굴에 잘고 굵은 것이 섞이어 깊게 얽은 자국이 많이 나 있는 사람.

2. 「돌이 부딪칠 때 불빛이 한 번 번쩍하고 곧 없어짐」 아주 빨리 지나가는 세월(歲月)을 의미(意味)함.

광음여전(光陰如箭), 백구과극(白駒過隙)
세월여류(歲月如流), 오비토주(烏飛兎走)
일각천금(一刻千金), 일월여류(日月如流)
일촌광음(一寸光陰), 홀여과극(忽如過隙)

3. 조부모(祖父母), 부모(父母), 형제(兄弟), 자매(姉妹), 배우자(配偶者)가 모두 한집에 모여 사는 생활상(生活相).

4. 「학문(學問)을 굽히어 세상(世上) 사람에게 아첨(阿諂)함」 정도(正道)를 벗어난 학문으로 세상 사람에게 아첨(阿諂)함을 이르는 말.

곡의봉영(曲意逢迎), 아세곡학(阿世曲學)
아유구용(阿諛苟容), 어용학자(御用學者)
천착지학(穿鑿之學)

9. 어떤 전문적(專門的)인 분야(分野)의 일을 배우고자 하는 사람.

11. 성미(性味)가 깔깔하고 고집이 세며 모진 사람.

· 지나치게 똑똑하고 영악(靈嶽)한 사람.

12. 뜻깊은 일을 오래도록 잊지 않고 마음에 새기기 위해 세운 건물(建物).

15. (주로 '아니다'와 함께 쓰여) 만만하게 여길 만큼 평범(平凡)한 사람.

보통내기(普通--), 예사내기(例事--)

16. 「하늘과 땅이 처음 열림」 자연(自然)이나 사회(社會)에서의 큰 변혁(變革)을 이르는 말.

개천벽지(開天闢地), 천지부판(天地剖判)
천조초매(天造草昧), 천지창조(天地創造)

17. 사물(事物)의 모양(模樣)이나 일의 형편(形便)이 서로 같음.

매한가지, 매일반

19. 「꾀가 막히고 힘이 다하였음」 더는 어떻게 할 방법(方法)과 수단(手段)이 없음.

기진맥진(氣盡脈盡), 기진역진(氣盡力盡)
앙인식(仰鼻息), 앙인비식(仰人鼻息)

1			2	■	3			4
	■	■	5			■	■	
	■	6		■	7		■	
8	9	■	10	11		■	12	
■	13		■		■	14		■
15		■	16		17	■	18	19
	■	20		■	21		■	
	■	■	22			■	■	
23				■	24			

스물여덟 번째

가 로 열 쇠

1. 「돌 하나로 새 두 마리를 잡음」 한 가지의 일로 두 가지 또는 그 이상(以上)의 이득(利得)을 얻음.

일전쌍조(一箭雙鵰), 일거양득(一擧兩得)

3. 여러 명목(名目)의 세금(稅金)을 가혹(苛酷)하게 억지로 거두어들여 백성(百姓)의 재물(財物)을 무리하게 빼앗는 일.

가정맹호(苛政猛虎), 주구무이(誅求無已)

횡정가렴(橫征苛斂), 도탄지고(塗炭之苦)

5. 명백(明白)한 군사적(軍事的) 적대행위(敵對行爲) 없이 적군(敵軍)이나 상대국(相對國) 국민(國民)에게 심리적(心理的)인 자극(刺戟)과 압박(壓迫)을 주어 자기(自己) 나라의 정치(政治) · 외교(外交) · 군사(軍事) 면에서 유리(有利)하도록 이끄는 전쟁(戰爭).

선전전(宣傳戰), 신경전(神經戰)

6. 남편(男便)의 누나나 누이동생.

7. 섣달의 그믐밤.

한 해의 마지막 밤.

8. 학문(學問)이나 정신(精神), 기술(技術) 따위를 배워 익힘.

돌이나 쇠붙이 따위를 갈고 닦아 표면을 반들반들하게 만듦.

마연(磨硏), 지려(砥礪)

10. 오래되고 예술적(藝術的) 가치(價値)가 높아 수집(收集)이나 감상(感傷)의 대상(對象)이 되는 물품(物品).

고물(古物), 골동물(骨董物)

12. 다른 사람이나 어떤 목적(目的)을 위해 자신(自身)이나 가진 것 등을 바치거나 포기(拋棄)함. 생뢰(牲牢)

13. 차례나 제사(祭祀)를 지내고 난 뒤에 술이나 음식(飮食)과 같은 제수(祭需)를 나누어 먹음.

14. 자연(自然) 상태(狀態)에서 벗어나 삶을 풍요(豊饒)롭고 편리(便利)하고 아름답게 만들어 가고자 사회(社會) 구성원(構成員)에 의해 습득(習得), 공유(共有), 전달(傳達)이 되는 행동(行動) 양식(樣式). 문명(文明)

15. 학맥(學脈), 인맥(人脈), 사조(思潮) 등이 과거(過去)로부터 전해 온 맥락(脈絡). 가계(家系), 계통(系統)

16. 감독(監督)을 돕는 연출부원(演出部員)의 우두머리.

18. 행사장(行事場)에서, 주빈(主賓)에게 꽃을 선사(膳賜)하거나 목에 걸어 주는 아이.

20. 국가(國家)나 지방자치단체(地方自治團體)의 행정기관(行政機關)이 법에 따라 조세(租稅)나 수수료(手數料) 등을 국민(國民)에게서 거두어들임.

징세(徵稅), 징발(徵發), 수렴(收斂)

21. 떠들썩하게 일을 벌이거나 매우 부산하게 법석거림. 소요(騷擾)

22. 마음속으로는 간절(懇切)하나 감히 청(請)하지 못함.

23. 이미 잘못된 것을 뒤늦게 뉘우쳐도 다시 어찌할 수가 없음.

회지막급(悔之莫及), 서제막급(噬臍莫及)

회지무급(悔之無及)

24. 깨끗하고 순수(純粹)하며 연민(憐憫)이 일도록 애틋함.

세 로 열 쇠

1. 한 번 보아서 훤히 알 수 있을 정도(程度)로 분명(分明)함.

한눈에 알아볼 수 있게 잘 정돈(整頓)되고 조리(條理) 있게 만들어진 것.

2. 「마음에 새기고 뼈에 사무치도록 고심함」 흔히 시문(詩文) 따위를, 애를 써서 다듬음을 비유적(比喩的)으로 이르는 말.

3. 가정(家庭)에서 사용(使用)하는 세탁기(洗濯機)나 냉장고(冷藏庫), 텔레비전 따위의 전기(電氣) 제품(製品).

4. 「아홉 번 죽을 뻔하다 한 번 살아남」 여러 차례(次例) 죽을 고비를 겪고 겨우 살아남.

기사회생(起死回生), 십생구사(十生九死)

9. 마음을 쓰는 속 바탕. 심보

11. 다른 사람과 성질(性質)이나 바탕이 같다고 느끼는 마음.

↔ 이질감(異質感)

12. 어떤 사물(事物)이나 사람이 과장(誇張)되거나 우스꽝스럽게 묘사(描寫)됨.

15. 「닭의 부리와 소의 꼬리」 큰 단체(團體)의 말석(末席)보다는 작은 단체의 우두머리가 되라는 말.

영위계구 물위우후(寧爲鷄口 勿爲牛後)

계시우종(鷄尸牛從), 용미사두(龍尾蛇頭)

16. 「손을 써도 미치지 않음」 상황(狀況)이 매우 급하여 미처 손을 댈 여유(餘裕)가 없음.

간불용식(間不容息), 궁조입회(窮鳥入懷)

박어부득(迫於不得), 조불급석(朝不及夕)

17. 「홀로 푸르고 푸름」 남들이 모두 절개(節槪)를 버린 상황(狀況) 속에서 홀로 절개를 굳세게 지키고 있음.

거세개탁(擧世皆濁), 오상고절(傲霜孤節)

낙락장송(落落長松), 뇌뢰낙락(磊磊落落)

19. 「같은 병(病)을 앓는 사람끼리 서로 가엾게 여김」 어려운 처지(處地)에 있는 사람끼리 서로 불쌍히 여겨 동정(同情)하고 서로 도움.

동주상구(同舟相救), 양과분비(兩寡分悲)

유유상종(類類相從), 초록동색(草綠同色)

스물아홉 번째

가 로 열 쇠

1. 어떤 행사(行事) 따위에 참가(參加)하여 지켜보는 것을 목적(目的)으로 만든 단체(團體).

3. 조선(朝鮮) 연산군(燕山君) 때, 미녀(美女)와 좋은 말을 궁궐(宮闕)에 모으기 위해 지방(地方)으로 파견(派遣)하던 벼슬아치.

채홍사(採紅使), 채청여사(採靑女使)

5. 곡식(穀食)을 찧어주고 받는 삯.

6. 어떤 직책(職責)에서 물러나게 강제(强制)함.

면직(免職), 해면(解免), 해임(解任)

7. 어떤 물체(物體)에 가려 빛이 닿지 않는 상태(狀態).

의지(依支)할 만한 사람의 보호(保護)나 혜택(惠澤).

상황(常況)을 가려 드러난 것을 방해(妨害)하는 영향력(影響力).

8. 나쁜 목적(目的)으로 몰래 흉악(凶惡)한 일을 꾸밈.

· 멀리서 전하는 소식(消息)이나 편지(便紙).

· 사람의 생식기(生殖器) 둘레에 난 털.

10. 입에 배어 굳은 말하는 사람의 언어(言語) 습관(習慣).

12. 주로 원유(原油)를 퍼 올리기 위하여 판 구덩이.

· 부드럽고 따뜻한 마음.

13. 곡식(穀食) 가루를 된 풀처럼 쑨 음식(飮食).

· 여러 사물(事物)이 뒤섞여 갈피를 잡을 수 없는 상태(狀態).

14. 어떤 대상(對象)이나 사물, 현상(現狀) 따위를 언어(言語)로 서술(敍述)하거나 그림으로 그려서 표현(表現)함.

15. 「나지도 않고 죽지도 않고 늘 있음」 '석가모니여례(釋迦牟尼輿隸)'를 달리 이르는 말.

16. 어떤 정책(政策), 주의(主義), 의견(意見) 따위에 찬동(贊同)하여 이를 위하여 힘을 쓰는 기세(氣勢).

18. 어떤 사물(事物)이나 현상(現狀)의 본질(本質)이나 본성(本性).

20. 주의(主義), 주장(主張), 강령(綱領) 따위를 간결(簡潔)하게 나타낸 어구(語句).

21. 사회(社會)나 일정(一定)한 조직에서 지위(地位)나 관직(官職)의 단계(段階).

22. 태어난 지 반년(半年)쯤 지난 유아(乳兒)에게 생기는 까닭을 알 수 없는 열(熱).

23. 악한 짓을 많이 하여 그 재앙(災殃)이 자손(子孫)에게 미침.

앙급자손(殃及子孫), 은수분명(恩讐分明)

출이반이(出爾反爾), 형왕영곡(形枉影曲)

↔ 덕수후예(德垂後裔), 벌불급사(罰不及嗣)

적선여경(積善餘慶), 덕후류광(德厚流光)

24. 올바른 도리(道理)의 기강(紀綱)이 무너지고 해이(解弛)해짐.

강기폐이(綱紀廢弛), 어란토붕(魚爛土崩)

토경어란(土傾魚爛)

도덕적해이(道德的解弛)

모럴해저드(moral-hazard)

세 로 열 쇠

1. 예전에, 정해진 차례(次例)를 무시(無視)하고 옆에서 불쑥 끼어들어 음직(蔭職)에 오르는 일. 불차등용(不次登用)

↔ 거불유등(擧不踰等)

2. 「혼자서 한 자루의 칼을 휘두르며 적진(敵陣)으로 곧장 쳐들어감」 문장(文章)이나 언론(言論)의 너절한 허두(虛頭)를 빼고 바로 그 요점(要點)으로 풀이하여 들어감.

· 생각과 분별(分別)과 말에 거리끼지 않고 진경계(眞境界)로 들어감.

일침견혈(一針見血), 거두절미(去頭截尾)

단도부회(單刀赴會), 단장취의(斷章取義)

↔ 격화소양(隔靴搔癢), 도비순설(徒費脣舌)

3. 그림을 그릴 때 물감을 풀어서 쓰는 그릇.

4. 처음에는 시비곡직(是非曲直)을 가리지 못하여 그릇되더라도 모든 일은 결국(結局)에 가서는 반드시 정리(正理)로 돌아감. 사불범정(邪不犯正)

사불벌정(邪不伐正), 사불승정(邪不勝正)

9. 학업(學業)과 품행(品行) 등이 본받을 만한 학생(學生).

11. 곤충(昆蟲)을 비롯하여 기생충(寄生蟲)과 같은 하등(下等) 동물(動物)을 통틀어 말함.

12. 서로 비슷한 성질(性質).

15. 본래(本來)의 상태(狀態)로 돌아갈 수 없는 성격(性格)을 띤 것.

복수난수(覆水難收)

낙화난상지(落花難上枝)

16. 「연못에 사는 물고기의 재앙(災殃)」 성문(城門)에 난 불을 끄려고 못의 물을 전부(全部) 퍼 온 탓에 그 못의 물고기가 말라 죽음.

아무 상관(相關)도 없는데 뜻밖에 닥친 재앙(災殃)을 비유하는 말.

경전하사(鯨戰蝦死), 경투하사(鯨鬪鰕死)

어망홍리(魚網鴻離), 횡래지액(橫來之厄)

성문실화 앙급지어(城門失火 殃及池魚)

17. 세계(世界)의 여러 힘세고 큰 나라.

19. 남의 곁방을 빌려서 삶. 또는 그런 일. 곁방살이, 곁방살림

1			2	■	3			4
	■	■	5			■	■	
	■	6		■	7		■	
8	9	■	10	11		■	12	
■	13		■		■	14		■
15		■	16		17	■	18	19
	■	20		■	21		■	
	■	■	22			■	■	
23				■	24			

서른 번째

가 로 열 쇠

1. 「위와 아래를 분간(分揀)할 수 없음」 더 낫고 더 못함의 차이(差異)가 거의 없음. 오십보백보(五十步百步)

난백난중(難伯難仲), 소이대동(小異大同)
우열난분(優劣難分), 차상차하(差上差下)
춘란추국(春蘭秋菊), 오십소백(五十笑百)

3. 「대나무로 만든 말을 타고 놀던 벗」 어릴 때부터 같이 놀며 자란 벗.

총죽지교(蔥竹之交), 죽마구우(竹馬舊友)

5. 물가(物價)나 주가(株價) 따위가 오르는 형세(形勢).

6. 사회적(社會的)으로 어떤 현상(現想)이 퍼져 주위에 그 영향(影響)이 미치는 현상.

물결의 움직임과 같은 진동(振動)이 주변(周邊)으로 퍼져나가는 현상.

7. 일정(一定)한 목적(目的)을 위하여 미리 일을 꾸밈.

노력(努力)이나 기술(技術)을 들여 물건(物件)을 만듦.

8. 맹목적(盲目的)인 인기(人氣)를 끌거나, 숭배(崇拜)되는 대상(對象)을 비유적(比喩的)으로 이르는 말.

인위적(人爲的)으로 만들어 신(神)처럼 떠받드는 형상(形像).

10. 노력(努力)이나 시간(時間)의 축적(蓄積)이 한순간에 흔적(痕迹) 없이 사라져 헛되게 된 상태(狀態)를 비유하는 말.

12. 각각(各各)의 것이 일정(一定)한 원리(原理)에 따라 계통적(系統的)으로 결합(結合)한 조직(組織).

• 붙잡아서 옥(獄)에 가둠.

13. 남의 제의(提議)나 요구(要求), 금품(金品) 따위를 받아들이지 않고 물리침.

14. 바르지 못한 논리적(論理的) 과정(過程) 및 그로 인해 생긴 추리(推理)나 판단(判斷). 와류(訛謬)

15. 묘지기나 마름이 수고의 대가(對價)로 소작료(小作料) 없이 부쳐 먹는 논밭.

16. 떠나가는 목적지(目的地).

18. 땅 겉면이나 땅속의 온도(溫度).

20. 남을 부추기어 어떤 사상을 갖게 하거나 행동(行動)하도록 조장(助長)함.

유동(誘動)

21. 형법(刑法)에서, 남의 범죄(犯罪)를 거들어 도와주는 모든 행위(行爲).

가공(加功)

22. 온라인상에서, 서로 이야기를 주고받을 수 있는 가상(假像)의 공간(空間).

23. 도심지(都心地)의 주택(住宅)가 주변(周邊)에 있어 시민(市民)들이 쉽게 드나들 수 있는 조그마한 공원(公園).

24. 「묵은해를 보내고 새해를 맞음」 구관(舊官)을 보내고 신관(新官)을 맞이함.

송고영신(送故迎新), 사구종신(舍舊從新)
송왕영래(送往迎來), 제구포신(除舊布新)

토고납신(吐故納新), 파사현정(破邪顯正)
혁고정신(革故鼎新)

세 로 열 쇠

1. 「거스름이 없는 벗」 허물이 없이 매우 가까운 친구(親舊).

막역지간(莫逆之間), 막역지교(莫逆之交)
수어지친(水魚之親), 어수지락(魚水之樂)
어수지친(魚水之親), 여어득수(如魚得水)
유어유수(猶魚有水)

2. 진화(進化)의 정도(程度)가 낮아 신체(身體)의 구조(構造)가 비교적(比較的) 간단(間斷)하고 단순(單純)한 동물(動物).

3. 대나무를 재료(材料)로 하여 만든 모든 제품(製品).

4. 「소를 잡는 칼로 닭을 잡음」 작은 일을 하는데 지나치게 과장(誇張)하거나 서두름.

견문발검(見蚊拔劍), 노승발검(怒蠅拔劍)
우정팽계(牛鼎烹鷄)

9. 물품(物品)이나 서비스를 대상(對象)으로 하여, 매매(買賣) 또는 임대차(賃貸借)의 계약(契約)을 하는 행위(行爲).

11. 상품(商品)이나 용역(用役)을 사고팔거나, 서로 돈을 융통(融通)하는 상대방(相對方). '거래처(去來處)'로 순화(純化)됨.

12. 일정(一定) 기간(其間) 임시(臨時)로 머물러 있는 곳.

15. 어떤 일이 실제(實際)로 근거(根據)가 없거나 전혀 사실(事實)과 다름.

터무니없음. 맹랑하다.

16. 하나의 부대(部隊)나 집단(集團)에서 어떤 일을 직접(直接) 몸으로 행하는 사람.

17. 주변(周邊)에서 시끄럽게 떠드는 소리를 속되게 이르는 말.

19. 옛것을 익히고 그것을 미루어 새것을 앎.

옛 학문(學文)을 되풀이하여 연구(硏究)하고, 현실(現實)에 대처(對處)할 수 있는 새로운 학문을 이해(理解)하여야 남의 스승이 될 자격(資格)이 있다는 뜻임.

박고지금(博古知今), 법고창신(法古創新)
이고위감(以古爲鑑), 전거가감(前車可鑑)
거구이감신(據舊以鑒新)
↔ 자아작고(自我作古)

서른한 번째

가 로 열 쇠

1. 「소의 뿔을 바로 잡으려다가 소를 죽임」 결점(缺點)이나 흠(欠)을 고치려다 지나쳐 일을 그르치는 것을 말함.

교왕과직(矯枉過直), 교왕과정(矯枉過正)

소탐대실(小貪大失), 수주탄작(隋珠彈雀)

↔ 사소취대(捨小取大)

3. 몹시 소란(騷亂)스럽고 질서(秩序)가 없는 상태(狀態). 야단법석(惹端法席)

5. 공중(空中)에서 공중으로 향함.

6. 일이나 형편(形便)이 시간의 경과(經過)에 따라 변하여 나감. 또는 그런 경향(傾向).

과정(過程), 움직임

7. 어떤 것을 사용(使用)하거나 이용(利用)하는 것이 거북하거나 괴로운 것.

몸이나 마음이 편치 않고 괴로움.

8. 색깔이 강하거나 약한 정도나 상태(狀態). 또는 짙거나 옅은 정도(程度)나 상태.

10. 밋밋하게 비탈져 나간 산의 아랫부분.

12. 「가을철에 털을 갈아서 가늘어진 짐승의 털」 매우 조금인 거의 없는 정도(程度).

분호(分毫), 호리(毫釐)

13. 인사(人事)나 정(情)을 나타내는 의미(意味)로 물건(物件)을 줌.

· 그해에 맨 처음 생산(生産)된 것.

14. 일정(一定)한 일을 늘 계속(繼續)하여 맡음.

15. 일이나 사건(事件)이 진행(進行)된 처음부터 끝까지의 경위(經緯).

본말(本末)

16. 물가(物價)가 오르는 일, 또는 그것으로 인한 고통(苦痛).

18. 일 중에 잠시(暫時) 쉬는 시간(時間)에 먹는 음식(飮食).

중참(中站), 샛요기, 곁두리

20. 현재(現在) 어떤 직무(職務)에 종사(從事)하고 있는 사람.

↔ 예비역(豫備役)

군에 입대(入隊)하여 실제(實際)로 복무(服務)하는 병역(兵役). 또는 그 군인(軍人).

21. 사람이나 동식물(動植物)이 자라서 몸무게가 늘거나 키가 점점(漸漸) 커짐.

사물(事物)의 규모(規模)가 커지거나 그 세력(勢力)이 전보다 늘어남.

22. 형벌(刑罰)의 집행(執行) 기간(期間)이 끝나지 않은 죄수(罪囚)를 일정(一定)한 조건(條件)을 두고 미리 풀어주는 것.

23. 조그맣게 물건(物件)을 차려놓고 파는 집.

24. 가장(家長)이 강력(强力)한 권력(權力)을 가지고 안으로는 가족을 지배(支配)하고 밖으로는 가족(家族)을 대표(代

表)하는 가족 형태(形態).

세 로 열 쇠

1. 남의 환심(歡心)을 사기 위해 교묘(巧妙)히 꾸며서 하는 말과 아첨(阿諂)하는 얼굴빛.

감언이설(甘言利說) 구밀복검(口蜜腹劍)
권상요목(勸上搖木) 면종배훼(面從背毁)
면종복배(面從腹背) 면종후언(面從後言)
사심불구(蛇心佛口) 소중유검(笑中有劍)
양두구육(羊頭狗肉) 양질호피(羊質虎皮)
표리부동(表裏不同) 화언교어(花言巧語)
↔ 강의목눌(剛毅木訥), 성심성의(誠心誠意)

2. 「어리석은 영감이 산을 옮김」 남이 보기에 어리석은 일처럼 보이지만 한 가지 일을 끝까지 밀고 나면 언젠가는 목적(目的)을 달성(達成)할 수 있다는 말.

마부작침(磨斧作針), 세류성해(細流成海)
수적천석(水滴穿石), 수적촌루(銖積寸累)
승거목단(繩鋸木斷), 십벌지목(十伐之木)
우핵비육(羽翮飛肉), 적소성대(積小成大)
적수성연(積水成淵), 적우침주(積羽沈舟)
점적천석(點滴穿石), 진적위산(塵積爲山)
철저마침(鐵杵磨鍼), 총경절축(叢輕折軸)
토적성산(土積成山), 파별천리(跛鼈千里)

3. 공격(攻擊)하기가 어려워 좀처럼 함락(陷落)되지 않음.

검각철산(劍閣鐵山), 고성심지(高城深池)
금성철벽(金城鐵壁), 금성탕지(金城湯池)
비조불입(飛鳥不入), 철옹산성(鐵甕山城)
탕지철성(湯池鐵城),

4. 앉은자리에서 바로 그림을 그리거나 글씨를 쓰는 일.

일필휘지(一筆揮之)

9. 일제강점기(日帝强占期), 우리나라 사람의 말과 글.

11. 자기를 스스로 칭찬(稱讚)하는 노래.

12. 판소리꾼이 창(唱)을 할 때, 흥(興)을 돋우기 위해 고수(敲手)가 장단을 치면서 '얼씨구', '좋다' 등의 삽입(插入)하는 소리.

15. 「어떤 일에 온 힘을 기울임」 야구(野球)에서, 투수(投手)가 타자(打者)에게 모든 힘을 다해 공을 던지는 것.

16. 벽돌이나 흙, 돌, 기와 따위의 집을 짓는 데 필요(必要)한 재료(材料)를 파는 가게.

17. 「큰소리로 밖에서 노래를 부름」 큰소리를 지르거나 노래를 불러서 주변(周邊)을 시끄럽게 하는 짓.

19. 길고 짧거나, 또는 가지런하지 못하여 들쭉날쭉한 모양(模樣).

서른두 번째

가 로 열 쇠

1. 「헛되이 목소리의 기세만 높임」 실력(實力)이나 실속은 없으면서 큰소리치거나 허세(虛勢)를 부림.

공성계(空城計), 대언장담(大言壯談)

수상개화(樹上開花), 초요과시(招搖過市)

호언장담(豪言壯談), 호왈백만(號曰百萬)

3. 「끓는 물에 뛰어들고 불을 밟고 감」 매우 어렵고 힘에 겨운 일이나 수난(受難)을 이르는 말.

부탕투화(赴湯投火), 부탕모화(赴湯冒火)

유명시청(惟命是聽), 유유낙낙(唯唯諾諾)

5. 남을 꾀어서 속이는 행위(行爲). 또는 그 수단(手段).

6. 앞으로 해야 할 일이나 당할 어려움 따위에 대하여 마음의 준비(準備)를 단단히 함.

7. 어떤 일이나 부정적(否定的)인 요소(要素) 따위를 깨끗이 정리(整理)하여 결말(結末)을 지음.

8. 어떤 문제(問題)에 대하여 대표성(代表性)을 띤 사람들이 모여서 대화(對話)를 나누거나 토의(討議)함.

10. 국가(國家)의 비상(非常) 상태(狀態) 발생(發生) 시(時), 안녕(安寧)과 질서(秩序) 유지(維持)를 위해 그 지역(地域)은 사법권(司法權) 및 행정권(行政權)의 일부(一部) 혹은 전부(全部)를 계엄(戒嚴) 사령관(司令官)이 행사(行事)할 것을 국가원수(元首)가 선포(宣布)하는 명령(命令).

12. 뜻밖에 걸림돌로 나타난 경쟁자(競爭者). 다크호스(dark horse)

13. 육체(肉體) 및 정신(精神)의 욕구(慾求)나 욕망(慾望)을 억누르거나 참음.

극기(克己)

14. 어떤 일을 이루기 위해 수고스럽게 힘들이고 애씀.

고로(苦勞), 공고(功苦), 작고(作苦)

15. 한 질로 된 책(冊) 중에 한 부분(部分)이 없어짐. 결본(缺本)

16. 내무반(內務班)에서, 옷이나 물품(物品), 장비(裝備) 따위를 정리(整理)하여 놓는 장(欌).

18. 어떤 일의 배경(背景)이 되는 환경(環境)이나 경향(傾向), 양상(樣相), 풍습(風習), 제도(制度) 따위를 비유(比喩)하는 말. 풍조(風潮)

20. 연극(演劇)이나 영화(映畫), 음악(音樂), 미술(美術), 무용(舞踊) 등의 연예(演藝) 분야(分野)를 통틀어 이르는 말.

21. 「손에 쥠」 판세나 권력(權力) 따위를 완전(完全)히 휘어잡음.

22. 고등검찰청(高等檢察廳)과 지방(地方)검찰청의 검사(檢事) 중에서 가장 높은 지위(地位).

23. 「장 씨의 셋째 아들과 이 씨의 넷째 아들」 이름이나 신분(身分)을 알 수 없는 평범(平凡)한 사람.

갑남을녀(甲男乙女), 선남선녀(善男善女)
필부필부(匹夫匹婦), 초동급부(樵童汲婦)

24. 「진흙탕에서 싸우는 개」 자기(自己) 이익(利益)을 위하여 비열(卑劣)하고 치사(恥事)하게 다툼.

세 로 열 쇠

1. 「마음을 비우고 생각을 터놓음」 마음에 품은 생각을 터놓고 말할 만큼 마음에 아무런 거리낌이 없고 솔직(率直)함.

간담상조(肝膽相照), 감언지지(敢言之地)
경균도름(傾囷倒廩), 불설성부(不設城府)
수사심복(輸寫心腹), 심복지우(心腹之友)
취중진담(醉中眞談), 토진간담(吐盡肝膽)

2. 신라(新羅) 때, 원광(圓光)이 화랑(花郞)에게 일러준 다섯 가지 규율(規律).

사군이충(事君以忠), 사친이효(事親以孝)
교우이신(交友以信), 임전무퇴(臨戰無退)
살생유택(殺生有擇)

3. 윗사람의 위엄에 눌려 다소곳이 숙이고 명령(命令)대로 좇음.

부수청명(俯首聽命)

4. 「그림의 떡」 바라만 보았지, 소용(所用)이 닿지 않음. 보기만 했지 실제(實際)로 얻을 수 없음.

경중미인(鏡中美人), 경화수월(鏡花水月)
화병충기(畫餠充饑), 임연선어(臨淵羨魚)

9. 높은 온도(溫度)에서 달군 금속(金屬) 재료(材料)를 물이나 기름에 넣어 급격(急激)하게 식혀 더 단단하게 하는 일.

11. 몸을 가리거나 숨길 수 있는 물건(物件).

12. 지나간 날의 모습으로 되돌아간 풍속(風俗)이나 양식(樣式).

레트로(Retro), 복고주의(復古主義)

15. 날로달로 발전(發展)하거나 성장(成長)함. 일신우일신(日新又日新)

괄목상대(刮目相對), 생생발전(生生發展)
일개월화(日改月化), 일승월항(日升月恒)
일신월화(日新月化), 일장월취(日將月就)
일진월보(日進月步), 장족진보(長足進步)

16. 물건(物件)의 품질(品質) 따위를 사람의 오감(五感)으로 평가(評價)하는 일.

17. 쇠를 달구어 연장 따위를 만드는 일을 업(業)으로 하는 사람.

딱쇠, 성냥, 바지, 야장(冶匠),
철장(鐵匠), 노야장(爐冶匠),
단야공(鍛冶工)

19. 얼굴은 한국인(韓國人)이나 창자는 왜놈으로, 일본놈 입장(立場)으로 생각하고 말하는 인간(人間)들. 순왜(順倭)

1			2	■	3			4
	■	■	5			■	■	
	■	6		■	7		■	
8	9	■	10	11		■	12	
■	13		■		■	14		■
15		■	16		17	■	18	19
	■	20		■	21		■	
	■	■	22			■	■	
23				■	24			

서른세 번째

가 로 열 쇠

1. 「우물 속에 앉아서 하늘을 쳐다봄」 견문(見聞)이 아주 좁음.

세상 물정(物情)을 너무 모름.

이안(蘺鷃)

정저지와(井底之蛙), 감중지와(埳中之蛙)

3. 다른 것과 달라 특별(特別)함.

· 딴 사람보다 정분(情分)이 유달리 두터움.

5. 실을 만들어 내는 기계(器械)를 통틀어 이르는 말.

6. 경우(境遇)에 맞게 재치(才致) 있게 대응(對應)하는 슬기.

돈재(頓才), 즉지(卽地)

· 군대(軍隊), 탐험대(探險隊) 따위의 활동(活動) 거점(據點)이 되는 근거지(根據地).

7. 어떤 힘이나 조건(條件)에 굽히지 아니하고 거역(拒逆)하거나 버팀.

대항(對抗)

8. 이름이 세상에 널리 알려져 있음.

· 어둠과 밝음.

저승과 이승.

10. 레코드에 녹음(錄音)한 소리를 재생(再生)하는 장치(裝置).

12. 특별(特別)하거나 드물지 않고 평범(平凡)한 것.

뛰어나지도 않고 열등(劣等)하지도 않아 중간(中間) 정도(程度)인 것.

13. 옛날의 제도(制度), 문물(文物)을 아는 데 증거(證據)가 되는 자료(資料).

14. 둘 이상(以上)의 사물(事物)의 내용(內容)을 맞대어 검토(檢討)함.

· 서로 반대되어 이루는 대비(對比).

15. 남이 자기(自己)에게 찾아옴을 높여 이르는 말.

· 예전에, 왕이 타던 수레.

16. 뿌리는 강장제(强壯劑), 강정제(强精劑), 완화제(緩和劑)로 쓰고, 잎은 나물로 먹는 마디풀과의 여러해살이풀.

18. 하나의 생물(生物)로서 생존(生存)하는 데 필요(必要)한 기능(機能)과 구조(構造)를 갖춘 최소(最小)의 단위(單位).

20. 뜻하지 않게 생긴 불행(不幸)한 변고(變故).

21. 드러내어 꼭 집어 말함.

22. 땅의 끝과 하늘이 맞닿아 보이는 경계선(境界線).

스카이라인(skyline), 하늘선

23. 겉으로 보기에는 강하게 보이나 속은 부드러움.

색려내임(色厲內荏), 내유외강(內柔外剛)

↔ 외유내강(外柔內剛), 외유중강(外柔中剛)

강유겸전(剛柔兼全)

24. 개인(個人)이나 여러 집단(集團)이 기본(基本)으로 삼는 원칙(原則)이나 목적(目的)이 서로 다를 수 있음을 인정

(認定)하는 태도(態度)나 경향(傾向).

세 로 열 쇠

1. 군자(君子)가 재덕(才德)을 겸비(兼備)하여 마땅하지 않음이 없고 지니지 않은 것이 없음.

    좌우구의(左右具宜)

2. 「하늘 방향(方向)이 어디고 땅의 축이 어딘지 모름」 너무 바빠서 두서(頭序)를 잡지 못하고 허둥대는 모습이나, 어리석은 사람이 갈 바를 몰라 두리번거리는 모습.

    천방지방(千方地方)

3. 특별(特別)히 정해지지 않은 여러 장소(場所)나 위치(位置).

4. 「별로 신통(神通)한 것이 없음」 결과(結果)나 효과(效果) 따위가 그다지 놀라울 정도(程度)로 대단한 것이 없음을 말함.

9. 사회적(社會的) 신분(身分)이나 지위(地位)가 높고 훌륭하여 이름난 집안.

11. 갈증(渴症)을 해소(解消)하거나 맛을 즐기기 위한 주스나 탄산수(炭酸水) 따위의 마실 거리.

12. 웃거나 말할 때 볼에 오목하게 들어가는 자국. 볼우물

15. 「임금은 천하(天下)로서 집을 삼기 때문에, 밖이라는 곳이 없음」 임금이 크게 통일(統一)한 세상(世上)을 말함.

16. 아무것도 어려울 것이 없음.

    아주 쉬움.

17. 한 문제(問題)에 다섯 개의 항목(項目) 가운데 정답(正答) 또는 가장 적당(適當)한 항(項)을 고르게 하는 방식(方式).

19. 「머리를 깎고 물들인 옷을 입음」 출가(出家)하여 승려(僧侶)가 됨.

    삭발위승(削髮爲僧), 삭발입도(削髮入道)

    낙발위승(落髮爲僧)

서른네 번째

가 로 열 쇠

1. 「말할 길이 끊어졌음」 어이가 없어서 말하려 해도 말할 수 없음을 이르는 말. '말이 안 됨'으로 순화(純化)됨.

언어동단(言語同斷), 도단(道斷)

3. 유배(流配)된 죄인(罪人)이 거처(居處)하는 집 둘레에 가시로 울타리를 치고 그 안에 가두어 두는 일.

가극안치(加棘安置), 가극찬배(加棘竄配)
위리천극(圍籬栫棘), 천극안치(栫棘安置)

5. 서로 화목(和睦)하자는 뜻으로 친한 사람끼리 모은 계(契).

6. 당하고 있는 사정(事情)이나 형편(形便).

서로 사귀어 지내는 관계(關係).
사이, 터수

7. 갑작스러운 일을 당하여 숨이 멈출 정도(程度)로 많이 놀람.

기절초풍(氣絶-風)

8. 겉으로는 드러나지 않고 속으로 깊이 든 병(病).

심한 타격(打擊)을 받아서 입은 손해(損害).

10. 융통성(融通性) 없는 당시(當時) 사회(社會)의 가치(價値) 기준(基準) 따위에 가장 올바른 사실(事實)을 비유로 하는 말.

초중고교(初中高校)에서 정규(正規) 과목(科目)의 주(主) 교재(教材).

12. 긍지(矜持)를 가지고 스스로 존중(尊重)하며 자기(自己) 품위(品位)를 지킴.

13. 어떤 대상(對象)이 허실(虛實)이 없이 알참.

14. 어떤 단체(團體)나 기관(機關) 등에서 지도적(指導的)인 위치(位置)에서 중요(重要)한 책임(責任)을 맡은 사람.

・자신(自身)의 의견(意見)이나 견해(見解)를 굳게 내세움.

15. 죽은 몸의 형태(形態)와 뼈대.

형해(形骸), 주검

16. 약(藥)이 몸에 들어간 후에 느껴지는 몸의 상태(狀態)나 느낌.

18. 마음 놓고 믿을 수 있는 부하(部下).

20. 신체(身體)나 정신(精神) 따위가 발달(發達)하여 점차(漸次) 크게 자람.

생장(生長), 성육(成育), 성장(成長)

21. 조선시대(朝鮮時代), 아내를 내쫓을 수 있는 이유(理由)가 되는 일곱 가지의 허물. 칠거지악(七去之惡)

↔ 삼불거(三不去)

22. 남의 영토(領土)나 물건(物件) 따위를 강제(強制)로 빼앗아 차지하고 있는 기간(期間).

23. 어떤 대상(對象)에 대하여 문제점(問題點)을 찾고 그에 적극적(積極的)으로 대처(對處)하려는 인식(認識)이나 판단(判斷).

24. (상대방(相對方)이 너무 강해서 대적(對敵)하기 힘들 때는) 달아나는 게 가장 나은 계책(計策)임.

고비원주(高飛遠走), 망풍이미(望風而靡)

주위상책(走爲上策)

세 로 열 쇠

1. 「말속에 뼈가 있음」 예사(例事)로운 말 속에 깊은 속뜻이 숨어 있음을 비유적(比喩的)으로 이르는 말.

언중유언(言中有言), 언중유향(言中有響)

언외지의(言外之意)

↔ 언중지의(言中之意)

2. 「쇠붙이라도 끊을 수 있을 만큼 단단한 교분」 친구(親舊) 사이의 매우 두터운 우정(友情)을 말함.

문경지교(刎頸之交), 관포지교(管鮑之交)

3. 관등(官等)이나 직책(職責)의 상하관계(上下關係)에서 생기는 복종(服從)과 예절(禮節) 등의 질서(秩序). 서열(序列)

4. 「단단한 이는 빠져도 부드러운 혀는 남음」 강한 자가 먼저 망하고 부드럽고 순한 자가 나중까지 남음.

설이유존(舌以柔存), 약이능강(弱而能强)

오동단각(梧桐斷角), 우생마사(牛生馬死)

인자무적(仁者無敵), 치폐설존(齒敝舌存)

9. 농작물(農作物) 등 식물(植物)이 병균(病菌)이나 벌레에 의하여 입은 해(害).

11. 주(主)로 사회적(社會的)인 현상(現狀)이 한 단계(段階)에서 다음 단계로 넘어가는 중간(中間) 시기(時期).

12. 자신(自身)의 가치(價値)나 능력(能力)을 믿고 당당(堂堂)히 여기는 마음.

15. 격문(檄文)이나 호소문(呼訴文) 등을 쓸 때 누가 주모자(主謀者)인지 알지 못하도록, 서명(署名)에 참여(參與)한 사람들의 이름을 둥글게 삥 돌려 가며 적은 통지문(通知文).

16. 약한 자는 강한 자에게 지배(支配)됨.

약한 동물이 강한 동물에게 먹힘.

알레오파시(alelopathy)-타감작용(他感作用)

17. 「운(運)이 칠 할(七割), 재주나 노력이 삼할(三割)임」 사람의 일은 재주나 노력보다는 운에 달려 있다는 말.

마칠기삼(馬七騎三)

19. 「앞의 수레가 엎어지는 것을 보고 뒤의 수레는 미리 경계(警戒)함」 남의 실패(失敗)를 거울삼아 경계하라는 말.

전차복후차계(前車覆後車戒)

답복차지철(踏覆車之轍)

전거복철(前車覆轍)

서른다섯 번째

가 로 열 쇠

1. 약간(若干)의 무기(武器).
   구구지중(區區之衆), 척촌지병(尺寸之兵)

3. 어슴푸레하고 넓고 멀어서 아득함.

5. 신라(新羅) 때, 얼음을 넣어 두던 창고(倉庫).

6. 거친 땅이나 버려둔 땅을 일구어 논밭이나 쓸모 있는 땅으로 만듦.
   · 신문(新聞)이나 책(冊) 등을 처음으로 간행(刊行)함.

7. 두 물체(物體)가 서로 밀어냄.
   · 탄력(彈力)이 있는 물체가 퉁겨져 일어남.

8. 어떤 문제(問題)에 대해 함께 검토(檢討)하고 협의(協議)함.
   · 어떤 지방(地方)에서 고유(固有)하게 나는 물건(物件).

10. 좋은 점과 모자라는 점.
    장단점(長短點).

12. 보통(普通)과 다른 행동거지(行動擧止).

13. 어떤 일을 그렇게 하게 된 이유(理由)나 까닭.
    · 벼슬아치가 임금에게 휴가(休暇)를 신청(申請)하던 일.
    · 석유(石油)를 정제(精製)함.

14. 여러 가지 전후(前後) 사정(事情)을 고려(考慮)하여 생각함.
    · 헐어서 짓무른 눈.

15. 출판물(出版物)이나 문서(文書) 따위를 묶묶이 갈라 따로따로 나누어줌.
    · 몸체의 등이나, 면(面)의 뒤쪽.

16. 쇠를 달구어 온갖 연장을 만드는 곳.
    단철장(鍛鐵場), 야장(冶場), 야방(冶坊)

18. 토목공사(土木工事)나 건축(建築) 따위의 공사(工事)를 돌봄. 또는 돌보게 함.
    · 간사(奸詐)한 역적(逆賊).

20. 틀림없이 흔하거나 쉽게.
    · 멀리 돌지 않고 가깝게 질러 통하는 길.

21. 앞가슴의 옷깃.
    · 외부(外部)의 자극(刺戟)에 따라 미묘(微妙)하게 움직이는 마음.
    심금(心襟)

22. 상공업(商工業)이나 금융업(金融業) 따위의 사업(事業)을 경영(經營)하는 사람들의 활동 분야(活動 分野).

23. 모양(模樣), 성질(性質) 따위가 서로 다른 여러 가지.
    각양각태(各樣各態), 각인각설(各人各設)
    각인각성(各人各姓), 각인각색(各人各色)
    다종다양(多種多樣), 두두물물(頭頭物物)
    만단무방(萬端無方), 백인백색(百人百色)
    종종색색(種種色色), 형형색색(形形色色)

24. 「외손뼉만으로는 소리가 울리지 않음」 혼자의 힘만으로 어떤 일을 이루기

어려움.

거지양륜(車之兩輪), 공위순치(共爲脣齒)
보거상의(輔車相依), 순망치한(脣亡齒寒)
순치보거(脣齒輔車), 순치지국(脣齒之國)
조지양익(鳥之兩翼), 고장난명(孤掌難鳴)
척장난명(隻掌難鳴)

세 로 열 쇠

1. 「한 치의 논과 한 자의 밭」 얼마 되지 않은 논밭을 이르는 말.

방촌지지(方寸之地), 부촌지지(膚寸之地)
속산변토(粟散邊土), 입추지지(立錐之地)
치추지지(置錐之地), 일탄환지(一彈丸地)
척촌지지(尺寸之地)

2. 「철(鐵)이나 돌 같은 간(肝)과 창자」 단단한 의지(意志)를 비유하는 말.

금석위개(金石爲開), 철심석장(鐵心石臟)
철장석심(鐵腸石心), 투지만만(鬪志滿滿)

3. 갓난아이의 엉덩이, 등, 손등, 발등, 허리, 등에 멍든 것처럼 퍼렇게 난 얼룩진 점. '몽고점(蒙古點)'의 이전(以前) 말.

4. 말이나 행동(行動)을 사회(社會) 규범(規範)에 어긋나게 하는 막된 사람의 짓.

9. 조선시대(朝鮮時代), 정종(定宗) 2년(1400년)에 설치(設置)한 행정부(行政府)의 최고기관(最高機關).

암랑(巖廊), 성부(省府), 황각(黃閣)

11. 지방자치단체(地方自治團體)의 장(長).

12. 갑작스럽고 아주 짧은 동안.

갑자기, 아연(啞然)

15. 「남편(男便)을 배반(背反)하고 집에서 나와 버림」 다른 곳으로 시집감.

배부기가(背夫棄家), 배부도주(背夫逃走)

16. 몹시 놀라 얼굴빛이 하얗게 질림.

경악실색(驚愕失色), 경혼미정(驚魂未定)
대경실성(大驚失性), 면여토색(面如土色)
아연실색(啞然失色), 악연실색(愕然失色)
↔ 담소자약(談笑自若), 부동성색(不動聲色)
태연자약(泰然自若)

17. 간사(奸詐)하고 흉악(凶惡)하며 악독(惡毒)한 계교(計巧).

간악교완(奸惡巧頑), 구적간귀(寇賊姦宄)
인요물괴(人妖物怪), 천요만악(千妖萬惡)

19. 제왕(帝王)이 부덕(不德)하여 민심(民心)을 잃으면, 덕이 있는 다른 사람이 천명(天命)을 받아 왕조(王朝)를 바꾸고 새로운 왕조를 세워도 좋다는 사상(思想). 대역무도(大逆無道),

모반대역(謀反大逆), 범상부도(犯上不道)
불궤지심(不軌之心), 비양발호(飛揚跋扈)
사중우어(沙中偶語), 이천역일(移天易日)
찬시지변(簒弑之變), 역세혁명(易世革命)

서른여섯 번째

가 로 열 쇠

1. 쾌활(快闊)한 사람의 시원스러운 행동(行動).

3. 조선시대(朝鮮時代), 1623년 서인(西人) 일파(一派)가 광해군(光海君) 및 대북파(大北派)를 몰아내고 인조(仁祖)를 왕(王)으로 옹립(擁立)한 사건(事件).

계해반정(癸亥反正)

5. 향(香)을 피우면서 제사(祭祀)나 예불(禮佛) 의식(儀式) 따위를 행(行)하는 장소(場所).

6. 사회(社會)나 시대(時代)의 변화(變化)에 제대로 따르지 못하고 뒤로 처짐.

편성(編成)된 대열(隊列)에서 뒤에 처짐.

7. 사람으로서 지켜야 할 도리(道理)에서 벗어남.

윤리(倫理)에서 벗어난 상태(狀態).

8. 신경(神經)이나 근육(筋肉)의 이상(以上)으로 몸 전체(全體) 혹은 일부(一部)의 감각(感覺)이 저하(低下)되거나 없어짐.

10. 남보다 못하거나, 보통(普通)의 수준(水尊)이나 등급(等級)보다 낮다고 느끼는 마음.

12. 어떤 대상(對象)이나 소재(素材)에 대하여 이러니저러니 서로 다르게 주장(主張)하며 다툼.

13. 사물(事物)의 가장 중심(中心)이 되는 부분(部分). 알속, 골자(骨子)

14. 판매(販賣)를 목적(目的)으로, 상품(商品)에 대한 정보(情報)를 여러 가지 매체(媒體)를 통하여 소비자(消費者)에게 널리 알리는 의도적(意圖的)인 활동(活動).

15. 내연기관(內燃機關)에서 실린더 안의 연료(燃料)를 폭발(爆發)시키기 위한 조작(操作).

16. 지상(地上) 1,000km에 달하는 지구(地球)를 둘러싸고 있는 대기(大氣)의 층(層).

18. 사회(社會)의 여러 가지 기술적(技術的), 물질적(物質的)인 측면(側面)의 발전(發展)으로 이루어진 결과물(結果物).

20. 사람이 생활(生活)하는 데에 영향(影響)을 미치는 사회적(社會的), 가정적(家庭的), 주변적(周邊的) 조건(條件)이나 상태(狀態). 여건(與件)

21. 어떤 사물(事物)이나 현상(現狀) 따위가 일정(一定)한 때에 처한 형편(形便)이나 모양(模樣). 양상(樣相)

22. 실제(實際)로 소비(消費)하기 위한 수요(需要). ↔ 가수요(假需要)

23. 「나라를 기울일 만한 여자(女子)」 첫눈에 반할 만큼 매우 아름다운 여자. 나라를 위태(危殆)롭게 한다는 말.

경성경국(傾城傾國), 경성지미(傾城之美)
경성지색(傾城之色), 일고경국(一顧傾國)
일고경성(一顧傾城), 철부경성(哲婦傾城)
경성경국(傾城傾國), 무비일색(無比一色)

24. 「나무에도 돌에도 붙일 곳이 없음」 외롭고 가난하여 의지(依支)할 곳이 없는 처지(處地).

목석난득(木石難得), 목석난부(木石難傅)

세 로 열쇠

1. 「헝클어진 삼을 잘 드는 칼로 자름」 복잡(複雜)하게 얽힌 사물(事物)이나 비꼬인 문제(問題)들을 솜씨 있고 바르게 처리(處理)함.

일도양단(一刀兩斷), 일도할단(一刀割斷)

2. 「네 갈래 다섯 갈래로 나뉘고 찢어짐」 이리저리 갈기갈기 찢어짐.

질서(秩序) 없이 몇 갈래로 뿔뿔이 헤어지거나 떨어짐.

오합지졸(烏合之卒), 동상이몽(同床異夢)

↔ 대동단결(大同團結)

3. 사람의 힘으로는 견디어 내기 힘든 정도(程度)의 형편(形便).

배수거신(杯水車薪), 배수구거(杯水救車)

배수여신(杯水輿薪), 사문부산(使蚊負山)

일목난지(一木難支), 하관부직(下官不職)

4. 임진왜란(壬辰倭亂)의 화의(和議)가 깨지고, 1597(선조 30)년에 왜군(倭軍)이 다시 쳐들어온 사건(事件).

9. 어떤 나라나 지역(地域)이 핵무기(核武器)나 핵 관련(關聯) 시설(施設)을 가지지 않게 됨.

11. 거칠게 사정(事情)없이 때려서 내던지는 짓.

12. 형사재판(刑事裁判)에서, 피고인(被告人) 심문(審問)과 증거(證據) 조사(調査)를 마친 후 검사(檢事)가 피고인의 범죄(犯罪) 사실(事實)과 그에 대한 법률(法律) 적용(適用)에 관한 의견(意見)을 적은 문서(文書).

15. 「가면 갈수록 경치(景致)가 더해짐」 일이 점점(漸漸) 더 재미있는 지경(地境)으로 돌아가는 것을 비유(比喩)하는 말.

고개단청(顧愷丹青)

16. 몹시 놀라 얼굴빛이 하얗게 변함.

면여토색(面如土色), 아연실색(啞然失色)

↔ 부동성색(不動聲色)

17. 「나무에 오르라 하고 흔들어 떨어뜨림」 남을 부추겨 낭패(狼狽)를 보도록 방해(妨害)함.

등루거제(登樓去梯), 상루담제(上樓擔梯)

상수발제(上樹拔梯), 상옥추제(上屋抽梯)

19. 이름과 실상(實狀)이 서로 꼭 들어맞음.

명부기실(明富其實), 명불허득(名不虛得)

명불허전(名不虛傳)

↔ 유명무실(有名無實), 화이부실(華而不實)

서른일곱 번째

가 로 열 쇠

1. 제사(祭祀)와 정치(政治)가 일치(一致)한다는 사상(思想)이나 그런 정치.
   정교일치(政敎一致)

3. 「금(金)이나 옥(玉)같은 법률(法律)」 소중(所重)히 여기고 꼭 지켜야 할 규칙(規則)이나 교훈(敎訓).

5. 슬며시 힘을 주는 모양(模樣).
   조용히 참고 견디는 모양. 가만히, 슬그머니, 살며시

6. 어떤 것을 이루려고 계획(計劃)하거나 행동(行動)함.
   · 어떤 대상(對象)을 처음으로 봄.

7. 사람들의 관심(關心)이나 주의(注意)가 집중(集中)되는 사물의 중심(中心) 부분(部分).
   · 사진(寫眞)을 찍을 때, 대상(對象)의 영상(映像)이 가장 선명(鮮明)하게 나타나게 되는 점.

8. 상대(相對)가 되는 이쪽과 저쪽이 함께.
   · 매우 존경(尊敬)하고 좋아함.

10. 바깥담에 세 칸으로 세운 대문(大門).

12. 과거(過去)나 전세(前世)에 뿌린 악(惡)의 씨.
   · 골프의 매치 플레이에서 한 홀 앞선 상태(狀態).

13. 건축물(建築物)에서, 주춧돌 위에 세워 보·도리 따위를 받치는 나무.
   한 집안이나 단체(團體)에서 중심(中心)이 되는 사람.

14. 물속에 잠겨 보이지 아니하는 바위나 산호(珊瑚).
   어떤 일을 하는 데 보이지 않는 장애(障礙).

15. 어떤 일에 임명(任命)된 심사원(審査員)이나 시험관(試驗官) 중 최고(最高) 우두머리.
   경기(競技)가 규칙(規則)대로 진행(進行)되도록 임명된 심판(審判)의 우두머리.

16. 바둑에서, 바둑판의 귀에서 삶.

18. 수직(垂直)으로 발달(發達)하는 구름.

20. 느긋한 기분(氣分)으로 한가(閑暇)로이 거닒.
   산보(散步), 소요(逍遙), 유보(遊步)

21. 아주 어리지도 않고 완전(完全)히 성숙(成熟)하지도 않은 사내아이.

22. 계층이나 연령(年齡), 지역(地域), 문체(文體) 등에 따라 달리 나타나는 언어(言語)의 변이형(變移形).

23. 「길에 떨어진 물건을 주워 가지 않음」 나라가 잘 다스려지고 풍속(風俗)이 아름다움이나, 형벌(刑罰)이 준엄(峻嚴)하여 백성(百姓)이 법을 범(犯)하지 않음.
   계견불경(雞犬不警), 국무도적(國無盜賊)

문불야관(門不夜關), 야불폐문(夜不閉門)
영어공허(囹圄空虛), 영어생초(囹圄生草)
지평천성(地平天成), 천하일가(天下一家)
치국거지(治國去之), 폐절풍청(弊絶風淸)
노불습유(路不拾遺)

24. 「큰 그릇을 만드는 데는 시간(時間)이 오래 걸림」 크게 될 사람은 늦게 이루어짐.

미성재구(美成在久), 대방무우(大方無隅)
대기만성(大器晩成), 대방희성(大音希聲)
대상무형(大象無形), 대재만성(大才晩成)
↔ 망식열후(忙食咽喉), 발묘조장(拔苗助長)
욕속부달(欲速不達), 조숙조로(早熟早老)

세 로 열 쇠

1. 우주(宇宙)의 모든 사물(事物)은 늘 돌고 변하여 한 모양(模樣)으로 머물러 있지 않음.

2. 내버려두고 문제(問題) 삼지 않음.
내버려두고 상대(相對)하지 않음.
도외시(度外視), 도외치지(度外置之)

3. 바로 지금 처음으로 들음.
생전초문(生前初聞), 문소불문(聞所不聞)
미문지사(未聞之事), 생면강산(生面江山)

4. 조상(祖上) 때부터 대대(代代)로 전(傳)하는 사업(事業).

9. 새롭거나 기이(奇異)한 것에 대하여 끌리는 마음.

11. 비계와 살이 세 겹처럼 보이는, 돼지의 갈비에 붙은 살.

12. 일이나 현상(現象)이 비롯하는 맨 처음이 되는. 또는 그런 것.

15. 「주인(主人)과 손님의 위치(位置)가 서로 뒤바뀜」 사물(事物)의 경중(輕重)·선후(先後)·완급(緩急) 따위가 서로 바뀜.
객반위주(客反爲主), 반객위주(反客爲主)
본말전도(本末顚倒), 삭족적구(削足適屨)
위려마도(爲礪磨刀), 적반하장(賊反荷杖)
족반거상(足反居上), 주객수세(主客殊勢)
지대어비(指大於臂), 아가사창(我歌査唱)
↔ 본말상순(本末相順)

16. 법률적(法律的)인 불이익(不利益)을 부과(賦課)하기 위한 주관적(主觀的) 요건(要件)으로, 의사능력(意思能力)이나 책임(責任) 능력이 있고, 고의(故意)나 과실(過失)이 있어야 함.

17. 작은 것으로 큰 것과 바꿈
적소성대(積小成大), 이양역우(以羊易牛)
소왕대래(小往大來)

19. 「구름 같은 마음과 달과 같은 성품(性品)」 맑고 깨끗하여 욕심(慾心)이 없음.
명경지수(明鏡止水), 평이담백(平易淡白)
담백무욕(淡白無慾), 무욕염담(無慾恬淡)
담백명지(澹白明志), 운심학안(雲心鶴眼)

1			2	■	3			4
	■	■	5			■	■	
	■	6		■	7		■	
8	9	■	10	11		■	12	
■	13		■		■	14		■
15		■	16		17	■	18	19
	■	20		■	21		■	
	■	■	22			■	■	
23				■	24			

서른여덟 번째

가 로 열 쇠

1.「입은 있으나 말이 없음」변명(辨明)할 말이 없음.

함구불언(緘口不言), 함구무언(緘口無言) 금구폐설(金口閉舌)

3. 죽은 뒤에 내리는 벼슬이나 시호(諡號). 신후명(身後名)

5. 경계(警戒)하고 지켜보는 것을 목적(目的)으로 구성(構成)된 모임.

6. 부처의 구제(救濟) 대상(對象)이 되는, 깨달음을 얻지 못한 사람이나 생명(生命)을 지닌 모든 존재(存在).

7. 법률(法律)이나 명령(命令), 조례(條例), 규칙(規則) 등의 성문화(成文化)된 법령(法令)을 통틀어 이르는 말.

법률상의 규정(規程).

8. 실물(實物)이나 사실(事實)에 근거(根據)하여 증명(證明)함. 검증(檢證)

10. 상제(喪制)가 아니면서 상제처럼 죽은 사람을 생각하며 말과 행동(行動)을 삼가고 조심(操心)하는 사람.

12. 일정(一定) 기간(其間)에 특정(特定)한 목적(目的)을 위해 벌이는 군사적(軍事的) 모든 행동(行動).

군술(軍術), 전술(戰術)

13. 사물이나 사람이 마땅히 지니고 있어야 할 참된 면모(面貌)나 형상(形相).

14. 진실(眞實)이 아닌 것을 진실인 것처럼 조작(造作)하는 일.

얼핏 옳게 보이지만 잘못된 추리(推理).

15. 정당(正當)한 격식(格式)이나 의식(儀式). ↔ 약식(略式)

・식당(食堂)에서 음식(飮食)의 가짓수를 정하여 두고 일정(一定)한 값에 파는 음식.

16. 국가(國家)나 민족(民族)의 역사적(歷史的) 사건(事件)과 관련(關聯)된 신화(神話)나 전설(傳說) 또는 영웅(英雄)의 사적(史蹟) 등을 서사적(敍事的)으로 읊은 장시(長時).

18. 각 개인(個人)이 지닌 특유(特有)한 성질(性質)이나 품성(品性).

어떤 사물(事物)이나 현상(現想) 따위가 자체(自體)로 지닌 성질.

20. 전통적(傳統的)으로 그 사회(社會) 대부분(大部分) 사람이 해마다 즐기고 기념(紀念)하는 날. 명질, 명일(名日)

21. 어떤 사물이나 현상에 대하여 자기 마음에서 판단(判斷)하여 가지는 생각.

소견(所見)

22. 부분(部分)이나 요소(要素)가 모여된 전체(全體)나 그 뼈대에 관계(關係)되는 것.

23. 후원(後援)이 없는 외로운 군대(軍隊)가 힘에 벅찬 적군(敵軍)과 맞서 온 힘을 다하여 싸움.

고전분투(苦戰奮鬪), 악전고투(惡戰苦鬪)

과부적중(寡不敵衆), 약마복중(弱馬卜重)
중과부적(衆寡不敵), 현군고투(懸軍孤鬪)
↔ 병불혈인(兵不血刃)

24. 어떤 경우(境遇)에도 농지(農地) 이외의 목적으로 사용(使用)할 수 없도록 농림수산식품부 장관(農林水産品部長官)이 지정(指定)하여 고시(告示)한 땅.

세 로 열 쇠

1. 이름만 그럴듯하고 실속은 없음.
남기북두(南箕北斗), 공유허명(空有虛名)
허유기표(虛有其表), 화이부실(華而不實)
명실불부(名實不副), 명존실무(名存實無)
문과기실(文過其實), 외화내빈(外華內貧)

2. 감히 바랄 수도 없음.
감불생심(敢不生心), 막삼수하(莫敢誰何)
막아감승(莫我敢承), 불감앙시(不敢仰視)
불감출두(不敢出頭), 불감출성(不敢出聲)
안감생신(安敢生心)

3. 법에 따라 법률적(法律的)인 권리(權利)와 의무(義務)의 주체(主體)로 인정(認定)받은 법인(法人).

4. 「이름은 헛되이 전해지는 것이 아님」 명성(名聲)이나 명예(名譽)가 널리 알려진 데는 다 그럴 만한 이유(理由)가 있음. 명실상부(名實相符)
명부기실(明富其實), 명불허득(名不虛得)
↔ 명과기실(名過其實), 장관이대(張冠李戴)

9. 남에게 정성(精誠)스러운 뜻을 담아 마련한 물건(物件)을 주는 의식(儀式).

11. 일정한 자격(資格)이나 조건(條件)을 갖추어 발행(發行) 주식(株式)이 증권시장(證券市場)에 등록(登錄)된 회사(會社).

12. 자연(自然)스럽지 못하고 일부러 꾸며서 한 듯한 성질(性質).

15. 경영난(經營難)을 겪는 기업(企業)이 경쟁력(競爭力) 강화(强化) 및 생존(生存)을 위하여 구조(構造) 조정(調整)을 할 때 종업원(從業員)을 해고(解雇)하는 것.

16. 「쥐나 개처럼 가만히 물건(物件)을 훔침」 '좀도둑'을 욕(辱)하여 이르는 말.
무본대상(無本大商), 양상군자(梁上君子)
천유지도(穿窬之盜), 초두천자(草頭天子)

17. 그때의 사정(事情)이나 요구(要求)에 아주 알맞음.
시기적절(時機適切), 시의(時宜)

19. 사물(事物)의 이치(理致)를 규명(糾明)하여 자기(自己)의 지식(知識)을 확고(確固)하게 함. 격물(格物), 격치(格致)
치지격물(致知格物), 즉물궁리(卽物窮理)

1			2	■	3			4
	■	■	5			■	■	
	■	6		■	7		■	
8	9	■	10	11		■	12	
■	13		■		■	14		■
15		■	16		17	■	18	19
	■	20		■	21		■	
	■	■	22			■	■	
23				■	24			

서른아홉 번째

가 로 열 쇠

1. 「가벼운 가죽옷과 살찐 말」 중국에서 부유(富裕)한 사람들이 외출(外出)할 때의 모습으로, 부귀영화(富貴榮華)를 형용(形容)하는 말. 구마(裘馬)

경의비마(輕衣肥馬), 경장비마(輕裝肥馬)
구마경비(裘馬輕肥), 비마경구(肥馬輕裘)
위고가부(位高家富)

3. 큰 소리로 떠들썩하게 주고받는 수작(酬酌).

5. 물건(物件) 따위를 모아 쌓아두거나 관리(管理)하는 곳.

6. 물건(物件)을 만듦.

어떤 목적(目的)을 위하여 미리 일을 꾸밈.

· 다섯 등급(等級)으로 나눈 귀족(貴族)의 작위(爵位) 가운데 첫째 작위. 후작(侯爵)의 위이다.

7. 승려(僧侶)가 죽음.

성불(成佛), 열반(涅槃)

· 어떤 곳에 적(籍)을 올림.

8. 여러 가지의 빛깔.

· 가지각색의 여러 가지.

10. 물속에 섞인 흙이나 모래를 가라앉혀서 물을 맑게 하는 못.

12. 기독교(基督敎)에서, 입교(入敎)하는 사람에게 죄악(罪惡)을 씻는 표시(標示)로 베푸는 의식(儀式).

· 한꺼번에 몰아치는 비난(非難)이나 공격(攻擊)을 비유(比喩)하는 말.

13. 서로 얼굴을 알고 지낼 만한 친분(親分)이나 교분(交分).

· 아침에 늦게까지 잠을 잠.

14. 이리저리 굽어 꺾여 있음.

· 살면서 일이 잘되거나 잘 안되거나 하는 일이 번갈아 나타나는 변동(變動).

15. '눈빛'의 옛말.

16. 조선시대(朝鮮時代), 한성부(漢城府)와 경기도(京畿道)의 치안(治安)과 방범(防犯)을 관장(管掌)하던 관청(官廳).

18. 여럿 가운데서 골라 뽑음.

채택(採擇)

20. 어떤 일에 온 정신(精神)을 다 기울여 열중(熱中)함.

골몰(汨沒), 열중, 집중(集中)

21. 늘 이김.

· 낮은 데서 위로 올라감.

· 가치(價値)나 정도(程度)가 올라가거나 높아짐.

22. 관청(官廳)이나 회사(會社) 등에서 여러 가지 일반적(一般的)인 사무(事務)를 맡아보는 부서(部署).

23. 하는 일 없이 자리만 차지하고 있으면서 녹(祿)을 받아먹음.

시록(尸祿), 시관(尸官)

24. 움직이지 않고 똑바로 서 있는 자세(姿勢).

세 로 열 쇠

1. 「나라를 기울일 만한 미인(美人)」 임금이 혹(惑)하여 나라가 기울어져도 모를 정도(程度)의 미인(美人).

경성경국(傾城傾國), 경성지미(傾城之美)
경성지색(傾城之色), 일고경국(一顧傾國)
일고경성(一顧傾城), 철부경성(哲婦傾城)

2. 「쇠공이를 갈아서 바늘을 만듦」 한 번 일을 시작(始作)했으면 끝까지 노력(努力)해야만 성공(成功)한다는 말.

군경절축(群輕折軸), 공재불사(功在不舍)
노마십가(駑馬十駕), 수적촌루(銖積寸累)
승거목단(繩鋸木斷), 십벌지목(十伐之木)
우공이산(愚公移山), 인일기백(人一己百)
적진성산(積塵成山), 적토성산(積土成山)
철저마침(鐵杵磨鍼), 토적성산(土積成山)
마부작침(磨斧作針), 마부위침(磨斧爲針)

3. 「웃음을 머금고 땅에 들어감」 의사(義士)가 죽음을 두려워하지 않음.

기량침선(棄糧沈船), 마혁과시(馬革裹屍)
만사불사(萬死不辭), 병사지야(兵死地也)
분주파부(焚舟破釜), 시사여귀(視死如歸)
시사여생(視死如生), 이사위한(以死爲限)
인자지용(仁者之勇), 저사위한(抵死爲限)
지사불굴(至死不屈), 한사결단(限死決斷)

4. 「물 한 그릇만 떠놓고 혼례(婚禮)를 치름」 가난한 집안의 혼례를 말함.

어숙지제(魚菽之祭)

9. 색깔이 있는 알을 끼운 안경(眼鏡) · 선입견(先入見)이나 감정(感情)에 치우친 관점(觀點)을 비유하는 말.

11. 어떤 입체(立體)의 표면(表面)을 한 평면(平面) 위에 펴놓은 모양(模樣)으로 나타낸 그림. 펼친그림

12. 예전에, 나라에 바치는 곡식(穀食)을 실어 나르던 배. 세선(稅船)

15. 몹시 밉거나 마음에 들지 않아서 항상 눈에 거슬리는 사람.

16. 무서워서 머리를 싸쥐고 몰골사납게 얼른 숨음.

권고회은(眷顧回隱), 낭분서찬(狼奔鼠竄)
막감개구(莫敢開口), 봉두서찬(奉頭鼠竄)
불감앙시(不敢仰視), 불감출두(不敢出頭)
사산분찬(四散奔竄), 약붕궐각(若崩厥角)

17. 젊은 나이에 남편(男便)이 죽어서 혼자가 된 여자(女子).

청상과수(靑孀寡守), 청춘과부(靑春寡婦)

19. 혜택(惠澤)이 오래오래 미침.

만세불역(萬世不易), 산호만세(山呼萬歲)

1			2	■	3			4
	■	■	5			■	■	
	■	6		■	7		■	
8	9	■	10	11		■	12	
■	13		■		■	14		■
15		■	16		17	■	18	19
	■	20		■	21		■	
	■	■	22			■	■	
23				■	24			

마흔 번째

가 로 열 쇠

1. 「승려(僧侶)도 아니고 속인(俗人)도 아님」 이것도 저것도 아닌 어중간한 사람을 이르는 말.

대처승(帶妻僧), 화택승(火宅僧)

반승반속(半僧反俗), 비려비마(非驢非馬)

3. 예전에, 여자(女子)가 따라야 할 세 가지의 도리(道理)를 말함.

삼종지의(三從之義), 삼종지교(三從之敎)

삼종지덕(三從之德), 삼종지도(三從之道)

5. 제한(制限)이 없는 모든 방향(方向).

6. 규칙(規則), 법령(法令), 명령(命令) 등을 어기지 않게 통제함. 취체(取締)

주의(注意)를 기울여 다그쳐 보살핌.

7. 어떤 조직(組織)이나 사상(思想), 규범(規範)으로부터 빠져 벗어남.

사회적(社會的)인 규범(規範)에서 벗어나는 일.

8. 높은 인기(人氣)를 얻고 있는 연예인(演藝人)이나 운동선수(運動選手)를 이르는 말.

10. 뜻이 같은 사람들이 공통(共通)의 목적(目的)을 이루기 위해 조직(組織)한 단체(團體).

12. 여러 사람의 입에 오르내리며 세상(世上)에 떠도는 소식(消息).

풍문(風聞), 항설(巷說)

도청도설(道聽塗說)

13. 일이 일어난 바로 그 자리.

즉시(卽時), 즉각(卽刻).

이 자리에서 바로.

14. 있는 힘을 다해 절절(切切)하고 애타게 부르짖음. 열규(熱叫)

15. 자신(自身)의 태도(態度)나 행동(行動)을 스스로 반성(反省)함.

· 어떤 물질(物質)이 나타내는 쇠붙이 따위를 끌어당기는 따위의 자기적(磁氣的)인 성질(性質).

16. 서로 공격(攻擊)하고 방어(防禦)하는 전투(戰鬪).

18. 아이를 가진 어머니의 몸.

· 갈려 나온 조직(組織)이나 사고(事故) 따위의 근본(根本).

20. 동물(動物)의 꽁무니에 가늘고 길게 뻗친 부분(部分).

사람을 찾거나 쫓아갈 수 있을 만한 흔적(痕迹). ○○를 잡다.

21. 자신(自身)이 행한 행위(行爲)에 따라 받게 되는 운명(運命). 업과(業果)

22. 그 회사(會社)의 설립(設立)이나 발전(發展)에 공로(功勞)가 있는 사람에게 무상(無償), 또는 평가(平價)로 주는 주식(株式).

23. 술집이나 다방(茶房)에서 그곳을 대표(代表)하는 여주인(女主人).

24. 경영(經營)이 부실(不實)하고 재정상태(財政狀態)가 좋지 않은 기업(企業).

세 로 열 쇠

1. 2013년 6월 13일에 데뷔한 빅히트 엔터테인먼트 소속(所屬) 대한민국(大韓民國) 7인조(七人造)로, 현존(現存)하는 세계(世界) 최고(最高)의 그룹이다. 'Beyond The Scene'의 준말로 이는 순간(瞬間)마다 청춘(青春)의 장면(場面)들을 뛰어넘는다는 의미(意味)가 있다. 멤버는 RM, 슈가, 진, 제이홉, 지민, 뷔, 정국 등이다.

2. 싸움을 오래 끌지 않고 되도록 빨리 끝장을 냄.

어떤 일을 빨리 진행(進行)하여 끝냄.
교지졸속(巧遲拙速), 병문졸속(兵聞拙速)
참정절철(斬釘截鐵), 속전즉결(速戰卽決)
속진속결(速進速決)

3. 세 가지의 것이 하나의 목적(目的)을 위하여 연관(捐館)되고 통합(統合)되는 일.

성부(聖父), 성자(聖子), 성령(聖靈)의 세 위격(位格)이 하나의 실체(實體)인 하나님 안에 존재(存在)한다는 교의(交誼).

4. 조선 말기(朝鮮末期), 재정(財政), 조세(租稅), 국채(國債), 화폐(貨幣) 등에 관한 일을 맡아보던 관청(官廳).

9. 사물(事物)의 이치(理致)에 맞는 옳은 성질(性質).

11. 이명박(李明博) 정부(政府)의 최대(最大) 적폐(積弊)라고 부르는 사대강사업(四大江事業), 자원외교(字源外交), 방산비리(防産非理) 등을 비난(非難)하는 말.

12. 크기나 범위(範圍)가 좁고 작은 것.

15. 자기(自己)가 저지른 일로 말미암아 생긴 재앙(災殃).

양호유환(養虎遺患), 앙급자신(殃及自身)
앙천이타(仰天而唾), 인과응보(因果應報)
자승자박(自繩自縛), 자업자득(自業自得)
종과득과(種瓜得瓜), 종두득두(種豆得豆)
출이반이(出爾反爾), 화복무문(禍福無門)
자업자득(自業自得), 자작자수(自作自受)

16. 실제(實際)로 아무 소용(所用)이 없는 헛된 말.

궤상공론(机上空論), 묘항현령(猫項懸鈴)
지상병담(紙上兵談), 허고취생(嘘枯吹生)
공론공담(空論空談), 공리공론(空理空論)

17. 다른 직업(職業)이 없이 오로지 가정(家庭)에서 집안일만 도맡아 하는 여자(女子) 주인(主人).

19. 타자(打者)가 공을 치지 못하도록 투수(投手)가 투구 속도(投球 速度)나, 투구 동작(動作) 등을 여러 가지로 변화(變化)시키는 것.

체인지 오브 페이스(change of pace)

마흔한 번째

가 로 열 쇠

1. 현실(現實) 사회(社會)로부터 멀리 피하여 숨어 살려는 생각이나 사상(思想).

도피사상(逃避思想), 은둔사상(隱遁思想)

3. 끊임없이 달라져서 이루 다 헤아릴 수가 없음.

기괴망측(奇怪罔測) 무거불측(無據不測)
불가측성(不可測性) 사왕사래(乍往乍來)
신묘막측(神妙莫測) 인모난측(人謀難測)
인심난측(人心難測), 변화막측(變化莫測)
변화난측(變化難測), 변화무쌍(變化無雙)

5. 두 개의 수(數), 식(式) 사이의 대소관계(大小關係)를 나타내는 기호(記號).

6. 사물(事物)이나 어떤 작용(作用)이 드러내는 바깥 모양새.

· 어떤 목적(目的)을 위하여 상금(賞金)을 걸고 찾거나 모집(募集)함.

7. 덩굴이 줄을 타고 뻗어 올라감.

· 사람들 사이에서 맺어지는 관계(關係).

8. 나라를 대표(代表)하여 일정(一定)한 사명(使命)을 띠고 외국(外國)에 파견(派遣)되는 사람.

· 품행(品行)과 예의(禮義)가 바르며 점잖고 교양(教養)이 있는 남자(男子).

10. 사건(事件)이나 사실(事實)을 명확(明確)하게 알아내기 위해 만든 단체(團體).

12. 일정한 원리(原理)에 따라서 낱낱의 부분(部分)이 짜임새 있게 조직(組織)되어 통일(統一)된 전체(全體).

· 머뭇거려 늦어지게 함.

13. 조상(祖上)의 전통(傳統)이나 문화유산(文化遺産), 업적(業績) 따위를 물려받아 이어 나감.

선임자(先任者)의 뒤를 이어받음.
물림, 상속(相續), 승계(承繼)

14. 어떤 일이나 약(藥) 따위의 작용(作用)으로 나타나는 좋은 결과(結果).

15. 신념(信念)이나 신의(信義) 따위를 굽히거나 바꾸지 않으려는 작은 행동(行動)이나 태도(態度).

· 짧은 마디.

16. 부모가 일하는 동안 그 어린아이를 맡아 가르치는 사회적(社會的) 시설(施設).

18. 한 단체(團體)나 공적(公的)인 신분(身分)의 사람이 어떤 문제(問題)에 대한 견해(見解)나 태도(態度)를 밝히는 말.

20. 서로 일치(一致)하거나 같지 않고 틀려 다름. 다름, 격차(格差)

21. 물건(物件)이나 금전(金錢) 따위가 쓰이는 방식(方式).

· 어떤 물건(物件)이 쓰이는 정도(程度).

22. 비석(碑石)이나 석등(石燈)을 세운 뒤 그 위에 지붕처럼 덮는 돌.

23. 재주가 뛰어난 젊은 사람.

24. 여러 사정(事情)으로 흩어져서 서로 소식(消息)을 모르는 가족(家族).

세 로 열 쇠

1. 남에게 보이지 않게 둔갑(遁甲)을 써서 몸을 숨김.

2. 서로서로 도움.

동고동락(同苦同樂), 동심협력(同心協力)
사생동고(死生同苦), 사지동고(死地同苦)
상호부조(相互扶助), 상애상조(想愛相助)
상의상자(相依相資), 십시일반(十匙一飯)
좌제우설(左提右挈), 호조호원(互助互援)
환난상구(患難相救), 동고동락(同苦同樂)
동심협력(同心協力), 환난상휼(患難相恤)

3. 형사소송(刑事訴訟)에 있어서, 피의자(被疑者)나 피고인(被告人)의 이익(利益)을 보호(保護)하는 보조자(補助者)들로서 변호(辯護)를 담당(擔當)하는 사람들의 무리.

4. 배의 항해(航海) 거리를 측정(測定)하는 시계(時計).

9. 봄, 여름, 가을, 겨울.

춘하추동(春夏秋冬)

11. 혼인(婚姻) 관계(關係)가 아닌 사이에서 태어난 아이.

12. 자신(自身)이 직접(直接) 경험(經驗)한 이야기.

15. 「촌닭을 관청(官廳)에 잡아다 놓은 것 같음」 경험(經驗)이 없는 일을 당하여 어리둥절함.

16. 세속(世俗)의 규범(規範)에 따르지 않는 선비.

17. 바닥이 팬 자리에서 물이 빙빙 돌면서 흐르는 현상(現象). 뉘누리

어떤 유동체(流動體)에서 팽이처럼 회전(回轉)하는 부분(部分).

맴돌이, 와동(渦動)

한 점(點)을 중심(中心)으로 하나의 선(線)이 둘레를 돌면서 뻗어 나가는 모양(模樣). 용돌이

· 힘, 사상(思想), 감정(感情) 따위가 서로 엉켜 요란(搖亂)한 상태(狀態).

19. 「뱀을 다 그리고 있지도 않은 발을 그려 넣는 것」 쓸데없는 군짓을 하여 잘못되게 만듦. 사족(蛇足)

상상안상(牀上安牀), 첩상가옥(疊床嘉屋)
무병자구(無病自灸), 간발이즐(簡髮而櫛)
누진취영(縷塵吹影)

마흔두 번째

가 로 열 쇠

1. 아주 명백(明白)함. 아주 똑똑하게 나타나 의문(疑問)의 여지(餘地)가 없음.

명약관화(明若觀火), 보무타려(保無他慮)
불문가지(不問可知), 불언가상(不言可想)
타상하설(他尙何說), 방편심(方便心)

3. 도망(逃亡) 또는 잠적(潛迹)하거나 신체(身體)를 훼손(毁損)하는 등의 행위(行爲)로 병역을 피하려고 꾀하는 일.

병역거부(兵役拒否)

5. 뼈가 부러지는 부상(負傷).

6. 날씨가 그리 덥지 않을 정도(程度)로 따뜻함. ↔ 한랭(寒冷)

7. 유행(流行)이나 사조(思潮), 기술(技術) 따위의 시대적(時代的)인 변화(變化)에서 가장 앞서 나감.

물체(物體)의 뾰족한 끝.

8. 몹시 답답하거나 분한 마음이 쌓인 것.

・기차(汽車)나 기선(汽船), 공장(工場) 등의 굴뚝.

10. 나라를 망하게 할 정도(程度)로 병적(病的)이고 심각(深刻)한 사회적(社會的) 문제(問題).

12. 이치(理致)에 맞지 않는 허황(虛荒)한 생각을 함.

공상(空想), 환상(幻想)

13. 어떤 말이나 행동(行動)을 믿을 만한 것으로 받아들임.

신뢰(信賴), 신망(信望), 신임(信任)

14. 사고(思考), 감정(感情), 의지(意志), 체험(體驗), 행위(行爲) 등의 여러 작용(作用)을 주관(主管)하여 통일(統一)하는 주체(主體). 에고(ego), 이드(id)

15. 가곡(歌曲)이나 오페라 등에서, 노래의 내용(內容)이 되는 글.

한국(韓國)의 전통(傳統) 성악곡(聲樂曲)의 한 갈래.

16. 여러 가지였던 것이 한 가지로 됨.

18. 어떤 사람이나 사물(事物)을 여럿 중에서 일정한 대상(對象)으로 가리켜 정함.

지적(指摘), 지명(指名), 지정(指定)

20. 어떤 일이나 물건(物件)이 복잡(複雜)하지 않고 간단(簡單)함.

21. 어떤 일이나 관계(關係)가 양호(良好)한 상태(狀態)로 바뀜.

향상(向上) ↔악화(惡化)

22. 재액(災厄)으로부터 몸을 보호(保護)하기 위하여 모시는 부처.

23. 제사(祭祀)와 정치(政治)가 일원화(一元化)되어 있거나 종교적(宗教的) 행사(行事)의 주재자(主宰者)와 정치의 주권자(主權者)가 일치(一致)함.

정교일치(政教一致)
↔ 정교분리(政教分離)

24. 「동쪽에서 소리를 내고 서쪽을 침」

상대(相對)를 기만(欺瞞)하여 공격(攻擊)함.

동성격서(東城擊西), 암도진창(暗渡陳倉)

양동작전(陽動作戰), 이우위직(以迂爲直)

세 로 열 쇠

1. 「불을 보는 것 같이 밝게 보임」 더 말할 나위 없이 명백(明白)함.

명명백백(明明白白), 불문가지(不問可知)

2. 「죽어서 뼈만 남은 뒤에도 잊을 수 없음」 남에게 큰 은혜(恩惠)나 덕(德)을 입었을 때 고마움을 표시(表示)하는 말.

결초보은(結草報恩), 각골난망(刻骨難忘)

각골명심(刻骨銘心), 결초함환(結草啣環)

명심불망(銘心不忘), 위과결초(魏顆結草)

3. 병(病)을 앓고 있는데 다른 병이 겹쳐 생김.

고목봉추(枯木逢秋), 설상가설(雪上加雪)

낭전호후(狼前虎後), 화불단행(禍不單行)

↔ 금상첨화(錦上添花), 첨금상화(添金上花)

쌍희임문(雙喜臨門), 희상가희(喜上加喜)

4. 남이 자기에게 어떤 해를 입힌다는 생각에 늘 집착(執着)하는 일.

9. 조선시대(朝鮮時代), 일본(日本)으로 보내던 사신(使臣).

• 나라 안팎의 여러 뉴스를 신문사(新聞社), 방송사(放送社) 따위에 제공(提供)하는 기관(機關).

11. 나라가 수치(羞恥)를 당한 날.

우리나라가 한일(韓日) 병합(併合) 조약(條約)에 따라 일본에 국권(國權)을 빼앗긴 1910년 8월 29일을 이름.

12. 갓 태어나거나 덜 자란 어린 말.

15. 더하기, 빼기, 곱하기, 나누기를 아울러 이르는 말.

사칙연산(四則演算), 사칙산법(四則算法)

16. 「붉은 입술과 흰 이」 매우 아름다운 여자의 얼굴을 말함.

명모호치(明眸皓齒), 곡미풍협(曲眉豐頰)

유미도안(柳眉桃顔), 화용월태(花容月態)

17. 「범을 그리려다가 강아지를 그림」 서투른 솜씨로 남의 언행(言行)을 흉내내려 하거나, 특수(特殊)한 일을 하려다 도리어 잘못됨.

각곡유아(刻鵠類鵝), 묘호류견(描虎類犬)

화룡유구(畫龍類拘), 화호유구(畵虎類狗)

↔ 각곡유목(刻鵠類鶩), 각곡유아(刻鵠類鵝)

19. 지방관(地方官)을 각성(覺醒)시키고 농민(農民) 생활(生活)의 안정(安定)을 이루려는 목적(目的)으로 조선(朝鮮) 순조(純祖) 때 쓴 정약용(丁若鏞)의 책(冊). 48권 16책.

마흔세 번째

가 로 열 쇠

1. 「까마귀가 모인 것처럼 질서(秩序)가 없이 모인 병졸(兵卒)」 규율(規律)도 통일성(統一性)도 없이 임시(臨時)로 모여든 무리.

잡군(雜軍), 오합지졸(烏合之卒)

와합지중(瓦合之衆), 규합지중(糾合之衆)

3. 「좋은 새는 나무를 가려서 깃듦」 훌륭한 사람은 좋은 군주(君主)를 가려서 섬김을 비유(比喩)해 이르는 말.

5. 시대(時代)에 뒤떨어진 낡은 사상(思想).

6. 남의 허물을 드러내 꼬집어 나쁘게 말함.

· 결점(缺點)이나 과실(過失)을 힐책(詰責)함.

7. 헌데에 두드러지게 내민 군더더기 살.

8. 국가(國家)의 의사(意思)를 최종적(最終的)으로 결정(決定)하는 권력(權力).

· 주주(株主)의 출자(出資)에 대하여 발행(發行)한 유가증권(有價證券).

10. 어떤 일에 직접(直接) 참여(參與)하지 않은 채 곁에서 보기만 하는 사람.

관조자(觀照者)

12. 한쪽으로 치우친 공정(公正)하지 못한 생각이나 견해(見解).

13. BTS 멤버이고 '뷔'로 활동(活動)하며 '스위트 나잇'이 아이튠즈 차트에서 아시아 최고(最高) 기록(記錄)을 세웠다.

14. 사실(事實)을 말로 증명(證明)함.

15. 겨우 느낄 수 있는 따스한 기운(氣運).

· 기상(氣象)에 따라 움직이는 구름의 모양(模樣).

16. 임금이나 장군(將軍) 아래에 있는 지휘관(指揮官).

18. 한곳에서 서로 맞닿거나 엇갈리게 됨.

· 벼슬아치를 번갈아 임명(任命)함.

20. 나쁜 풍습(風習)이 많아서 다스리기 어려운 고장.

21. 크게 무엇을 이루어 보겠다는 희망(希望).

분수(分數)에 넘치는 야심(野心)을 품은 욕망(欲望).

22. 마음속으로는 간절(懇切)하나 감히 청하지 못함.

23. 수행(修行), 기도(祈禱), 참회(懺悔) 따위를 목적(目的)으로 세 걸음 걷고 한 번 절하면서 가는 일.

24. 「맑게 갠 하늘에서 밝게 비치는 해」 혐의(嫌疑)나 원죄(冤罪)가 풀리어 무죄(無罪)가 됨을 비유하는 말.

맑은 하늘에 뜬 해.

골의지요(滑疑之耀), 동해빙석(凍解氷釋)

백구무하(白垢無瑕), 운권천청(雲捲天晴)

빙석이순(氷釋理順), 적일백천(赤日白天)
환연빙석(渙然氷釋)

세 로 열 쇠

1.「오나라 사람과 월나라 사람이 같은 배에 탐」어려운 상황(狀況)에서는 원수(怨讐)라도 협력(協力)해야 한다는 말.

동주상구(同舟相救), 동주제강(同舟濟江)

2.「뭇사람의 말을 막기가 어려움」막기 어려울 정도(程度)로 여럿이 지껄임.

'마구 떠듦'으로 순화(純化)됨.

3.「대들보 위의 군자(君子)」도둑을 완곡(婉曲)하게 이르는 말.

강도와주(强盜窩主), 녹림호객(綠林豪客)
녹림호걸(綠林豪傑), 도적와주(盜賊窩主)
무본대상(無本大商), 서절구투(鼠竊狗偸)
천유지도(穿窬之盜), 초두천자(草頭天子)

4. 차마 눈으로 볼 수 없을 정도(程度)로 딱하거나 참혹(慘酷)한 상황(狀況).

간뇌도지(肝腦塗地), 불인정시(不忍正視)
비우참척(悲憂慘戚), 역자석해(易子析骸)
역자이식(易子而食), 참불가언(慘不可言)
참불인견(慘不忍見), 목불인시(目不忍視)
목불인도(目不忍睹)

9. 부부(夫婦)나 연인(戀人) 간(間)의 서로에 대해 흥미(興味)를 잃고 싫증이 나는 시기(時期).

11. 관리(官吏) 아래. 또는 그 관리 아래에 있는 사람.

12. 한두 마디의 말이나 몇 자의 글로써 서로 사귀게 됨.

15.「운이 칠 할이고 재주나 노력이 삼 할임」사람의 일은 재주나 노력(努力)보다 운에 달림.

마칠기삼(馬七技三)

16. 길게 읍(揖)하고 절은 하지 않음.

17.「홀로 푸르고 푸름」남들이 모두 절개를 버린 상황(狀況) 속에서 홀로 절개(節槪)를 굳세게 지킴을 이르는 말.

낙락장송(落落長松), 독청독성(獨淸獨醒)
상풍고절(霜風高節), 설중송백(雪中松柏)
세한고절(歲寒孤節), 세한삼우(歲寒三友)
세한송백(歲寒松柏), 송죽지절(松竹之節)
여송지성(如松之盛), 오상고절(傲霜孤節)
전수일절(全守一節)
↔ 거세개탁(擧世皆濁)

19. 약속(約束)된 시간(時間)이나 기한(期限)을 이날저날 하며 자꾸 미루는 모양(模樣).

차월피월(此月彼月), 천연세월(遷延歲月)

마흔네 번째

가 로 열 쇠

1. 세상 사람들을 속여 정신(精神)을 홀리고 세상을 어지럽힘.

기세도명(欺世盜名), 동류합오(同流合汚)
사세혹중(斯世惑衆), 용인자요(庸人自擾)

3. 평범(平凡)한 남자(男子)와 평범한 여자(女子).

갑남을녀(甲男乙女), 과구중인(科臼中人)
범부범부(凡夫凡婦), 선남선녀(善男善女)
우부우부(愚夫愚婦), 장삼이사(張三李四)
초동급부(樵童汲婦), 초동목부(樵童牧夫)

5. 바다나 호수(湖水)의 주위(周圍)에 둑을 쌓고 그 안의 물을 빼내어 만든 땅.

개막은 땅

6. 마음이나 상황(狀況)이 확고(確固)하지 못하고 흔들림.

7. 지위(地位)나 나이, 항렬(行列)이 자기(自己)보다 높은 사람.

8. 물건(物件)을 사거나 어떤 일을 하는데 드는 돈.

어떤 생산활동(生産活動)을 위해 소비(所費)되는 돈.

10. 국가(國家)와 사회(社會)의 모든 활동(活動)이 법(法)으로 정연(整然)히 유지(維持)되고 운용(運用)되는 상태(狀態).

12. 명확(明確)히 드러내지 않고 넌지시 알림.

13. 목적(目的)하는 바를 이루는 방법(方法).

일을 처리(處理)하는 꾀나 솜씨.

14. 옻칠한 것처럼 검고 광택(光澤)이 있음. 또는 그 빛깔.

15. 오목함과 볼록함.

철요(凸凹), 오목볼록

16. 남의 괴로움이나 슬픔을 달래고 덜어 주기 위하여 주는 돈.

18. 신(神)이나 절대적(絶對的) 존재(存在)에게 바라는 바가 이루어지기를 빎.

도이(禱爾), 도기(禱祈)

20. 관공서(官公署)나 회사(會社) 따위에서, 근무자(勤務者)에게 일의 대가(對價)로 주는 급료(給料)나 수당(手當).

21. 요구(要求) 조건(條件)을 관철(貫徹)하기 위해서 많은 사람이 무리 지어 공개적(公開的)인 장소(場所)에서 자신(自身)들의 주장(主張)을 폄.

위력(威力)이나 기세(氣勢)를 드러내 보임.

22. 한 해 동안에 씨에서 싹이 터서 자라고 꽃을 피우고 열매를 맺고 시들어 죽는 식물(植物).

23. 어떤 일이 같은 시기(時期)에 한꺼번에 많이 일어나는 것.

24. 삶의 양식(樣式)이 세련(洗練)되고 물질적(物質的)으로도 매우 발달(發達)한 사회. ↔ 미개사회(未開社會)

세 로 열 쇠

1. 옳기도 하고 그르기도 하여 옳고 그름이 잘 분간(分揀)되지 않음.

혹신혹의(惑信惑疑), 난형난제(難兄難弟)
반신반의(半信半疑), 반의반신(半疑半信)
장신장의(將信將疑)

2. 예로부터 사람들 사이에서 전해 내려오는 치료법(治療法).

전승요법(傳承療法)

3. 단단한 다짐을 하거나, 잊지 않기 위해 글로 적어 둠.

좌우지명(座右之銘), 원수치부(怨讎置簿)

4. 예전에, 죽은 뒤에 큰 죄가 드러난 사람을 다시 극형(極刑)에 처하는 형벌(刑罰)로, 관(棺)을 쪼개어 시체(屍體)를 베거나 목을 잘라 거리에 걸던 일.

부관릉지(剖棺凌遲), 부관참두(剖棺斬頭)
굴묘편시(掘墓鞭屍), 육시처참(戮屍處斬)

9. 늘어나거나 줄어드는 탄력(彈力)이 있는 나선형(螺旋形)의 쇠줄.

스프링(spring), 출렁쇠

11. 진흙으로 구워 숯불을 담아 두게 만든 그릇.

12. 진리(眞理)나 진실(眞實) 따위가 감추어지고 가리어져서 드러나지 않게 된 시기(時期).

15. 「흔들어도 꼼짝하지 않음」 어떠한 자극(刺戟)에도 움직이지 않거나 태도(態度)의 변화(變化)가 없음.

불요불굴(不撓不屈), 비석지심(匪石之心)
시험약이(視險若夷), 안여태산(安如泰山)
적연부동(寂然不動), 확고부동(確固不動)

16. 「위태(危殆)로움이 한 가닥 머리카락에 매달린 것 같음」 아슬아슬한 순간(瞬間). 아주 급한 순간.

위기일발(危機一髮), 간두지세(竿頭之勢)
부절여선(不絶如線), 여리박빙(如履薄氷)
위여조로(危如朝露), 위여누란(危如累卵)
풍전등화(風前燈火), 풍전지등(風前之燈)

17. 이제야 비로소 처음 들음.

생전초문(生前初聞), 문소불문(聞所不聞)
미문지사(未聞之事), 이랭안랭(耳冷眼冷)

19. 「빛을 감추고 어둠 속에서 힘을 기름」 자신(自身)의 재능(才能)이나 명성(名聲)을 드러내지 않고 때를 기다리며 실력(實力)을 기름.

마권찰장(摩拳擦掌), 불비불명(不飛不鳴)
유위지재(有爲之才), 잠룡불용(潛龍不用)
준양시회(遵養時晦), 침과대단(枕戈待旦)

마흔다섯 번째

가 로 열 쇠

1. 「겉과 속이 같지 않음」 마음이 음흉(陰凶)하여 겉과 속이 다름.

감언이설(甘言利說), 교언영색(巧言令色)
구밀복검(口蜜腹劍), 구시심비(口是心非)
면종복배(面從腹背), 면종후언(面從後言)
소리장도(笑裏藏刀), 소중유검(笑中有劍)
양두구육(羊頭狗肉), 양질호문(羊質虎文)
화언교어(花言巧語)

↔ 표리일체(表裏一體)

3. 너무 좋아서 어쩔 줄 모르고 날뜀.

거수고액(擧手叩額), 경희작약(驚喜雀躍)
부추작약(鳧趨雀躍), 여취여광(如醉如狂)
환천희지(歡天喜地), 환호작약(歡呼雀躍)
흔희작약(欣喜雀躍), 흥고채열(興高采烈)

5. 흙으로 빚어서 만든 그릇의 통칭(統稱).

6. 일의 앞뒤가 드러나는 차례(次例)나 구별(區別)되는 갈피.

7. 적국(敵國)을 정벌(征伐)하여 복종(服從)시킴.

・잘못을 깨우쳐 뉘우치도록 징계(懲戒)함.

8. 몸이나 마음이 지쳐서 고달픔. 피비(疲憊)

10. 말을 요령(要領) 있게 하거나 이리저리 잘 둘러대는 재주.

12. 자기의 잘못에 대하여 깊이 깨닫고 반성(反省)함.

・부끄러워하며 뉘우침.

13. 무엇에 홀딱 반하여 정신(精神)이 많이 쏠림.

・미혹(迷惑)되어 탐닉(耽溺)함.

14. 요리조리 헤아려보고 낸 꾀.

・서로 견주어 따져 보고 살핌.

15. 처량(凄涼)하고 슬픈 느낌.

・살지고 맛이 좋음.

16. 세계적(世界的)으로 일어나는 큰 규모(規模)의 경제(經濟) 공황(恐慌).

18. 本人이 손으로 직접(直接) 쓴 글씨.

20. 「무궁화(無窮花)가 많이 피는 땅」 우리나라 대한민국(大韓民國)을 말함.

21. 사람이나 짐승을 함부로 치고 때림.

22. 가진 것이 없음.

존재(存在)하지 않음.

23. 성질(性質)이 횡포(橫暴)하고 잔악(殘惡)하며 사람의 도리(道理)에 어긋나 막됨.

간악무도(奸惡無道), 궁흉극악(窮凶極惡)
극악무도(極惡無道), 대간대악(大奸大惡)
아랑지구(餓狼之口), 잔인무도(殘忍無道)
잔학무도(殘虐無道), 패역무도(悖逆無道)
흉악망측(凶惡罔測), 흉포악려(凶暴惡戾)

24. 「내가 부를 노래를 사돈(査頓)이 부름」 책망(責望)을 들을 사람이 도리어 큰소리를 침을 이르는 말.

객반위주(客反爲主), 관리도치(冠履倒置)
본말전도(本末顚倒), 적반하장(賊反荷杖)
족반거상(足反居上), 주객전도(主客顚倒)
삭족적구(削足適屨), 월지적구(刖趾適屨)
삭족이적리(削足而適履)

세 로 열 쇠

1. 「표범은 죽어서 가죽을 남김」 사람은 죽어서 이름을 남겨야 함을 비유함.

인사유명(人死留名), 호사유피(虎死留皮)

2. 「동쪽에서 바르고 서쪽에서 지움」 이리저리 간신(艱辛)히 꾸어 맞춤.

미봉만환(彌縫漫漶), 하석상대(下石上臺)

3. 그때그때의 기회(機會)에 따라 일을 적절(適切)히 처리(處理)함.

당의즉묘(當意即妙), 비원사안(鼻元思案)
수기응변(隨機應變), 임기응변(臨機應變)
임시졸판(臨時猝辦), 할고담복(割股啖腹)

4. 「빛을 감추고 어둠 속에서 힘을 기름」 自身을 드러내지 않고 때를 기다리며 實力을 기름을 이르는 말.

마권찰장(摩拳擦掌), 불비불명(不飛不鳴)
유위지재(有爲之才), 잠룡불용(潛龍不用)
준양시회(遵養時晦), 집린잠익(戢鱗潛翼)
쾌독파거(快犢破車), 화광동진(和光同塵)
혹약재연(或躍在淵),

9. 곤란(困難)한 일을 당해 어찌할 바를 모르는 느낌.

11. 소설(小說), 연극(演劇), 영화(映畫) 등에서의 사건(事件)을 이끌어 가는 중심인물(中心人物).

어떤 일이나 분야(分野), 단체(團體) 등에서 중심이 되거나 사건을 이끌어 가는 중심인물.

12. 진정(眞正)으로 학생(學生)들을 위하여 아끼는 마음으로 가르쳐 지도(指導)하는 것.

15. 「고기를 먹지 않으면 배가 부르지 않음」 늙은이의 노쇠(老衰)한 지경(地境).

비백불난(非帛不煖)

16. 왕권(王權)을 범하거나 어버이를 죽이는 따위의 큰 죄(罪)로 사람의 도리(道理)에 어긋남.

극역대대(劇逆大憝), 대역부도(大逆不道)
도행역시(倒行逆施), 모반대역(謀叛大逆)
범상부도(犯上不道), 불궤지심(不軌之心)
사중우어(沙中偶語), 역성혁명(易姓革命)
이천역일(移天易日), 찬시지변(簒弑之變)

17. 「새 새끼의 부리가 노람」 어린아이를 이르는 말.

황구소아(黃口小兒), 황구소작(黃口小雀)

19. 「한 필(匹)의 말과 한 자루의 창(槍)」 혼자 간단(簡單)한 무장(武裝)을 하고 말을 타고 감.

단기필마(單騎匹馬), 필마단쟁(匹馬單鎗)
단기치빙(單騎馳騁)

마흔여섯 번째

가 로 열 쇠

1. 겉으로는 화려(華麗)하게 보이나 속으로는 빈곤(貧困)하고 부실(不實)함.

'머리 없는 놈이 댕기 치레한다'

개두환면(改頭換面), 내허외식(內虛外飾)

모피지부(毛皮之附), 문과기실(文過其實)

외화내빈(外華內貧), 화이부실(華以不實)

3. 문으로 겹겹이 막은 깊은 궁궐(宮闕)

구중심처(九重深處), 궐정(闕廷)

5. 서로 잘 어울리지 않음. 실조(失調)

6. 「비단(緋緞)옷을 입고 고향(故鄕)에 돌아옴」 출세(出世)하여 고향에 돌아옴을 비유(比喩)하는 말.

금의환향(錦衣還鄕), 금환(錦還)

7. 교육(教育)이나 경험(經驗), 또는 연구(硏究)를 통해 얻은 체계화(體系化)된 인식(認識)의 총체(總體).

8. 힘이 세거나 실력(實力)이 뛰어나 맞서서 겨루기 힘든 상대(相對). 또는 그런 집단(集團).

10. 중국 양나라 주흥사(周興嗣)가 우주(宇宙), 자연(自然), 인륜(人倫)의 이치(理致)를 사언고시(四言古詩)로 엮은 책(冊).

12. 겉으로 내세우는 외모(外貌)나 명분(名分), 자격(資格) 따위를 속되게 이르는 말.

대표(代表)하여 내세울 만한 사람이나 사물(事物).

13. 생물(生物)의 형태(形態)나 기능(機能)이 주어진 환경(環境) 조건(條件)에 생활(生活)하기 쉽게 형태적, 생리학적(生理學的)으로 변화(變化)하여 감.

14. 어떤 현상(現象)이나 행동(行動), 글 따위의 의미(意味)를 이해(理解)하거나 판단(判斷)함. 분석(分析), 풀이

15. 뜻대로 움직일 수 없음.

불수의(不隨意)

· 석가(釋迦)가 그 아래에서 도(道)를 깨달았다는 나무.

16. 정상적(正常的)인 상태(狀態)보다 발달(發達) 정도(程度)가 높거나 과도(過度)하게 발달한 특징(特徵)을 보이는 상태(狀態).

18. 사람이나 조직(組織)을 자기의 뜻이나 규칙(規則)대로 복종(服從)시켜 다스림. 통치(統治), 영향, 통제

20. 감히 무엇을 하려는 마음.

21. 생물(生物)의 목숨.

생명(生命), 수(壽)

22. 일정한 지역(地域)의 지리적(地理的) 특성(特性)을 종합적(綜合的)으로 혹은 부문별(部門別)로 서술(敍述)한 책(冊).

23. 일의 앞뒤 사정(事情)을 두고 판단(判斷)할 때, 응당(應當) 그렇게 해야 하거나 그렇게 되리라고 여겨지는 일.

사세고연(事勢固然), 이소고연(理所固然)

의리당연(義理當然), 인지상정(人之常情)

자연지리(自然之理)

24. 여러 사람이 사회생활(社會生活)을 하는 데에 지켜야 할 도덕(道德).

공덕(公德), 덕의(德義)

세 로 열 쇠

1. 겉으로는 부드럽고 순하나 속은 곧고 꿋꿋함.

강유겸전(剛柔兼全), 내강외유(內剛外柔)
면리장침(綿裏藏針), 외유중강(外柔中剛)

2. 가난함과 부유(富裕)함, 귀함과 천함.

3. 「입은 재앙(災殃)을 불러들이는 문이 됨」 화는 입으로부터 생기므로 매사(每事)에 말을 삼가야 함.

사불급설(駟不及舌), 설망우검(舌芒于劍)
설저유부(舌底有斧), 수구여병(守口如甁)
폐구장설(閉口藏舌)

4. 민사소송(民事訴訟)에서, 당사자(當事者) 한쪽이 구두(口頭) 변론(辯論)할 기일(期日)에 법정(法庭)에 출두(出頭)하지 않았을 경우(境遇) 출석(出席)한 당사자의 주장(主張)만을 바탕으로 하여 판결(判決)을 내리는 재판(裁判).

9. 실력(實力)이 비슷한, 상대(相對)가 될 만한 알맞은 적수(敵手).

11. 외부(外部)의 구속(拘束)이나 제약(制約)을 받지 않고 자기의 행동(行動)을 스스로 제어하는 성질(性質).

12. 밀물 때에는 물속에 잠겨 있다가 썰물이 되어 바닷물이 빠지면 드러나는 개펄. 해택(海澤)

15. 어느 한쪽으로 치우치지 않아 아주 공정(公正)함.

공정무사(公正無私), 대공무사(大公無私)
무귀무천(無貴無賤), 벽파문벌(劈破門閥)
지공무사(至公無私), 탕탕평평(蕩蕩平平)

16. 「개구리가 올챙이였던 때의 일」 발전(發展)된 현재(現在)에 비교(比較)하여 매우 뒤떨어진 과거(過去)의 일.

팔자(八字)가 좋아진 사람이 그전에 고생(苦生)하던 때의 일.

과두시사(蝌蚪時事), 과두시절(蝌蚪時節)
과거지사(過去之事)

17. 「콩과 물로 들이는 공」 가난한 중에도 정성(精誠)을 다하여 부모(父母)를 봉양(奉養)하는 것.

숙수지환(菽水之歡), 숙수지봉(菽水之奉)

19. 남에게 입은 은혜(恩惠)를 잊고 배반(背叛)함.

간명범의(干名犯義), 망은배의(忘恩背義)
배고향신(背故向新), 양부음억(陽扶陰抑)
은반위구(恩反爲仇), 축구서종(畜狗噬踵)

마흔일곱 번째

가 로 열 쇠

1. 벼슬이나 직위(職位)가 없이 군대(軍隊)를 따라 싸움터로 나감.

백의종사(白衣從事)

3. 특정(特定)한 단체(團體)에 속하여, 思想이나 行動 등이 과격(過激)한 사람을 부정적(否定的)으로 이르는 말.

5. 수량(數量), 무게, 길이, 빠르기, 방향(方向) 따위를 재는 데 쓰이는 기구(器具). 계기(計器), 재개

6. 일제강점기(日帝强占期), 일본 놈과 야합(野合)하여 그들의 침략(侵略)과 약탈(掠奪) 정책(政策)을 지지(支持)하거나 옹호(擁護)하여 추종(追從)함.

일본과 매우 친함. 토왜(土倭)

7. 아직 일어나지 않은 일이나 존재(存在)하지 않은 대상(對象)을 머릿속으로 그려 봄.

8. 생물체(生物體)를 이루고 있는 구조상(構造上), 기능상(技能上)의 기본(基本) 단위(單位).

10. 학(鶴)이 날개를 편 듯한 모양(模樣)으로 치는 진(陣).

12. 부모(父母)가 운명(運命)하실 때 자리를 지키며 모심.

임명(臨命), 망종(亡終), 속광(屬纊)

13. 어떤 사람이나 일이 특정(特定)한 상황(狀況)에서 처한 위치(位置)나 상태(狀態).

14. 심한 추위 때문에 살이 얼어 피부(皮膚) 조직(組織)에 상해(傷害)를 입는 일.

15. 마음이 급하고 당황(唐慌)하여 어리둥절하거나 허둥지둥하는 면이 있음.

16. 이성(理性)을 따르거나 이성에 근거(根據)한 것.

18. 어떤 임무(任務)를 맡기에 알맞은 사람.

20. 입을 다물고 아무 말도 하지 않음.

21. 어수선한 사태(事態)나 산란(散亂)한 마음을 가라앉혀 바로잡음.

갈망, 갈무리.

22. 같은 성질(性質)이나 특성(特性).

↔ 이질성(異質性)

23. 「큰 그릇은 만드는 데 시간(時間)이 오래 걸림」 크게 될 사람은 늦게 이루어짐을 이르는 말.

대재만성(大才晩成), 대방무우(大方無隅)

대방희성(大音希聲), 대상무형(大象無形)

↔ 조숙조로(早熟早老)

24. 「어미 소가 송아지를 핥는 情」 自己 子女에게 대한 사랑이나, 部下에 대한 사랑을 겸손(謙遜)하게 이르는 말.

지독지애(舐犢之愛), 노우지독(老友舐犢)

지독지련(舐犢之憐)

세 로 열 쇠

1. 「누구를 형(兄)이라 아우라 하기 어려움」 힘이나 能力 따위가 서로 엇비슷하여 더 낫고 못함을 가리기 힘든 形勢.

백중지간(伯仲之間), 난형난제(難兄難弟)
난백난중(難伯難仲), 대동소이(大同小異)
막상막하(莫上莫下), 오십소백(五十笑百)
용호상박(龍虎相搏), 우열난분(優劣難分)
차상차하(差上差下), 춘란추국(春蘭秋菊)

2. 「무리 지어져 있는 닭 가운데 있는 한 마리의 학」 여러 평범(平凡)한 사람들 가운데 있는 뛰어난 한 사람.

낭중지추(囊中之錐), 계군고학(鷄群孤鶴)
계군일학(鷄群一鶴), 학립계군(鶴立鷄群)
영탈이출(穎脫而出), 추처낭중(錐處囊中)

3. 自己를 이기고 항상(恒常) 나아감.

4. 처음부터 끝까지의 과정(過程).

자두지미(自頭至尾), 자초지말(自初至末)
전후수말(前後首末), 종두지미(鐘頭至尾)

9. 빈틈없이 둘레를 에워싼 체계(體系)를 그물에 비유하여 이르는 말.

11. 自身의 본이름을 숨기는 특성(特性).

12. 실제(實際)로 환자(患者)를 접하여 병(病)을 치료(治療)하거나 연구(硏究)하는 것.

15. 문화(文化)가 가장 발달(發達)하여 행복(幸福)과 평화(平和)가 가득한 시대.

전성시대(全盛時代).

16. 「입은 다르나 목소리는 같음」 여러 사람의 말이 한결같음.

여출일구(如出一口), 이구동음(異口同音)

17. 한 방울의 물이 모여 연못을 이룸.

수적성천(水積成川), 수적촌루(銖積寸累)
승거목단(繩鋸木斷), 인일기백(人一己百)
적우침주(積羽沈舟), 진합태산(塵合太山)

19. 「목이 말라야 우물을 팜」 평소(平素)에 준비(準備) 없이 있다가 일을 당하여 허둥지둥 서두름.

갈이천정(渴而穿井), 임경굴정(臨耕掘井)
봉장작희(逢場作戲), 임시졸판(臨時猝辦)
하석상대(下石上臺), 할고담복(割股啖腹)

1			2	■	3			4
	■	■	5			■	■	
	■	6		■	7		■	
8	9	■	10	11		■	12	
■	13		■		■	14		■
15		■	16		17	■	18	19
	■	20		■	21		■	
	■	■	22			■	■	
23				■	24			

마흔여덟 번째

가 로 열 쇠

1. 「가볍고 망령(妄靈)되게 행동(行動)함」 도리(道理)나 사정(事情)을 생각하지 않고 경솔(輕率)하게 행동함.

과렴선치(寡廉鮮恥), 망자존대(妄自尊大)
망자존대(妄自尊大), 면장우피(面張牛皮)
방약무인(傍若無人), 안하무인(眼下無人)
오만무도(傲慢無道), 경거망행(輕擧妄行)

3. 아무리 귀를 기울이고 들어도 들리지 않음.

듣고도 못 들은 체함.

시이불견(視而不見), 청약불문(聽若不聞)

5. 조선시대(朝鮮時代), 공신(功臣)과 그 자손(子孫)을 대우(待遇)하기 위하여 설치(設置)한 관청(官廳).

맹부(盟府), 인각(麟閣)

6. 남의 좋은 일에 기쁘고 즐거운 마음으로 인사(人事)함.

경하(敬賀), 경축(慶祝), 감축(感祝)

7. 여러 번 되풀이하여 자연(自然)스럽게 몸에 밴 행동(行動). 버릇

습관(習慣), 습벽(習癖), 행습(行習)

8. 사물을 개념적(槪念的)으로 사고(思考)하거나 객관적(客觀的)으로 인식(認識)하고 판정(判定)하는 오성적(悟性的) 능력(能力)이나 그러한 정신(情神)의 기능(技能).

· 지혜(智慧)로운 성품(性品).

10. 어떤 일을 처음 시작(始作)하여 미숙(未熟)한 단계(段階)에 있는 사람.

생꾼, 생무지, 생수(生手), 신출내기

12. 재능(才能)이나 역량(力量)을 발휘(發揮)하거나 나타내기 위하여 활동(活動)하는 장소(場所)나 분야(分野).

13. 상황(狀況)을 악화(惡化)시키는 원인(原因)이 되는 나쁜 조건(條件)을 비유적(比喩的)으로 이르는 말.

14. 사회생활(社會生活)이나 사람 사이의 관계(關係)에서 존경(尊敬)의 뜻을 표하기 위해서 예로써 나타내는 말투나 몸가짐.

15. 잔치나 연회(宴會) 따위를 크게 베풂.

· 철학(哲學)에서, 사람의 본성(本性)에 관한 이론(理論).

16. 건강(健康)과 발육(發育) 상태(狀態)가 매우 좋은 아이.

18. 불이 꺼져 없어짐.

흔적(痕迹)도 없이 없애 버림.

20. 나라의 문호(門戶)를 굳게 닫고 다른 나라와의 통상(通商)과 교역(交易)을 금지(禁止)함. ↔ 개국(開國)

21. 사람을 감동(感動)하게 하는 아름다운 내용(內容)의 이야기.

22. 야구(野球)에서, 주자(走者)가 다음 누로 나아가도록 쳐내는 타격(打擊).

23. 「임금을 섬김에 충성(忠誠)으로써 함」 삼국통일(三國統一)의 원동력(原動力)이 된 화랑(花郞)의 세속오계(世俗五

戒)의 하나.

사친이효(事親以孝), 교우이신(交友以信)

임전무퇴(臨戰無退), 살생유택(殺生有擇)

24. 가치(價値)가 영원(永遠)토록 변하거나 없어지지 않을 큰 공로(功勞).

불후공적(不朽功績), 만세지업(萬世之業)

불간지서(不刊之書), 불후지방(不朽之芳)

세 로 열 쇠

1. 「하늘을 놀라게 하고 땅을 흔듦」 세상(世上)을 몹시 놀라게 하는 것을 비유적(比喩的)으로 이르는 말.

경심동백(驚心動魄), 기절초풍(氣絶-風)

번천흔지(翻天掀地), 석파천경(石破天驚)

진천감지(震天撼地), 흔천동지(掀天動地)

2. 겨울에는 벌레이던 것이 여름에는 풀로 변한다는 버섯류.

3. 건설(建設) 공사(工事) 따위를 도거리로 맡아 하는 것을 업으로 삼는 사람.

도급업자(都給業者)

4. 문 앞에서 쫓아낼 듯이 인정(人情) 없고 모질게 대함.

안면박대(顔面薄待), 원룡고와(元龍高臥)

예주불설(醴酒不設), 잔배냉적(殘杯冷炙)

차계기환(借鷄騎還), 차래지식(嗟來之食)

9. 인간의 타고난 본성(本性)을 악(惡)으로 보고, 도덕적(道德的) 수양(修養)은 교육(敎育)을 통한 후천적(後天的) 습득(習得)에 의해서만 가능(可能)하다고 주장(主張)하는 학설(學說). 인성(人性)에 대한 순자(荀子)의 견해(見解)임. ↔ 성선설(性善說)

11. 가지고 있거나 간직하고 있는 수효(數爻)나 분량(分量).

12. 자신(自身)의 언행(言行)이나 상태(狀態) 따위를 스스로 깨닫지 못하는 모든 작용(作用).

자각(自覺)이 없는 의식(意識)의 상태.

15. 자신의 목소리로 다른 사람의 목소리나 새, 짐승 따위의 소리를 흉내 내는 일.

16. 나랏일을 걱정하고 충성(忠誠)을 다함.

우국충정(憂國衷情), 우국단충(憂國丹忠)

우국봉공(憂國奉公), 우국충절(憂國忠節)

17. 서방(西方) 정토(淨土)의 극락세계(極樂世界)에 머물면서 불법(佛法)을 설한다는 대승 불교(大乘佛敎)의 부처.

지혜광불(智慧光佛), 환희광불(歡喜光佛)

청정광불(淸淨光佛), 난사광불(難思光佛)

19. 개인(個人)의 욕심(慾心)을 버리고 공공(公共)의 이익(利益)을 위하여 힘써 일함.

갈충보국(竭忠報國), 빙공영사(憑公營私)

견위치명(見危致命), 국궁진췌(鞠躬盡瘁)

선공후사(先公後私), 진충보국(盡忠報國)

마흔아홉 번째

가 로 열 쇠

1. 「바람과 비를 부리는 재주」 바람이나 구름의 변화(變化)와 같이 미리 헤아리기 어려운 변화.

3. 분한 마음을 품고 원한(怨恨)을 쌓음.
   비분강개(悲憤慷慨), 절치부심(切齒腐心)
   와신상담(臥薪嘗膽), 절치액완(切齒扼腕)
   회계지치(會稽之恥), 칠신위라(漆身爲癩)

5. 양의 생가죽을 얇게 펴서 약품(藥品) 처리(處理)를 한 후에 표백(表白)하여 말린, 글을 쓰는 데 사용(使用)하는 재료(材料).

6. 식물(植物)의 줄기가 널리 뻗는다.
   전염병(傳染病)이나 나쁜 현상(現想)이 널리 퍼짐.

7. 남의 스승이 될 만한 모범(模範)이나 본보기.
   · 형벌 또는 징벌(懲罰)을 받을 만한 행위(行爲).

8. 일정(一定)한 사용료(使用料)를 내고 남의 땅을 빌려서 농사(農事)를 짓는 사람.

10. 붓글씨를 쓰거나 그림을 그릴 때 쓰는 한지(韓紙)의 한 종류(種類).

12. 「굴레의 얽매임에서 벗어남」 번뇌(煩惱)의 얽매임에서 풀리고 미혹(迷惑)의 괴로움에서 벗어남을 말함.

13. 잘못을 감싸 주거나 무조건(無條件) 편을 들어 줌.
   · 역성을 들어주거나 허물 따위를 감싸 줌.

14. 가늘게 내리는 비.
   · 세(貰)를 내고 빌려 쓰는 소.

15. 끈적끈적한 물질(物質)이 범벅되어 마구 달라붙은 상태(狀態).

16. 식품위생법(食品衛生法)의 규정(規定)에서 정한, 소정(所定)의 면허(免許)를 소지(所持)하고 음식점(飮食店) 및 집단(集團) 급식소(給食所)에서 식품의 조리(調理)를 직업(職業)으로 삼는 사람.

18. 양모(羊毛)의 긴 섬유(纖維)만 골라 정돈(整頓)하는 과정(課程).
   · 연료(燃料)나 에너지 등을 써서 없앰.

20. 「주춧돌」 건물(建物)의 기초(基礎)를 튼튼히 하기 위해 기둥 밑에 괴는 돌.
   · 왕골, 부들 따위로 엮어 만든 자리.

21. 의심(疑心)나는 곳을 잘 설명(說明)하여 분명(分明)히 밝힘.

22. 조용한 가운데 어떤 움직임이 있음.

23. 「나라를 세우는 일과 지켜나가는 일」 어떤 일의 시작(始作)은 쉽지만, 지키는 것은 어려움을 이르는 말.
   창업수문(創業守文)
   창업이수성난(創業易守成難)

24. 포(砲)의 뒤쪽 부분부터 탄약(彈藥)을 잼.

세로열쇠

1. 바람이 세차게 불고 비가 많이 쏟아짐.

2. 인생(人生)에서 가장 아름답고 행복(幸福)한 순간(瞬間)을 표현(表現)하는 말.
대한민국(大韓民國)의 남성(男性) 그룹 방탄소년단(防彈少年團)의 두 번째 한국 리패키지 음반(音盤)이다. 2016년 5월 2일 빅히트 엔터테인먼트를 통해 발매(發賣)되었다.

3. 목숨이 위태(危殆)로운 처지(處地)에 빠짐.

4. 말을 하거나 일을 하는 데 모나지 않고 여러 가지 수단(手段)을 써서 잘 헤쳐 나감.

9. 사람의 탈이나 겉모양(-模樣).

11. 순서(順序)대로 하는 일의 맨 처음.
· 행렬(行列) 따위의 앞쪽.

12. 「근심을 푸는 곳」 사찰(寺刹)에 딸린 화장실(化粧室)을 말함.

15. 일이나 사물(事物)이 제멋대로 뒤엉켜 심하게 갈피를 잡을 수 없게 되어 버린 상태(狀態). 뒤범벅

16. 「밤에는 부모님의 잠자리를 보아 드리고, 이른 아침에는 밤새 안부(安否)를 여쭘」 자식(子息)이 아침저녁으로 부모(父母)를 잘 섬기고 효성(孝誠)을 다함을 말함.

혼정신성(昏定晨省), 반포보은(反哺報恩)
동온하정(冬暖夏凊), 삼지지례(三枝之禮
선침온금(扇枕溫衾), 효자애일(孝子愛日)

17. 온 세상(世上) 사람은 다 동포(同胞) 같음. 사해형제(四海兄弟)

19. 다른 이들을 해치기 위해, 없는 사실(事實)을 꾸며내는 거짓 선전(宣戰).

권모술수(權謀術數), 부수지소(膚受之愬)
부수지언(膚受之言), 부언참설(浮言讒說)
산심법사(散心法師), 설검순창(舌劍脣鎗)
적훼소골(積毁銷骨), 중상모략(中傷謀略)
침윤지참(浸潤之譖), 풍진지언(風塵之言)
호구참언(虎口讒言), 흑색선전(黑色宣傳)
마타도어(Matador)

쉰 번째

가 로 열 쇠

1. 두 갈래 이상(以上)의 물길이 한데 모이는 어귀. 두물머리, 합수머리

3. 「흙이 쌓여 산이 됨」 작은 것도 많이 모이면 커진다는 말.

수적촌루(銖積寸累), 이소성대(以小成大)

적소성대(積小成大), 적진성산(積塵成山)

5. 형(刑)이 확정(確定)되어 구금(拘禁)이 수반(隨伴)되는 형의 집행(執行)을 받는 사람. 수형자(受刑者) ↔ 미결수(未決囚)

6. 특정(特定)한 개인(個人)이나 단체(團體) 등의 사상(思想), 정책(政策) 따위에 찬동(贊同)하여 도와서 힘을 씀.

7. 남의 주장(主張)이나 감정(感情), 생각 따위에 찬성(贊成)하여 자기도 그렇다고 느낌. 동감(同感), 동조(同調)

8. 샅샅이 뒤져서 찾아냄.

10. 금전(金錢)이나 물건(物件)의 취득(取得)과 이익(利益) 배당(配當) 등을 다른 권리자(權利者)보다 먼저 받을 수 있는 권리.

12. 느낌으로 알아차릴 수 있는, 일이나 상황(狀況)의 되어 가는 형편(刑鞭).

· 얼굴에 끼는 거뭇한 얼룩점.

13. 신문(新聞)이나 잡지(雜誌) 따위에, 기사(記事)나 소설(小說), 만화(漫畫), 논문(論文)을 여러 번에 나누어 연속(連續)해서 실음.

14. 자기(自己)의 능력(能力)이나 자격(資格)을 자랑스럽게 여기는 마음.

자부심(自負心), 프라이드(pride)

15. 솜이나 짐승의 털 따위로 두껍게 속을 넣고 헝겊으로 싸서 만든, 앉는 자리에 늘 깔아 두는 요.

16. 좌우(左右)나 극단(極端)으로 치우치지 않은 온건(穩健)한 무리 또는 당파(黨派).

18. 잘못을 뉘우치고 마음을 바르게 고쳐먹음.

· 진보(進步)하고 발전(發展)함.

20. 개인적(個人的)인 이해관계(利害關係)에 의해 따로따로 갈라진 사람들의 집단(集團).

21. 형상(形像)이나 무늬 따위를 도드라지게 새김.

· 찹쌀풀을 바르고 말린 뒤에 기름에 튀긴 음식(飮食).

22. 생물체(生物體)의 핏줄이나 살 속을 꿰뚫고 들어가 약물(藥物)을 넣는 바늘.

23. 국민(國民)이 권력(權力)을 가짐과 동시(同時)에 스스로 권리(權利)를 행사(行事)하는 정치(政治) 형태(形態).

자유주의(自由主義)

24. 「주인(主人)과 손님의 처지(處地)가 뒤바뀜」 사물(事物)의 경중(輕重), 선후(先後), 완급(緩急) 따위가 서로 뒤바뀜.

본말전도(本末顚倒), 적반하장(賊反荷杖)

위려마도(爲礪磨刀), 족반거상(足反居上)
주객수세(主客殊勢), 지대어비(指大於臂)

세 로 열 쇠

1. 뜻밖의 일에 얼굴빛이 변할 정도(程度)로 매우 놀람.

악연실색(愕然失色), 경혼미정(驚魂未定)
대경실색(大驚失色), 면여토색(面如土色)
면색여토(面色如土)
↔ 담소자약(談笑自若), 부동성색(不動聲色)

2. 자기(自己)의 가치(價值)나 속마음을 잘 알아주는 참다운 벗.

고산유수(高山流水), 백아절현(伯牙絶絃)

3. 「맨손과 맨주먹」 가진 것이 아무것도 없음.

척수공권(隻手空拳), 도수공권(徒手空拳)

4. 산과 바다의 산물(産物)을 다 갖추어 아주 잘 차린 진귀(珍貴)한 음식(飮食).

고량진미(膏粱珍味), 수륙진미(水陸珍味)
식전방장(食前方丈), 팔진성찬(八珍盛饌)

9. 연극(演劇), 영화(映畫), 방송(放送), 강연(講演) 따위를 위하여 무대(舞臺)나 연단(演壇)에 나가는 대가(對價)로 주는 돈.

11. 여럿 중 가리어 특별(特別)히 더 좋아하는 정도(程度).

12. 주로 피곤(疲困)하거나 나른할 때 몸을 쭉 펴고 팔다리를 뻗는 짓.

15. 나라님을 도와 국정(國政)을 보살피고 백성(百姓)을 편안(便安)하게 함.

제폭구민(除暴救民), 광제창생(廣濟蒼生), 포덕천하(布德天下) 등과 함께 동학(東學)의 이념(理念)임.

16. 잘못이나 범죄(犯罪)에 대하여 무겁게 벌을 주는 것이 또 다른 잘못이나 범죄를 막을 수 있다는 견해(見解)나 태도(態度).

극강위벌(亟降威罰), 누참마속(淚斬馬謖)
이일경백(以一警百), 징일여백(懲一勵百)

17. 「솥을 깨뜨리고 배를 가라앉힘」 전쟁(戰爭)에 나가면서 살아 돌아오기를 바라지 않고 결전(決戰)을 각오(覺悟)함.

마혁과시(馬革裹屍), 분주파부(焚舟破釜)
사량침선(捨量沈船), 제하분주(濟河焚舟)

19. 「대대(代代)로 집안에 전해지는 보검(寶劍)」 원래(原來) 대단한 자랑거리 또는 어려운 문제(問題)를 해결(解決)하는 결정적(決定的)인 방법(方法)이나 수단(手段)을 가리키는 말이나, 요즘은 어떤 곤란(困難)한 문제에서 벗어나는 상투적(常套的) 수단으로 쓰임.

가전보옥(家傳寶玉), 가전비방(家傳祕方)
세세상전(世世相傳), 세전지보(世傳之寶)

쉰한 번째

가 로 열 쇠

1. 「공자(孔子)와 맹자(孟子)의 고향(故鄕)」 예절(禮節)을 알고 학문(學問) 활동(活動)이 활발(活潑)하게 이루어지는 곳을 말함.

3. 억울(抑鬱)하고 원통(冤痛)한 사정(事情)을 하소연할 곳이 없음.

호소무지(呼訴無地), 발명무로(發明無路)

픽억수소(腷臆誰訴)

5. 깊고 두드러지게 새기는 새김.

6. 어떤 것을 셀 때, 손가락을 꼽아 헤아림.

매우 뛰어나 수많은 가운데서 손꼽힘.

7. 돈이나 물건(物件) 따위를 정해진 몫만큼 내줌.

지발(支撥), 방지(放支), 지불(支拂)

· 특별(特別) 전보(電報)의 하나. 몹시 급함.

8. 하지 않아도 좋은 군더더기 말.

· 어떤 용건(用件)에 대한 말.

· 필요(必要)한 이야기.

10. 이산화탄소(二酸化炭素)를 많이 내뿜는 각종(各種) 화석연료(化石燃料)의 사용량(使用量)에 따라 부과(賦課)하는 세금(稅金).

12. 시력(視力)이 나쁜 눈을 잘 볼 수 있게 하기 위하여나 바람, 먼지, 강한 햇빛 따위를 막기 위하여 눈에 쓰는 물건(物件).

사물(事物)을 판단(判斷)하는 기준(基準)이나 시각(視覺)을 비유함.

13. 일하는 데 거치적거리거나 방해(妨害)가 되는 장애(障礙).

· 지혜(智慧)로운 장수(將帥).

14. 남의 말이나 행동(行動)을 그대로 옮기는 짓. 입내

15. 인쇄물(印刷物) 따위에서 빠진 글자.

결자(缺字), 일자(逸字), 탈자(脫字)

16. 불을 끄는 데 쓰는 기구(器具).

· 동물(動物)의 몸에서 섭취(攝取)한 음식물(飮食物)을 소화(消化) 흡수(吸收)하는 기관(氣管).

18. 억울(抑鬱)하고 원통(怨痛)한 일을 당하여 응어리진 마음.

20. 웃어른을 모시어 음식(飮食) 이바지를 함.

승려(僧侶)가 세끼 음식을 먹음.

21. 마찰(摩擦)에 일으켜 불을 켜는 도구(道具).

22. 지방자치단체(地方自治團體)가 주민(住民)에게 물리는 세금(稅金).

23. 하늘과 땅 사이와 같은 엄청난 차이(差異).

24. 노동자(勞動者), 농민(農民)을 비롯한 근로 계층(勤勞 階層) 등의 대중(大衆)을 사상적(思想的)·문화적(文化的)으로 가르

쳐 깨우침.

세 로 열 쇠

1. 「마치가 가벼우면 못이 솟음」 윗사람이 엄(嚴)하지 않으면 아랫사람이 순종(順從)하지 않고 방자(放恣)하게 군다는 속담(俗談).

거역관장(拒逆官長), 항거불승(抗拒不承)
퇴경정용(槌輕釘聳)

2. 그 자리에 모인 많은 사람이 다 즐거워하나 자기(自己)만은 구석을 향해 한탄(恨歎)함.

구반상실(狗飯橡實), 장벽무의(墻壁無依)

3. 「쇠뿔의 양쪽이 서로 길이나 크기가 같음」 양쪽의 역량(力量)이 비슷해서 서로 낫고 못함이 없이 맞선 기세(氣勢).

난백난중(難伯難仲), 난형난제(難兄難弟)
대동소이(大同小異), 막상막하(莫上莫下)
반근팔량(半斤八兩), 백중지세(伯仲之勢)
세균역적(勢均力適), 손방투지(孫龐鬪智)
양시쌍비(兩是雙非), 오십소백(五十笑百)
우열난분(優劣難分), 이석격석(以石擊石)
차상차하(差上差下), 차선차후(差先差後)
천편일률(千篇一律), 춘란추국(春蘭秋菊)
피차일반(彼此一般), 행동능우(行同能偶)
오십보백보(五十步百步)

4. 「처지(處地)가 변해도 놀라지 않음」 어떤 상황(狀況)이 닥쳐도 놀라지 않고 침착(沈着)하게 일을 처리(處理)함.

종용유상(從容有常), 문변불란(聞變不亂)

9. 어떤 이론(理論)이나 사상(思想) 따위를 가지고 있는 사람.

11. 물건(物件)이나 규모(規模) 따위가 이전(以前)보다 작은 형태(形態)로 됨.

12. 관광지(觀光地)나 호텔 등에서 안내(案內)하는 역할(役割)을 하는 사람.

15. 나뭇잎이 다 떨어진 겨울의 춥고 쓸쓸한 풍경(風景).

낙목공산(落木空山)

16. 하늘과 땅 사이처럼 엄청난 차이(差異).

운니지차(雲泥之差), 운니지차(雲泥之)
운룡정와(雲龍井蛙), 천양지간(天壤之間)
천양지차(天壤之差), 천양지판(天壤之判)
천연지차(天淵之差), 천지분격(天地分格)

17. 현재(現在) 사회(社會) 각 분야(分野)에서 활동(活動)하고 있는, 어느 정도(程度) 나이가 든 세대(世代).

19. 「한단(邯鄲)에서 꾼 꿈」 인생(人生)과 영화(榮華)의 덧없음.

노생지몽(老生之夢), 인생조로(人生朝露)
일장춘몽(一場春夢), 일취지몽(一吹之夢)
장주지몽(莊周之夢), 한단지몽(邯鄲之夢)
호접지몽(胡蝶之夢), 황량일몽(黃粱一夢)

쉰두 번째

가 로 열 쇠

1.「바람 앞의 등불」 매우 위태(危殆)로운 처지(處地)나 오래 견디지 못할 상태(狀態).

일촉즉발(一觸卽發), 명재경각(命在頃刻)
풍전촉화(風前燭火), 풍전등촉(風前燈燭)

3. 언론계(言論界)에서, 뉴스 보도(報道)에 반드시 담겨야 할 여섯 가지 기본(基本) 요소(要素), 「누가, 언제, 어디서, 무엇을, 왜, 어떻게」를 일컫는 말. 5W1H

5. 특정(特定) 분야(分野)의 일을 줄곧 해 와서 그에 관하여 풍부(豐富)하고 깊이 있는 지식(智識)이나 경험(經驗)을 가진 사람. 전문인(專門人)

6. 왕이 살아서 임금의 자리를 물려줌.
양위(讓位) ↔ 수선(受禪)
· 해상(海上)에서 배의 위치(位置).

7. 사회(社會)의 일반(一般) 구성원(構成員)에게 공동(共同)으로 속하거나 두루 관계(關係)되는 것.

8. 정치적(政治的)으로 입장(立場)을 달리하거나 반대(反對)하는 사람을 추방(追放)하거나 없애 버림.
· 삼가 엄숙(嚴肅)하게 들음.
· 찌끼를 없앤 맑은 꿀.

10. 원래(元來)의 것을 똑같이 본떠 만든 물품(物品).

12. 일하는 사람 옆에서 그 일을 거들어 주는 사람이라는 일본 말 '시다바리'의 준말. '곁꾼', '보조원'으로 순화(純化)됨.

13. 복잡(複雜)하게 얽힌 일의 앞뒤 사정(事情)이나 그 내용(內容).
· 편지(便紙)나 말의 내용.

14. 통치자(統治者)나 정치가(政治家)가 사회 구성원(構成員)들의 다양(多樣)한 이해관계(利害關係)를 조정(調整)하거나 통제(統制)하고 국가(國家)의 정책(政策)과 목적(目的)을 실현(實現)하는 일.

15. 눈으로 환자(患者)의 몸을 살펴보고 병(病)을 알아냄.

16. 창경궁(昌慶宮)의 정문(正門)으로, 현존(現存)하는 조선시대(朝鮮時代)의 건물(建物)로써 가장 오래된 건물.

18. 인삼(人蔘)의 잔뿌리.

20. 보수주의적(保守主義的) 또는 국수주의적(國粹主義的)인 입장(立場).

21. 분명(分明)한 목표(目標)를 정하지 못하고 어찌할 바를 몰라 갈팡질팡함.
부유(浮遊), 지회(遲徊)

22. 사람이 세상을 살아온 과정(過程)이나 살면서 겪어 온 일.

23.「개와 원숭이 사이」 사이가 몹시 안 좋은 관계(關係)를 비유적으로 이르는 말.
빙탄지간(氷炭之間), 수화상극(水火相剋)
빙탄불상용(氷炭不相容)
불구대천지수(不俱戴天之讎)

24. 아주 명백(明白)하고 확실(確實)하여 조금도 의심(疑心)할 여지(餘地)가 없음.

명명백백(明明白白), 명약관화(明若觀火)
불문가지(不問可知), 불언가상(不言可想)
십분무의(十分無疑), 타상하설(他尙何說)
확실무의(確實無疑)

세 로 열 쇠

1. 「바람과 이슬을 맞으며 한데서 먹고 잠」 모진 고생(苦生) 또는 객지(客地)에서 겪는 고생을 이르는 말.

난행고행(難行苦行), 만고풍상(萬古風霜)
십전구도(十顚九倒), 즐풍목우(櫛風沐雨)
천고만난(千苦萬難), 칠전팔도(七顚八倒)

2. 「재앙(災殃)이 바뀌어 오히려 복(福)이 됨」 좋지 않은 일이 계기(契機)가 되어 오히려 좋은 일이 생김.

새옹지마(塞翁之馬), 반화위복(反禍爲福)
인패위공(因敗爲功), 전화위복(轉禍爲福)

3. 천연(天然)의 고기를 맛있고 먹기 좋게 하거나 저장(貯藏)하기 손쉽게 손질하여 만든 제품(製品).

4. 산뜻하거나 맑지 않고 어두우며 짙다.
어둡고 의뭉스럽다.

9. 미래(未來)의 일이나 사업(事業)에 대한 희망적(希望的)인 계획(計劃)이나 구상(構想).

건축(建築)이나 기계(機械) 등의 도면(圖面)을 복사(複寫)하는 데 쓰는 사진(寫眞).

11. 어떤 것이 사회(社會) 규범(規範)의 체계(體系)로 일정하게 형식화(形式化)됨.

12. 매의 임자를 밝히기 위해 주소(住所)를 적어서 매의 꽁지 털 속에 매어 둔 네모난 뿔.

자기(自己)가 하고도 안 한 체, 알고도 모르는 체하는 태도(態度).

15. 눈길은 어떤 대상(對象)을 향해도 마음이 다른 곳에 있어 실제(實際)로는 그것이 보이지 않음.

시이불시(視而不視), 심부재언(心不在焉)

16. 널리 인간(人間)을 이롭게 한다는 단군(檀君)의 건국이념(建國理念).

이도흥치(以道興治), 광명이세(光明理世)
성통광명(性通光明), 일신강충(一神降衷)
재세이화(在世理和), 이화세계(理化世界)

17. 종이, 붓, 벼루, 먹의 네 가지 문방구(文房具).

백자묵호(白磁墨壺). 지필연묵(紙筆硯墨)
문방사우(文房四友), 문방사후(文房四侯)

19. 「초가에 세 번 찾아감」 인재(人才)를 얻기 위해 참을성 있게 힘씀.

삼고지례(三顧之禮), 양궁난장(良弓難張)
일궤십기(一饋十起), 일반토포(一飯吐哺)

1			2	■	3			4
	■	■	5			■	■	
	■	6		■	7		■	
8	9	■	10	11		■	12	
■	13		■		■	14		■
15		■	16		17	■	18	19
	■	20		■	21		■	
	■	■	22			■	■	
23				■	24			

쉰세 번째

가 로 열 쇠

1. 어떤 일을 하다가 끝을 맺지 않고 중간(中間)에서 그만둠.

단기지계(斷機之戒), 반도이폐(半途而廢)
반상낙하(半上落下), 반자불성(半字不城)
불구심해(不求甚解), 전공가석(前功可惜)
전공진기(前功盡棄), 천상첩지(淺嘗輒止)

3. 여러 사람의 기대(期待)가 한 사람에게로 쏠림. 천유기충(天誘其衷)

파배완불외곡(把盃腕不外曲)

5. 인공적(人工的)으로 알을 부화(孵化)시키는 장치(裝置)가 되어 있는 방(房).

6. 생각이나 주장(主張)을 무리하게 내세우거나, 잘 안될 일이나 해서는 안 될 일을 기어이 해내려는 고집(固執).

· 억눌러 그치게 함.

7. 서로 화목(和睦)하고 사이가 좋음.

8. 여러 사람이 모인 자리.

자리의 가운데.

10. 범죄(犯罪)의 피해자(被害者)나 고소권자(告訴權者)의 고소가 있어야 공소(公訴)를 제기(提起)할 수 있는 죄.

12. 형상(刑象)이나 무늬 따위를 도드라지게 새김.

어떤 사건(事件)이나 대상(對象), 장면(場面), 인물(人物) 따위를 특징(特徵)지어 두드러지게 나타냄.

· 높은 곳에서 낮은 곳에 있는 지점(地點)을 내려다볼 때 그 시선(視線)과 수평면(水平面)을 이루는 각(角).

13. 예우(禮遇)를 갖춰 잘 대함.

직장(職場) 등에서, 고용자(雇用者)가 피고용자(被雇傭者)에게 적당(適當)한 조건(條件)의 급여(給與)나 지위(地位)를 베풂.

· 둘이 서로 짝을 지음.

14. 아버지와 같은 존재(存在).

· 스승을 높여 부르는 말.

15. 외딴 성(城).

· 높이 쌓은 성.

· 높고 큰 목소리.

· 북소리.

16. 아이를 밴 여자(女子).

잉모(孕母), 태모(胎母)

18. 정계(政界), 재계(財界), 학계(學界) 따위에서 형성(形成)된 사람들의 유대(紐帶) 관계(關係).

20. 어떤 것을 축(軸)으로 물체(物體) 자체(自體)가 빙빙 돎.

· 생각하고 판단(判斷)하는 능력(能力).

· 자금(資金)을 투자(投資)해서 회수(回收)하는 일.

21. 위로 올라감. ↔ 하강(下降)

· 항상(恒常) 이김.

· 가치(價値)나 정도(程度)가 올라가거나 높아짐.

22. 한없이 크거나 많음.

↔ 무한소(無限小)

23. 「앞으로 한 치를 나아가고, 뒤로 한

자를 물러섬」 얻은 것은 적고, 잃은 것만 많음.

굴실구서(掘室求鼠), 득소실다(得所失多)
소탐대실(小貪大失), 진촌퇴척(進寸退尺)
득수이실인(得獸而失人)

24. 고집(固執)이 너무 세어 조금도 융통성(融通性)이 없는 것.

강려자용(剛戾自用), 막무가내(莫無可奈)
수석침류(漱石枕流), 요지부동(搖之不動)

세 로 열 쇠

1. 여러 사람이 빽빽하게 모여있는 넓은 자리.

인산인해(人山人海), 임림총총(林林叢叢)
조집인췌(鳥集鱗萃), 편산만야(遍山萬野)
조인광좌(稠人廣座), 조좌(稠座)

2. 왕실(王室)의 아주 가까운 친족(親族).

3. 중대(重大)한 잘못으로 화재(火災)를 일으킴으로써 성립(成立)하는 범죄(犯罪).

4. 「거북의 털과 토끼의 뿔」 있을 수 없거나 불가능(不可能)한 일.

고빙구화(敲氷求火), 도문계살(屠門戒殺)
빙공착영(憑空捉影), 사어지천(射魚指天)
오두마각(烏頭馬角), 육지행선(陸地行船)
일수탁천(一手托天), 일중도영(日中逃影)
전수작빙(煎水作冰), 토각우익(兔角牛翼)

9. 어떤 사물(事物)의 내용(內容)이나 정도(程度)의 중요(重要)하고 비중(比重)이 큰 성질(性質).

11. 고구려(高句麗) 시조(始祖)인 주몽(朱蒙)의 신상(神像).

12. 조선시대(朝鮮時代), 왕비(王妃)의 친정(親庭)어머니나 대군(大君)의 아내에게 주던 작호(爵號). 국대부인(國大夫人)을 고친 것으로 품계(品階)는 정일품(正一品)임.

15. 오래된 집들이 모여있는 마을.

16. 삼국통일(三國統一)의 원동력(原動力)이 된 화랑(花郞) 세속오계(世俗五戒)의 하나로, 싸움에 임(臨)하여 물러섬이 없음.

사군이충(事君以忠), 사친이효(事親以孝)
교우이신(交友以信), 살생유택(殺生有擇)

17. 큰 자본(資本)을 가지고 대규모(大規模)로 장사하는 상인(商人).

19. 사물(事物)의 이치(理致)나 일의 도리(道理)가 한결같이 통(通)하여 있음.

수미일관(首尾一貫), 일맥상통(一脈相通)
일이관지(一以貫之),

쉰네 번째

가 로 열 쇠

1. 어떤 일을 함에 있어 밤낮을 가리지 않음.

불분주야(不分晝夜), 복주복야(卜晝卜夜)

야이계일(夜以繼日), 야이계주(夜以繼晝)

연일연시(連日連時), 연일연야(連日連夜)

주야겸행(晝夜兼行), 주야장천(晝夜長川)

3. 시험(試驗), 모집(募集), 선거(選擧) 따위에 응하였다가 떨어진 사람을 비유(比喩)하는 말. 낙방거자(落榜擧子)

5. 상태(狀態)나 정도(程度)가 매우 심해지거나 어렵게 됨.

6. 문명(文明)의 정도(程度)가 뒤떨어지고 미개(未開)한 상태.

교양(敎養) 없이 무례(無禮)하고 사나움.

· 들판에서 덩굴져 자라는 풀.

7. 근대(近代) 서양(西洋) 사회(社會)에서 봉건시대(封建時代)의 군주(君主)나 귀족계급(貴族階級)에 대신(代身)하여 정치적(政治的), 경제적(經濟的) 권력(權力)을 장악(掌握)한 상공업(商工業) 계층(階層).

8. 삶이나 역사(歷史)와 같은 대상(對象)에 대해 올바르고 제대로 된 인식(認識)이나 판단(判斷).

· 의복(衣服)과 음식(飮食).

10. 가벼운 거짓말로 남을 속이는 장난을 하면서 즐기는 날.

12. 세습(世襲)으로 나라를 다스리는 국가(國家)의 최고(最高) 통치자(統治者).

13. 어려운 일의 성취(成就)나 기록(記錄) 경신(更新)에 나서는 일.

정면(正面)으로 맞서 싸움을 겲.

14. 마음이 넓고 생각이 깊어 사람이나 사물을 잘 포용(包容)하는 품성(品性).

기량(器量), 기국(器局), 기우(氣宇)

길이나 부피를 재어 사물(事物)의 양을 헤아림.

길이를 재는 자와 양을 재는 되.

15. 편안(便安)하게 놀며 즐김.

· 군자(君子)의 세 가지 즐거움 중 첫째의 즐거움.

16. 개인(個人), 가정(家庭), 국가(國家) 등을 지키고 보호(保護)해 주는 신(神).

18. 사람을 꾀기 위한 물건(物件)이나 수단(手段).

낚시 끝에 꿰는 물고기의 먹이.

20. 예견(豫見)이나 추측(推測) 따위가 정확(正確)히 들어맞음.

화살이나 총알 따위가 목표물(目標物)에 정확히 맞음.

21. 어떤 현상(現狀)이나 문제(問題)를 자세(仔細)히 판단(判斷)함.

의사(醫師)가 환자(患者)를 살피어 병의 상태(狀態)를 판단함.

22. 형편(形便)에 따라 우군(友軍)을 도와 적(敵)을 치는 임무(任務)를 가진 부대(部隊)로, 적의 측면(側面)에서 활동(活動)하면서 적군(敵軍)의 후방(後方)을 교란(攪

亂)하는 특수(特殊) 부대나 비정규(非正規) 부대.

게릴라(guerrilla), 빨치산(partizan)

23. 결혼식(結婚式)을 마치고 갓 부부(夫婦)가 된 사람이 함께 가는 여행.

신혼여행(新婚旅行), 허니문

24. 사기그릇이 깨져 생긴 작은 조각.

이징가미, 도편(陶片), 기편(器片)

세 로 열 쇠

1. 보통(普通) 사람의 생각으로는 도저히 미루어 헤아릴 수 없을 만큼 이상야릇함. 신비(神祕)

거조해망(擧措駭妄), 괴괴망측(怪怪罔測)
괴괴기기(怪怪奇奇), 불가지해(不可知解)
해괴망측(駭怪罔測), 미스터리(mystery)

2. 큰일을 이루어 보겠다는 욕망(慾望)이나 소망(所望)이 마음속에 가득함.

자신만만(自信滿滿), 탐다무득(貪多務得)
↔ 고목사회(枯木死灰)

3. 꽃이 지는 늦봄 무렵.

4. 노동자(勞動者)가 일터에서 일부러 작업(作業) 능률(能率)을 저하(低下)하여서 사용자(使用者)에게 손해(損害)를 끼치는 행위(行爲).

태업(怠業), 준법투쟁(遵法鬪爭)

9. 곳곳을 다니며 여러 가지 음식(飮食)을 두루 맛보는 것을 즐기는 일.

11. 구불구불한 강의 일부(一部)가 본래(本來)의 강에서 분리(分離)되어 생긴 쇠뿔 모양(模樣)의 호수(湖水).

12. 군대(軍隊)의 식량(食糧)으로 쓰는 쌀.

병량미(兵糧米), 군양미(軍養米)

15. 국가(國家)의 기밀(機密) 분류(分類)의 하나. 국가의 안전(安全) 보장(保障) 때문에 지켜야 할 중요(重要)한 비밀(祕密)로, 누설(漏泄)되면 외교(外交), 국방(國防), 경제(經濟), 과학(科學) 따위에 중대(重大)한 타격(打擊)을 줄 수 있는 비밀 사항(事項).

16. 자다가 갑자기 일어나서 잠이 완전(完全)히 깨지 않은 상태(狀態)로 이리저리 돌아다니면서 여러 가지 행동(行動)을 함.

몽중유행증(夢中遊行症), 몽유병(夢遊病)

17. 생명(生命) 유지(維持)를 위해 생체(生體) 내에서 이루어지는 물질(物質)의 화학(化學) 변화(變化).

묵은 것이 없어지고 그 대신(代身) 새것이 생김.

물질교대(物質交代), 물질대사(物質代謝)

19. 하루 세 번 일정(一定)하게 먹을 음식 거리. 조석거리(朝夕--)

쉰다섯 번째

가 로 열 쇠

1. 「얼음이 녹고 기와가 산산조각이 남」 자취도 없이 소멸(消滅)함.

어궤조산(魚潰鳥散), 조산어궤(鳥散魚潰)
와해토붕(瓦解土崩), 운니홍조(雲泥鴻爪)
운산조몰(雲散鳥沒), 풍류운산(風流雲散)

3. 「생겨나지도 않고 없어지지도 않아 항상(恒常) 그대로 변함이 없는 것」 깨달음이나 해탈(解脫)의 경지(境地).

불생불사(不生不死)

5. 글씨를 붓으로 쓰는 것을 직업(職業)으로 하는 사람.

6. 선조(先祖)가 남긴 가치(價値) 있는 물질적(物質的), 정신적(精神的) 전통(傳統).

· 태아(胎兒)가 산달이 차기 전에 죽음.

7. 일에 시간(時間)과 힘을 지나치게 많이 사용(使用)해서 정신(精神)이나 육체(肉體) 따위가 지쳐서 고단함.

· 적군(敵軍)에게 사로잡힌 민간인(民間人). 포로(捕虜)

· 일반(一般)에게 널리 알림.

8. 바느질할 때 바늘을 눌러 밀기 위하여 손가락에 끼우는 물건(物件).

10. 원칙(原則)과 주관(主觀), 신념(信念)이 없이 일하는 성질이나 특성(特性).

12. 행실(行實)이나 태도(態度)의 잘못을 뉘우치고 마음을 바르게 고쳐먹음.

개과(改過), 회전(回傳)

· 다른 방향(方向)이나 다른 상태(狀態)로 바꿈.

물체(物體)의 운동(運動) 형태(形態)를 바꾸는 일.

13. 많은 물건(物件)이 한데 모여 쌓인 큰 덩어리.

· 사람을 대신(代身)하여 사용(使用)되는 기구(器具)나 인형(人形).

14. 조직(組織)이나 단체(團體) 따위를 해체(解體)하여 없앰.

15. 자기(自己)의 감정(感情)이나 욕심(慾心), 충동(衝動) 따위를 이성적(理性的)인 의지(意志)로써 눌러 이김.

16. 일정(一定) 기간(期間) 열리는 대회(大會)나 행사(行事)에서, 그 시작(始作)을 알리기 위해 행하는 의식(儀式).

18. 활시위에 오늬를 메워서 당겨 쏘는 기구(器具).

20. 해당(該當)하지 않는 사람이 당사자(當事者)인 것처럼 행동(行動)함.

21. 말을 잘하는 솜씨나 재주.

구변(口辯), 입담

22. 걸을 때나 서 있을 때, 몸을 지탱(支撐)하기 위하여 짚는 막대기.

23. 원칙(原則)을 따지거나 까다롭지 않고, 누구에게나 좋은 얼굴로 대하는 일.

도처춘풍(到處春風), 무등호인(無等好人)
사면춘풍(四面春風), 사시춘풍(四時春風)
접인춘풍(接人春風), 호호선생(好好先生)

24. 비쩍 말라 가냘프고 약(弱)한 사람이나 매우 가난한 사람을 비유하는 말.

세 로 열 쇠

1.「살결이 깨끗하고 고운 미인(美人)」매화(梅花)의 곱고 깨끗함을 비유함.

봉자옥골(鳳姿玉骨), 선자옥질(仙姿玉質)

선풍도골(仙風道骨), 옥골선풍(玉骨仙風)

빙자옥골(氷姿玉骨), 빙자옥질(氷姿玉質)

2.「영구(永久)히 존재(存在)하는 산과 바다에 맹세함」매우 굳은 맹세(盟誓)를 말함. 맹산서해(盟山誓海)

금석맹약(金石盟約), 신서단단(信誓旦旦)

대려지서(帶厲之誓), 하산대려(河山帶礪)

3. 피하려고 해도 피할 수가 없는 성질(性質).

4. 한 집안이 다 죽임을 당하는 끔찍한 재앙(災殃).

계견불류(鷄犬不留), 회멸지구(灰滅之咎)

멸문지화(滅門之禍), 멸족지화(滅族之禍)

9. 많은 물건(物件)이 한데 모여 쌓인 큰 덩어리. 가리, 덩어리, 무더기

11. 목기(木器)를 만들기 위해 산속에 임시(臨時)로 지은 집.

12. 컴퓨터로 이용(利用)하여 정보(情報) 처리(處理)를 하도록 하는 일.

15. 머리가 땅에 닿을 정도로 마음이나 대접(待接)이 매우 정성(精誠)스러움.

· 더는 나아갈 데가 없는 막다른 곳.

난상가란(卵上加卵), 누의지성(螻蟻之誠)

봉일지성(捧日之誠), 헌폭지침(獻曝之忱)

16. 세상(世上)을 뒤덮을 만큼 뛰어난 풍모(風貌).

개세기상(蓋世氣象), 개세영웅(蓋世英雄)

개세지풍(蓋世之風), 능소지지(凌霄之志)

능운지지(凌雲之志) 발산개세(拔山蓋世)

영영대풍(泱泱大風)

17.「실속 없는 말로 살이 찜」자기가 한 말이나 약속(約束)을 지키지 않고, 헛소리만 자꾸 늘어놓음을 이르는 말.

신구개하(信口開河), 실언실인(失言失人)

19. 몸에 살이 많고 적은 정도(程度)나, 몸에 살이 많은 사람을 놀리는 말.

파주미륵(坡州彌勒)

쉰여섯 번째

가 로 열 쇠

1.「학문(學文)을 굽히어 세상에 아첨(阿諂)함」바르지 못한 학문으로 세속(世俗)의 인기(人器)에 영합(迎合)하려 애씀.

곡의봉영(曲意逢迎), 아유구용(阿諛苟容)
어용학자(御用學者), 천착지학(穿鑿之學)

3.「아주 적적하고 몹시 쓸쓸한 풍경(風景)」앞일을 내다볼 수 없게 캄캄하고 답답한 지경(地境)이나 심정(心情)을 비유하는 말.

막천적지(寞天寂地), 막막궁산(莫莫窮山)
막막강산(寞寞江山), 적천막지(寂天寞地)

5. 중요(重要)한 일 외의 것으로 보아 상관(相關)하지 않고 무시(無視)함.

치지도외(置之度外)

6. 법(法) 아래에서 국가(國家) 목적(目的)을 실현(實現)하기 위해 행하는 능동적(能動的)이고 적극적(積極的)인 활동(活動).

7. 어떤 상황(狀況)에서 일을 눈치 빠르게, 능숙(能熟)하게 그리고 슬기롭게 처리(處理)하는 솜씨. 돈지(頓旨), 기지(機智)

8.「불에 태움」죽은 이의 시신(屍身)을 불에 태워 그 유골(遺骨)을 거두는 불교(佛敎)의 장례(葬禮) 방식(方式).

· 거름이 많음. 또는 거름을 많이 요구(要求)함.

10. 회복(回復)하기 어려울 정도(程度)의 큰 손해(損害)나 타격(打擊).

12. 잘못이나 책임(責任) 등을 밝히기 위해 상대(相對)에게 이것저것 끈질기게 물음. 궁추(窮追), 책침(責侵), 추문(推問)

13. 마음에 새겨두고 조심(操心)함.

경고(警告)나 훈계(訓戒)의 뜻으로 일깨움.

14. 본을 받을 만한 대상(對象).

귀감(龜鑑), 범본(範本)

15. 화살을 쏘는 듯이 흘러가는 빠른 세월(歲月).

· 학문(學文)을 연구(硏究)하고 덕(德)을 닦는 선비의 무리

16. 다수(多數)의 소비자(消費者)를 대상(對象)으로 일정한 치수로 미리 만들어 놓고 파는 옷. ↔ 맞춤옷, 주문복(注文服)

18. 마음속이나 집단(集團) 안에 갈등(葛藤)이나 충돌(衝突)이 없이 평온(平穩)함.

20. 생물(生物)의 몸 또는 그 일부(一部)에 적당(適當)한 화학적(化學的)인 처리(處理)를 하여 원형(原形)대로 보존(保存)하는 것.

21. 어떤 사물이나 현상을 받아들이고 생각하는 능력(能力).

지혜(知慧)와 재능(才能).

22. 의회(議會)의 심의(審議)와 확정(確定)을 얻기 전의 예산(豫算)의 원안(原案).

23. 생활(生活)이나 일의 진행(進行)에서 일어나는 많은 어려움과 변화(變化).

파란만장(波瀾萬丈), 파란고해(波瀾苦海)
파란중첩(波瀾重疊), 간난다사(艱難多事)
다사다난(多事多難), 우여곡절(迂餘曲折)

24.「같은 값이면 붉은 치마」 값이 같거나 똑같은 노력(努力)을 들인다면 더 좋은 것을 선택(選擇)함.

세 로 열 쇠

1. 풍요(豊饒)롭게 자란 곡식(穀食)이 꽉 들어찬 넓은 벌판을 비유적(比喩的)으로 이르는 말.

2. 조선시대(朝鮮時代), 왕(王)의 신임(信任)을 얻은 신하(臣下)나 외척(外戚)이 강력(强力)한 정치적(政治的) 권세(權勢)를 잡고 나라를 다스리던 비정상적(非正常的)인 정치(政治) 형태(形態).

3.「매어 놓은 시신(屍身)이 침상(寢牀)에 있음」 몹시 가난하여 죽은 사람의 장사(葬事)를 지내지 못함.

어숙지제(魚菽之祭), 여어실수(如魚失水)
증진부어(甑塵釜魚), 지궁차궁(至窮且窮)

4.「산이 막히고 물줄기가 끊어져 더 갈 길이 없음」 막다른 경우(境遇)에 이름.

고립무원(孤立無援), 고위박절(孤危迫切)
기관산진(機關算盡), 낭패불감(狼狽不堪)
도원일모(道遠日暮), 사면수적(四面受敵)
진퇴유곡(進退維谷), 산궁수진(山窮水盡)

9. 사상(思想)이나 학술(學術) 따위의 중심(中心)에서 벗어난 흐름이나 경향(傾向).
조직(組織)이나 단체(團體)의 내부(內部)에서 소수(少數) 세력(勢力).

11. 1930년 미국(美國)의 천문학자(天文學者) 톰보가 발견(發見)한 왜행성(矮行星), 2006년 8월 24일 국제(國際) 천문(天文) 연맹(聯盟) 총회(總會)에서 태양계(太陽系) 행성(行星)의 지위(地位)를 박탈(剝奪)함.

12. 구체적(具體的)으로 경험(經驗)하거나 알지 못하는 어떤 상태(狀態)나 성질(性質)로 됨.

15. 조선(朝鮮) 중기(中期) 이후(以後), 사상(思想) 차이(差異)로 갈라선 노론(老論), 소론(少論), 남인(南人), 북인(北人) 등의 네 당파(黨派). 노소남북(老少南北)

16. 사람이 행하고 지켜야 할 예(禮)의 바탕이 되는 말씨나 몸가짐.

17.「땅에 납작 엎드려 눈만 굴림」 주어진 일이나 업무(業務)를 처리(處理)하는 데 지나치게 몸을 사림.

복지부동(伏地不動), 보신주의(補身主義)
무사안일(無事安逸), 소극행정(消極行政)

19.「평지(平地)에서 넘어져 다침」 뜻밖의 불행(不幸)한 일을 겪음을 비유하는 말.

무풍기란(無風起瀾), 졸지풍파(猝地風波)
청천벽력(青天霹靂), 평지돌풍(平地突風)

쉰일곱 번째

가 로 열 쇠

1.「장자(莊子)가 꿈에 나비가 되어 날아다닌 꿈」현실(現實)과 꿈의 구분(區分)이 없음. 인생(人生) 덧없음의 비유.

노생지몽(老生之夢), 부유인생(蜉蝣人生)
영고일취(榮枯一炊), 인생조로(人生朝露)
일취지몽(一炊之夢), 장주지몽(莊周之夢)

3. 슬프게 부르짖고 눈물을 흘리며 욺.

감루오열(感淚嗚咽), 낙루차탄(落淚嗟嘆)
복지유체(伏地流涕), 체사방타(涕泗滂沱)

5. 어떠한 일이나 활동(活動)의 중심(中心)이 되는 중요(重要)한 장소(場所).

6. 불길(不吉)하고 무서운 꿈.

7. 술이나 마약(痲藥) 따위를 지나치게 복용(服用)한 결과(結果), 그것 없이는 견디지 못하는 병적(病的) 상태(狀態).

8. 반사(反射)되어 비치는 그림자.

다른 것에 영향(影響)을 받아 어떤 현상(現狀)이 나타남.

10. 먹고 난 뒤의 그릇을 씻어 정리(整理)하는 일.

12.「바람에 불려 움직임」백성(百姓)들이 스스로 좇아서 감화(感化)됨.

13. 용수철(龍鬚鐵)처럼 튀거나 팽팽하게 버티는 힘.

14. 인간(人間)을 포함(包含)한 모든 것을 지배(支配)하는 초인간적(超人間的)인 힘.

앞으로의 존망(存亡)이나 생사(生死)에 관한 처지(處地).

15. 조수(潮水)와 간만(干滿)의 차에 의해 바닷물이 가장 꽉 차게 들어왔을 때의 밀물.

· 국악(國樂) 곡조(曲調)에서, 가장 느린 빠르기.

16. 정한 기한(期限)의 마지막 날.

18. 남의 마음에 들려고 비위(脾胃)를 맞추면서 알랑거림.

20. 여자가 다른 사람을 대하여, 자기 애인(愛人)이나 남편(男便)을 가리키는 말.

21. 개별적(個別的)인 여러 가지 것을 하나로 묶음.

22. 외형(外形)이 어린아이처럼 생긴 산삼(山蔘).

23.「평온(平穩)한 자리에서 일어나는 돌풍(突風)」뜻밖의 영향(影響)을 끼치거나 논란(論難)을 일으키는 현상(現想).

낙미지액(落眉之厄), 무망지화(毋望之禍)
일조지환(一朝之患), 졸지풍파(猝地風波)
지어지앙(池魚之殃), 청천벽력(靑天霹靂)
홀지풍파(忽地風波), 횡래지액(橫來之厄)
평지풍파(平地風波), 평지낙상(平地落傷)

24. 사람이 나아가고 물러서는 데에는 모두 때가 있음.

세 로 열 쇠

1. 「용(龍)이 도사리고 범이 웅크리고 앉았음」 산세(山勢)의 웅장(雄壯)함.

용반호거(龍盤虎踞), 호거용준(虎踞龍蹲)

2. 「꿈속에서 꿈 이야기를 함」 무엇을 말하는지 종잡을 수 없게 이야기함.

일장춘몽(一場春夢), 장주지몽(莊周之夢)

3. 매우 사랑하고 소중(所重)히 여기는 모양(模樣).

취공비집공휴(吹恐飛執恐虧)

취지공비 집지공함(吹之恐飛 執之恐陷)

4. 「읍(邑)마다 규칙(規則)이나 풍속(風俗)이 같지 않음」 사람마다 의견(意見)이 서로 같지 않음.

규칙(規則)이나 풍속(風俗)이 고을마다 다름.

9. 슬프거나 한스러운 감정(感情)을 고조(高調)하여 나타내는 말투. 또는 시(詩)나 글에서 그러한 감정(感情)을 표현(表現)하는 경향(傾向).

11. 공간적(空間的)으로 떨어져 있는 느낌.

· 사람과 사람 사이에 친숙(親熟)하지 못하여 서먹서먹한 느낌.

12. 좋은 기회(機會)를 타고 활약(活躍)하여 세상에 두각(頭角)을 나타내는 사람.

15. 모든 일이 잘되어 탈(頉)이 없고 평안(平安)함.

무사태평(無事泰平), 무사안일(無事安逸)

16. 「동풍(東風)이 말의 귀를 스쳐 감」 남의 말을 귀담아듣지 않고 지나쳐 흘려버림을 말함.

만사무심(萬事無心), 심부재언(心不在焉)

추풍과이(秋風過耳), 만사무심(萬事無心)

↔ 세이공청(洗耳恭聽)

17. 「하루가 삼 년 같음」 사랑하는 사람끼리의 사모(思慕)하는 마음의 간절(懇切)함이나, 뜻대로 만날 수 없는 초조(焦燥)함을 나타내는 말.

갈민대우(渴民待雨), 교족인령(翹足引領)

일각삼추(一刻三秋), 일일천추(一日千秋)

촌음약세(寸陰若歲), 학수고대(鶴首苦待)

19. 예전에, 죽은 뒤에 큰 죄(罪)가 드러난 사람을 다시 극형(極刑)에 처(處)하는 형벌(刑罰)로, 관(棺)을 쪼개어 시체(屍體)를 베거나 목을 잘라 거리에 걸던 일. 특히 연산군(燕山君) 때 성행(盛行)하여 김종직 · 송흠 · 한명회 · 정여창 · 남효온 · 성현 등이 이 형을 받았음.

굴묘편시(掘墓鞭屍), 부관릉지(剖棺凌遲)

부관참두(剖棺斬頭), 육시처참(戮屍處斬)

쉰여덟 번째

가 로 열 쇠

1.「자신을 스스로 해치고 버림」 절망(絶望) 상태(狀態)에 빠져 스스로 자신(自身)을 내버리고 돌보지 않음.

3. 생각이나 착상(着想)이 보통(普通) 사람은 쉽게 상상(想像)할 수 없을 정도(程度)로 엉뚱하고 기발(奇拔)함.

경천동지(驚天動地), 번천흔지(翻天掀地)
석파천경(石破天驚), 전건감곤(轉乾撼坤)

5. 동물(動物) 특히 물고기 따위가 태어난 곳에서 멀리 떨어져 성장(成長)한 후, 산란(産卵)을 위해 다시 그곳으로 되돌아오는 습성(習性).

모천회귀(母川回歸), 회귀본능(回歸本能)

6. 여러 사물(事物)의 각각(各各) 다른 질(質)이나 양(量)을 고르게 한 것.

7. 한꺼번에 몰아치는 비난(非難)이나 공격(攻擊).

입교(入教)하는 사람에게 모든 죄악(罪惡)을 씻는 표시(標示)로 베푸는 의식(儀式).

8. 일이 뜻대로 이루어져 만족(滿足)해하거나 자랑스러워함.

득의양양(得意揚揚), 득의만면(得意滿面)

10. 험한 산이나 높은 곳을 올라갈 목적(目的)으로 조직(組織)된 사람의 무리.

12. 농촌(農村)에서 농사일을 공동(共同)으로 하기 위하여 리나 마을 단위(單位)로 둔 조직(組織).

13. 사람의 마음에 일어나는 여러 가지 감정(感情).

· 글씨를 깨끗이 씀.

14. 내용(內容)의 대체적(大體的)인 줄거리나 요점(要點)을 간추려 뭉뚱그림.

15. 입법부(立法府), 행정부(行政府), 사법부(司法府)를 이르는 말.

· 백성(百姓)들에게 부과(賦課)하던 세 가지 세금(稅金). 조(租), 용(庸), 조(調)

16. 주어(主語)가 어떤 동작(動作)의 대상(對象)이 되어 그 작용(作用)을 받는 서술(敍述) 형식(形式). ↔ 능동태

18. 경제적(經濟的) 발전(發展)을 꾀하여 국외(國外)의 미개지(未開地)나, 또는 자국(自國)과 정치적(政治的) 종속(從屬) 관계(關係)에 있는 토지(土地)에 많은 국내인(國內人)을 보내어 살게 하는 일.

20. 의견(意見)이나 주장(主張) 등을 알리기 위하여 간결(簡潔)하게 표현(表現)한 짧은 어구(御溝). 슬로건(slogan)

21. 권리(權利)나 의무(義務), 신분(身分) 따위가 차별이 없이 고르고 한결같음.
↔ 차별(差別), 불평등(不平等)

22. 끊어지지 않고 오래도록 계속(繼續)되거나 유지(維持)되어 나가는 성질(性質). 이음성, 연속성(連續性)

23.「뽕나무와 삼나무를 벗 삼아 지냄」 권세(權勢)와 영달(榮達)의 길을 버리고 전원(田園)에 은거(隱居)하며 농부(農夫)와 친하게 지냄. 고반(考槃), 구맹(鷗盟)

암거혈처(巖居穴處), 암혈지사(巖穴之士)
강호산인(江湖散人), 산림처사(山林處士)
암혈지사(巖穴之士), 은거처사(隱居處士)

24. 보통(普通) 예술가곡(藝術歌曲)의 상대적(相對的)인 개념(槪念)으로 대중성(大衆性), 오락성(娛樂性), 통속성(通俗性), 상업(商業性)을 띤 노래.

세 로 열 쇠

1. 자기(自己)가 저지른 일의 결과(結果)를 스스로가 돌려받음.

자가당착(自家撞着), 자승자박(自繩自縛)
자작자수(自作自受), 다언삭궁(多言數窮)

2. 모든 사람에게 차별(差別) 없이 고르게 기회를 주는 일. 기회평등(機會平等)

3. 현재(現在) 사회(社會) 각 분야(分野)에서 활동(活動)하고 있는, 어느 정도(程度) 나이가 든 세대(世代).

4. 체면(體面)이 서도록 일부러 어떤 행동(行動)을 함.

낯닦음, 사랑치레, 이면치레, 체면치레

9. 백관(百官)을 통솔(統率)하고 서정(庶政)을 총리(總理) 하던 조선시대(朝鮮時代) 최고(最高)의 행정기관(行政機關). 도당(都堂), 황각(黃閣)이라고도 함.

11. 기계(機械)의 작동(作動) 방식(方式)에 절반(折半) 또는 일부(一部)가 사람이 일일이 조작(造作)하지 않아도 일정(一定) 방식으로 스스로 움직이는 것.

12. 주제문(主題文)이 문단(文段)이나 글의 앞부분에 오는 산문(散文) 구성(構成) 방식(方式).

15. 우주(宇宙) 안에 있는 온갖 사물(事物)과 현상(現象).

만휘군상(萬彙群象), 우주만물(宇宙萬物)

16. 「물과 물고기의 사귐」 임금과 신하(臣下), 부부(夫婦) 사이처럼 매우 친밀(親密)한 관계(關係).

군신수어(君臣水魚), 여어득수(如魚得水)
유어유수(猶魚有水), 어수지친(魚水之親)

17. 나라에 혼란(昏亂) 따위가 없어 백성(百姓)들이 편안(便安)히 지내는 시대(時代).

강구연월(康衢煙月), 개원지치(開元之治)
고복격양(鼓腹擊壤), 국태민안(國泰民安)
비옥가봉(比屋可封), 시화연풍(時和年豐)

19. 민중(民衆)이 한마음, 한뜻으로 즐겨 부를 수 있도록 작사(作詞)·작곡(作曲)된 노래.

쉰아홉 번째

가 로 열 쇠

1. 의지(意志)가 약(弱)하여 어려운 일을 단행(斷行)하지 못하거나 견디지 못함.

일을 단행할 결단성(決斷性)이 없음.

3. 시사적(示唆的)인 사건(事件)을 우스갯소리와 우스갯짓으로 표현(表現)하여 연출(演出)한 풍자적(諷刺的)인 연극(演劇).

배우지희(俳優之戲), 창우지희(倡優之戲)

5. 운반(運搬)이나 운수(運輸) 따위의 보수(報酬)로 받거나 주는 돈.

수송비(輸送費), 운송료(運送料)

6. 어떤 사물(事物)이나 현상(現象)을 그와 비슷한 다른 사물이나 현상에 빗대어 표현(表現)함.

· 식견(識見)이 좁고 비천(卑賤)한 유생(儒生).

· 식물(植物)이 자라는 데 필요한 양분(養分)이 많음.

7. 일정한 현상(現想)이 촉진(促進)되도록 충동(衝動)함.

· 자기력(磁氣力)이 가장 센, 자석(磁石)의 양쪽 끝부분.

8. 풀이나 나무, 어패류(魚貝類), 광물질(鑛物質) 따위를 캐거나 베거나 따거나 뜯거나 하여 얻음.

연구(硏究)나 조사(調査)를 통해 거두어서 취함.

10. 거두어 사들이는 값.

12. 말, 글, 노래, 춤 따위의 한 토막.

· 마음대로 즐김.

13. 얼마 되지 않음. 얼마 안 되게.

14. 어떤 사람이 편안(便安)하게 잘 지내고 있는지 그렇지 아니한지에 대한 소식(消息). 또는 인사로 그것을 전하거나 묻는 일. 안신(安身), 안후(安候), 평부(平否)

15. 더러운 점.

· 불명예(不名譽)스러운 흠(欠)이나 결점(缺點).

16. 지금(只今) 세대(世代)가 지난 다음의 세대.

18. 사물의 속이나 밑에 있는 깊은 층.

· 겉으로 드러나지 않은, 사물(事物)이나 사건(事件)의 내부(內部) 깊숙한 곳.

내면(內面)

20. 집터가 되는 땅.

생활의 근거지(根據地)가 되는 곳.

21. 「아무것도 없는 빈 곳」 시간(時間)과 함께 세계(世界)를 성립(成立)시키는 기본(基本) 형식(形式).

22. 차량(車輛)을 넣어 두거나 세워 놓는 곳.

23. 1837년에 발표(發表)된 안데르센의 동화(童話).

반인반어(半人半魚), 반인반수(半人半獸)

24. 「평지(平地)에 산이 우뚝 솟음」 변변치 않은 집안에서 태어나 제 혼자의 힘으로 출세(出世)함.

자수성가(自手成家), 자성일가(自成一家)

적수기가(赤手起家)

세 로 열 쇠

1. 손뼉을 치거나 소리를 질러 환영(歡迎)하거나 찬성(贊成)하는 일.

2. 떠가는 구름과 흐르는 물.

· 일의 처리(處理)가 자연(自然)스럽고 거침이 없음.

· 거침없이 일을 처리(處理)함.

· 마음씨가 시원시원함.

· 일정(一定)한 형태(形態)가 없이 늘 변하는 것.

3. 물건(物件)의 생산자(生産者) 가격(價格)에 이윤(利潤)이나 운임(運賃)이 더해진 가격.

4. 기쁨과 슬픔과 애처로움과 즐거움.

희비애환(喜悲哀歡), 희로애락(喜怒哀樂)

9. 무르고 약(弱)한 점.

허술하고 약(弱)하여 남에게 뒤떨어진 점.

아군(我軍)의 보복(報復) 전략(戰略) 무기(武器) 따위가 적(敵)의 선제공격(先制攻擊)으로 노출(露出)되거나 파괴(破壞)되기 쉬운 상태(狀態).

11. 물건(物件)을 사들이는 세력(勢力)이나 기세(氣勢).

12. 자기(自己) 자신(自身) 또는 자기와 관련(關聯)된 것에 대하여 스스로 그 가치(價値)나 능력(能力)을 믿고 당당(堂堂)히 여기는 마음.

긍지(矜持), 자신(自信),

프라이드(pride)

15. 온라인에 상대(相對)하여 인터넷과 같은 가상(假想) 공간(空間)이 아닌 실재(實在)하는 공간(空間).

16. 한편으로 싸우면서 또 한편으로는 달아남.

17. 하는 일이나 행동(行動)이 아주 공정(公正)하고 떳떳함.

공명정대(公明正大), 광명정대(光明正大)

공평무사(公平無私), 대공지정(大公至正)

심지광명(心地光明), 아심여칭(我心如秤)

정정당당(正正堂堂), 지공무사(至公無私)

천무불부(天無不覆), 행불유경(行不由徑)

19. 일이 여러 가지로 겹쳐서 자꾸 일어남.

고목봉추(枯木逢秋), 병상첨병(病上添病)

설상가상(雪上加霜), 설상가설(雪上加雪)

전호후랑(前虎後狼), 낭전호후(狼前虎後)

화불단행(禍不單行)

예순 번째 문제

가 로 열 쇠

1. 「등잔 밑이 어둡다」 가까이 있는 것이나, 가까이에서 일어나는 일을 도리어 잘 모를 수 있다는 속담(俗談).

암어자견(闇於自見)

3. 조선(朝鮮) 명종(明宗) 때, 토정(土亭) 이지함(李之菡)이 지은 일종(一種)의 예언서(豫言書)로, '주역(周易)'의 음양설(陰陽說)에 근거(根據)하여 1년의 신수(身手)를 보는 것.

5. 코안의 신경(神經)이 자극(刺戟)을 받아 갑자기 코로 숨을 내뿜는 일.

분체(噴嚔)

6. 가장 빠르고 쉬운 방법(方法).

첩로(捷路), 지름길

7. 어떤 행위(行爲)에 대해 옳고 그름, 선(善)과 악(惡)을 구별(區別)하는 도덕적(道德的) 의식(儀式)이나 마음씨.

· 겉 다르고 속 다른 마음.

8. 서로 뜻이 맞거나 사이좋게 지냄.

서로 종류(種類)가 다른 물질(物質)이 화합(化合)함. 또는 그 현상(現象).

10. 다리의 윤곽(輪廓)을 나타내는 선(線)에서 느껴지는 아름다움.

12. 사람이나 동물(動物)을 정신적(精神的)으로나 육체적(肉體的)으로 괴롭히고 가혹(苛酷)하게 대함. 학우(虐遇)

· 조선시대(朝鮮時代), 문관(文官)이 허리에 띠던, 학을 수놓은 허리띠.

13. 방해(妨害)되는 사람을 죽이거나 축출(逐出)하는 것.

· 황제(皇帝)가 거처하는 곳.

14. 기술(技術)이나 능력(能力) 등이 여럿 가운데서 특히 빼어남.

· 전쟁(戰爭)하기 위하여 군사(軍士)를 일으킴.

15. 성실(誠實)하지 않음.

• 어떤 일을 이루지 못함.

16. 정부(政府)의 조직(組織) 내에서 그 일을 맡아 처리(處理)하는 자리에 있는 사람.

18. 특정(特定)한 가게나 거래처(去來處)를 정해 놓고 늘 찾아오거나 거래하는 사람. 주고객(主顧客)

20. 「고래처럼 커다란 물결」 바다에 이는 큰 파도(波濤)를 비유적으로 하는 말.

21. 뜻깊은 일이나 사건(事件), 훌륭한 인물(人物) 등을 오래도록 잊지 않고 마음에 되새김.

22. 오래되어 낙후(落後)된 건축물(建築物)이나 불법(不法)으로 지어진 건축물 따위를 헐고 그 자리에 새로 지음.

23. 아무리 오랜 세월이 흘러도 변하거나 사라지지 않음.

만세불후(萬世不朽), 만고불역(萬古不易)
여산대하(礪山帶河), 영구불변(永久不變)
영원무궁(永遠無窮), 진미래제(盡未來際)

24. 「개와 토끼의 다툼」 양자(兩者)의 싸움에서 제삼자(第三者)가 이익(利益)을 봄.

양패구상(兩敗俱傷), 방휼지쟁(蚌鷸之爭)
변장자호(卞莊刺虎), 어부지리(漁父之利)
어인득리(漁人得利), 전부지공(田父之功)
휼방상쟁(鷸蚌相爭)

세 로 열 쇠

1. 「등불을 가까이할 수 있음」 가을밤은 시원하고 상쾌(爽快)하여 등불을 가까이하고 글 읽기에 좋다는 말.

신량등화(新凉燈火)

2. 「목숨이 아주 짧은 시간(時間)에 달려 있음」 숨이 곧 끊어질 지경(地境)임.

명재단석(命在旦夕), 명재조석(命在朝夕)
인명재각(人命在刻), 절체절명(絶體絶命)

3. 「기염을 토하며 눈썹을 추켜세움」 득의만만(得意滿滿)한 모습을 이르는 말.

지고기양(趾高氣揚), 안어양양(晏御揚揚)
↔ 수두상기(垂頭喪氣), 저수하심(低首下心)

4. 죽기를 각오(覺悟)하고 있는 힘을 다해 반대함.

결사항전(決死抗戰), 저사위한(抵死爲限)
한사결단(限死決斷)

9. 남의 입에 오르내릴 이야깃거리가 될 만한 성질(性質).

11. 다른 나라보다 문물(文物)의 발전(發展)이 앞선 나라. 전진국(前進國)
↔ 개발도상국(開發途上國), 후진국(後進國)

12. 대학생(大學生)에게 군사(軍事) 교육(敎育)과 훈련(訓練)을 시켜 졸업(卒業) 후 장교(將校)로 임명(任命)하는 예비(豫備) 장교 훈련 제도(制度).

학생 군사훈련단, ROTC, RT

15. 마음에 들지 않아 못마땅하며 마음에 차지 않음.

불평지명(不平之鳴), 불령지도(不逞之徒)

16. 「사마귀가 참새가 뒤에 있는 것은 알지 못하고 매미를 잡을 욕심(慾心)에 구멍으로 들어감」 현재(懸在)의 이익(利益)만을 탐하여 그 뒤의 위험(危險)을 알지 못함.

노규어사(鷺窺魚事), 분수이전(焚藪而畋)
살계취란(殺鷄取卵), 황작사선(黃雀伺蟬)
당랑규선(螳螂窺蟬), 당랑박선(螳螂搏蟬)

17. 자기(自己)도 모르고 있던 자기의 능력(能力) 따위를 찾아내는 일.

19. 가까운 혈족(血族)끼리 서로 경쟁(競爭)하고 다툼.

골육상잔(骨肉相殘), 골육상식(骨肉相食)
동족상잔(同族相殘), 형제혁장(兄弟鬩墻)

예순한 번째

가 로 열 쇠

1. 필요(必要)한 것이 모두 갖추어져 아무런 결점(缺點)이나 부족(不足)한 것이 없음.

완전무흠(完全無欠), 십전(十全)

3. 젊은 남녀(男女)들이 좋아하거나 인기(人氣)를 얻고 있는 젊은 연예인(演藝人)이나 운동선수(運動選手).

5. 사회(社會)의 모습이나 실태(實態).

6. 정도(程度)나 수준(水尊)이 나아지거나 높아짐.

역사(歷史) 발전(發展)의 합법칙성(合法則性)에 따라 사회(社會)의 변화(變化), 발전을 추구(推究)함.

7. 부주의(不注意)나 태만(怠慢) 따위에서 비롯된 잘못이나 허물.

· 식물(植物)이 수정(受精)한 후 씨방이 자라서 된 것.

8. 두 팔을 벌려 안을 때 생기는 공간(空間).

10. 미국(美國)에서, 외교정책(外交政策)을 담당(擔當)하는 연방(聯邦) 행정기관(行政機關).

12. 모퉁이 진 곳의 안쪽.

· 마음의 한 부분(部分)이나 사물(事物)의 한 군데.

13. 몸의 근육(筋肉)과 뼈마디.

14. 줄기를 잘라낸 나무의 밑동. 그루터기

15. 조선시대(朝鮮時代)에, 지방(地方) 관아(官衙)에서 육방(六房)의 구실아치를 교체(交替)하던 일.

16. 암수의 생식(生殖) 세포(細胞)가 하나로 합쳐져 접합자(接合子)가 된 날짜.

18. 옛 형구(刑具)인 차꼬와 수갑(手匣).

· 몹시 속박(束縛)하여 자유(自由)를 가질 수 없는 고통(苦痛)스러운 상태(狀態).

20. 어떤 기관(機關)에서 주요(主要)한 일을 하는 데 필요(必要)한 인원(人員).

· 아득히 멂.

21. 어떤 일을 해낼 수 있는 능력(能力)이나 재능(才能). 힘

22. 부산(釜山)의 남동쪽에 자리한 만(灣).

23. 「열 중 여덟이나 아홉」 거의 예외(例外) 없이 그러리라는 추측(推測)을 나타내는 말. 십상팔구(十常八九)

24. 「대나무를 쪼개는 기세」 세력(勢力)이 강대(强大)하여 대적(對敵)을 거침없이 물리치고 쳐들어가는 기세(氣勢).

건령지세(建瓴之勢), 결하지세(決河之勢)
기세난당(氣勢難當), 노말지세(弩末之勢)
단할지세(斷割之勢), 도천지세(滔天之勢)
분왕매진(奮往邁進), 사기왕성(士氣旺盛)
사기충천(士氣衝天), 승승장구(乘勝長驅)
신호지세(晨虎之勢), 의기충천(意氣衝天)
일기가성(一氣呵成), 일비충천(一飛沖天)
진불가당(進不可當), 세여파죽(勢如破竹)

세 로 열 쇠

1. 건강상(健康上) 필요(必要)로 하는 영양소(營養素)를 대부분(大部分) 갖춘 단독(單獨) 식품(食品).

2. 죽기를 각오(覺悟)하고 있는 힘을 다해 나라의 은혜(恩惠)에 보답(報答)함.

갈충보국(竭忠報國), 진충보국(盡忠報國)
견위수명(見危授命), 일사보국(一死報國)

3. 나이가 젊어서 남편(男便)을 여읜 여자. 동뢰연과부(同牢宴寡婦)

백주지조(栢舟之操), 청상과수(靑孀寡守)
청춘과부(靑春寡婦)

4. 「다른 산의 돌」 남의 산에서 나는 거칠고 나쁜 돌이라도 숫돌로 쓰면 자기(自己)의 옥을 갈 수가 있으므로, 다른 사람의 하찮은 언행(言行), 허물, 실패(失敗)까지도 자신(自身)을 수양(修養)하는데 도움이 됨을 이르는 말.

공옥이석(攻玉以石), 반면교사(反面敎師)
습비승시(習非勝是), 이인위감(以人爲鑑)
이인투어(以蚓投魚), 이장격단(以長擊短)
일호천금(一壺千金), 죽두목설(竹頭木屑)

9. 나지막한 소리로 가만가만히 하는 이야기.

무엇이 스치면서 가만히 내는 소리.

11. 얼마든지, 어떻게 하리라고 미리 정한 것이 없이.

다짜고짜, 무턱대고, 무조건(無條件)

12. 먹을 것 등을 거저 달라고 하는 짓.

15. 둘 이상(以上)의 사람이나 집단(集團)이 짝이 되어 협력(協力)하는 관계.

동반자관계(同伴者關係)

16. 「누구를 원망(怨望)하고 누구를 탓하겠냐?」 남을 원망(怨望)하거나 탓할 것이 없음.

유아이사(由我而死), 유아지탄(由我之歎)
육사자책(六事自責), 이리복검(李离伏劍)
인과자책(引過自責), 자책내송(自責內訟)
백인유아이사(伯仁由我而死)

17. 「하나의 물결이 연쇄적(連鎖的)으로 많은 물결을 일으킴」 한 사건(事件)이 그 사건에 그치지 않고 잇따라 많은 사건으로 번짐.

일파자동만파수(一波自動萬波隨)

19. 「학문(學問)을 굽히어 세상(世上)에 아첨(阿諂)함」 바르지 않은 학문(學問)으로 세속(世俗)의 인기(人氣)에 영합(迎合)하려 애씀.

곡의봉영(曲意逢迎), 아유구용(阿諛苟容)
어용학자(御用學者), 천착지학(穿鑿之學)
아세곡학(阿世曲學)

1			2	■	3			4
	■	■	5			■	■	
	■	6		■	7		■	
8	9	■	10	11		■	12	
■	13		■		■	14		■
15		■	16		17	■	18	19
	■	20		■	21		■	
	■	■	22			■	■	
23				■	24			

예순두 번째

가 로 열 쇠

1. 아무 생각 없이 오직 책 읽기에만 골몰(汨沒)하고 있는 상태(狀態). 한곳에 정신(精神)을 집중(集中)하는 것.

삼매경(三昧境), 독서삼도(讀書三到)

독서망양(讀書亡羊), 협책독서(挾策讀書)

3. 앞 세대(世代)의 사람들이 물려준, 후대(後代)에 계승(繼承)되고 상속(相續)될 만한 가치(價値)를 지닌 문화적(文化的) 전통(傳統).

5. 점막(粘膜)에서 점액(粘液)을 분비(分泌)하는 외분비선(外分泌腺).

6. 손해(損害)를 무릅쓰고서 싼값에 상품(商品)을 마구 팔아버림.

덤핑(dumping), 막 넘기기

7. 같은 왕가(王家)에 속하는 왕들의 계열(系列).

8. 평화(平和) 유지(維持)와 인류(人類) 공영(共榮)을 위해, 전쟁(戰爭)을 수행(修行)하기 위하여 갖춘 군사시설(軍事施設)이나 장비(裝備)의 규모(規模)를 줄이는 것.

군비축소(軍備縮小) ↔ 군확(軍擴)

10. 깬 돌이나 모난 돌을 사용(使用)하거나 깬 돌과 판 돌을 섞어서 네 벽을 쌓아 만든 무덤.

돌널무덤, 석곽분(石槨墳), 석상분(石箱墳), 돌덧널무덤

12. 남들 대하기에 번듯한 도리(道理).

낯, 체면(體面)

13. 사물(事物)의 내용(內容)이나 속뜻을 깊이 새기고 감상함.

시가(詩歌)를 읊조리며 그 맛을 감상(感想)함.

14. 예수가 인류(人類)의 죄(罪)를 대신(代身)하여 십자가(十字架)에 못 박혀서 죽음으로서 대속(代贖)한 행위(行爲).

15. 날마다 자신이 겪은 일이나 생각, 느낌 등을 사실(事實)대로 적은 기록(記錄).

· 그날그날의 비, 구름, 바람, 기온(氣溫) 따위가 나타나는 기상(氣象) 상태(狀態).

16. 뜻밖의 아주 급한 일이 생겼을 때.

18. 한번 가진 마음이나 신념(信念)이 흔들리지 않음.

20. 옳고 그름을 상대방(相對方)에게 기탄(忌憚)없이 바로 말함.

21. 초자연적(超自然的)인 절대자(絶對者)의 힘에 의존(依存)하여 인간(人間) 생활(生活)의 고뇌를 해결(解決)하고 삶의 궁극적(窮極的) 의미(意味)를 추구(追究)하는 문화(文化) 체계(體系).

22. 의료보험(醫療保險)이 적용(適用)되지 않아서 피보험자(被保險者)가 모두 부담(負擔)해야 하는 의료비(醫療費).

23. 「수레바퀴 자국에 괸 물에 있는 붕어」 매우 위급(危急)한 경우(境遇)에 처한 사람을 이름.

고어지사(枯魚之肆), 구사불첨(救死不瞻)

부중지어(釜中之魚), 불면정조(不免鼎俎)

어유부중(魚遊釜中), 조상지어(俎上之魚)
조상지육(俎上之肉), 학철부어(涸轍鮒魚)

24. 내용(內容)이 복잡(複雜)하거나 길어서 한마디로 다 말하기 어려움.

세 로 열 쇠

1. 「혼자서는 장군(將軍)을 하지 못함」 남의 의견(意見)을 무시(無視)하고 혼자 모든 일을 처리(處理)하는 사람.

안하무인(眼下無人), 고장난명(孤掌難鳴)
보거상의(輔車相依), 순망치한(脣亡齒寒)
조지양익(鳥之兩翼)

2. 물건값이 오를 것을 예상(豫想)하고 물건(物件)을 많이 사두었다가 값이 오른 뒤 아껴서 팖. 사재기.

무곡상인(貿穀商人), 공황구매(恐慌購買)

3. 공자(孔子)의 위패(位牌)를 모신 사당(祀堂). 문묘(文廟).

4. 산과 내와 풀과 나무라는 뜻으로, '자연'을 이르는 말.

9. 1877년 에디슨이 발명(發明)한 것으로, 레코드에 녹음(錄音)한 소리를 재생(再生)하는 장치(裝置). 유성기(留聲機)

11. 비행장(飛行場)에서 항공기(航空機)의, 해양(海洋) 관제탑(管制塔)에서 선박(船舶)의 움직임을 관리(管理)하고 통제(統制)하는 일을 하는 사람.

12. 중세(中世) 로마 가톨릭교회(教會)에서, 죄(罪)를 면(免)하는 대가(對價)로 금품(金品)을 받고 발행(發行)한 증명서(證明書).

15. 「한 나무에서 백 배를 수확(收穫)함」 유능(有能)한 인재(人才) 한 명을 길러 내면 여러 가지 이익(利益)이 있음.

16. 아무 근거(根據) 없이 널리 퍼진 소문(所聞).

세평(世評), 풍설(風說), 풍문(風聞)
가설항담(街說巷談), 가담항설(街談巷說)
가담항어(街談巷語), 가담항의(街談巷議)
도청도설(道聽塗說), 무근지설(無根之說)
부언낭설(浮言浪說), 부언유설(浮言流說)
부허지설(浮虛之說), 주작부언(做作浮言)

17. 처음부터 끝까지 한결같음.

다반향초(茶半香初), 수미일관(首尾一貫)
시종일관(始終一貫), 초지일관(初志一貫)
여출일구(如出一口), 일이관지(一以貫之)

19. 「얼어붙은 얼음과 차가운 눈」 매서운 추위를 말함.

혹한기(酷寒期), 동장군(冬將軍)
북풍한설(北風寒雪), 삼동설한(三冬雪寒)
엄동설한(嚴冬雪寒), 융동설한(隆冬雪寒)

1			2	■	3			4
	■	■	5			■	■	
	■	6		■	7		■	
8	9	■	10	11		■	12	
■	13		■		■	14		■
15		■	16		17	■	18	19
	■	20		■	21		■	
	■	■	22			■	■	
23				■	24			

예순세 번째

가 로 열 쇠

1. 「굽음과 곧음을 묻지 않음」 옳고 그름을 따지지 않음.

· 잘잘못을 묻지 않고 함부로 행함.

곡직불문(曲直不問), 불문곡절(不問曲折)

3. 하나의 나뭇잎 같은 작은 배.

일엽편주(一葉片舟)

5. 거미가 몸에서 실 같은 줄을 뽑아서 공중(空中)에 그물 모양(模樣)으로 얽어서 쳐놓은 것.

6. 사물(事物)의 가장 중심(中心)이 되는 부분(部分).

골자(骨子), 요체(要諦), 급소(急所)

7. 남의 영역(領域)이나 영토(領土).

· 어떤 사물에 관한 생각을 말이나 소리로 자꾸 되풀이하는 일.

· 일의 형편(形便)이나 상태(狀態).

· 국악(國樂) 곡조(曲調)의 하나.

8. 선천적(先天的)으로 타고난, 남보다 훨씬 뛰어난 재주.

· 가뭄이나 지진(地震), 홍수(洪水) 따위와 같이 자연현상(自然現象)으로 일어나는 재난(災難).

10. 기업체(企業體)와 사업체(事業體)의 운영(運營)을 맡아서 하는 사람들의 조직(組織).

12. 조용히 정신(精神)을 모아서 깊이 생각함.

· 물에 섞인 찌꺼기가 가라앉음.

13. 어떤 일을 사실인 듯이 꾸며 만듦.

왜곡(歪曲)

· 진짜를 본떠서 가짜를 만듦.

14. 서로 병력(兵力)을 가지고 전쟁(戰爭) 함. 접전(接戰)

15. 여럿 가운데, 어떤 것을 가려서 뽑음.

· 새로 등극(登極)한 임금 혹은, 새로 부임(赴任)한 관찰사(觀察使)나 수령(守令)이 집무(執務)를 시작(始作)하는 일.

16. 다른 나라나 민족(民族)에 의해 종속(從屬) 관계(關係)에 놓이게 됨.

18. 일정(一定)하게 쓸 만한 값어치가 있는 물건(物件).

20. 아래위가 잇달린 고대 그리스의 옷.

21. 발바닥이 안쪽으로 활처럼 휜 것.

장심(掌心)

22. 목숨이 위험(危險)할 정도(程度)의 큰 상처(傷處).

23. 돌이나 벽돌을 쌓아 만든 사각뿔의 건조물(建造物).

24. 필요(必要) 이상(以上)으로 듣기 싫게 자꾸 꾸짖거나 참견(參見)을 많이 하는 사람.

세 로 열 쇠

1.「하늘을 같이 이지 못함」이 세상(世上)에서 같이 살 수 없을 만큼 큰 원한(怨恨)을 가짐.

대천지수(戴天之讐), 빙탄지간(氷炭之間)
견묘지간(犬猫之間), 무수지수(貿首之讐)
수화상극(水火相剋), 욕식기육(欲食其肉)

2. 현존(現存)하는 세계(世界) 최초(最初)의 금속(金屬) 활자본(活字本).

직지심체요절(直指心體要節)

3.「한 번 그물을 쳐서 고기를 다 잡음」어떤 무리를 한꺼번에 모조리 잡음.

4.「사(私)보다 공(公)을 앞세움」공적(公的)인 일을 먼저하고 사사(私事)로운 일은 나중에 함을 이르는 말.

지공무사(至公無私), 가공영사(假公營私)
견위수명(見危授命), 국궁진췌(鞠躬盡瘁)
대의멸친(大義滅親)

9. 일정(一定)한 기준(基準)이나 실정(實情)에 맞도록 다시 조절(調節)하여 정돈(整頓)함.

11. 영양가(營養價)가 높은 음식(飮食)이나 식사(食事).

12. 액체(液體)에 잘 용해(溶解)되지 않고 바닥에 가라앉은 물질(物質).

15.「풀뿌리와 나무껍질」곡식(穀食)이 없어 산나물 따위로 만든 험한 음식(飮食)으로, 영양가(營養價)가 적은 악식(惡食)이나, 한약(韓藥)의 재료(材料)가 되는 물건(物件).

박주산채(薄酒山菜), 단사표음(簞食瓢飮)
단사두갱(簞食豆羹), 단표누항(簞瓢陋巷)

16. 식물(植物)이 병원균(病原菌), 해충(害蟲), 곰팡이 따위에 저항(抵抗)하려고 분비(分泌)하는 물질(物質).

17. 같은 겨레끼리 서로 싸우고 해침.

동족상잔(同族相殘), 골육상잔(骨肉相殘)
형제혁장(兄弟鬩墻), 동족상쟁(同族相爭)

19. 품삯을 받고 남의 일을 하며 사는 사람.

예순네 번째

가 로 열 쇠

1. 「지초(芝草)와 난초(蘭草)의 사귐」 벗 사이의 높고 맑은 사귐을 말함.

금란지교(金蘭之交), 담수지교(淡水之交)

교칠지교(膠漆之交), 수어지교(水魚之交)

단금지교(斷金之交)

3. 「자기(自己)가 그린 그림을 스스로 칭찬(稱讚)함」 자기가 한 일에 대해서 자기 스스로 칭찬함.

모수자천(毛遂自薦), 자칭천자(自稱天子)

5. 화물차(貨物車) 한 대 분량(分量)의 상품(商品)을 한꺼번에 사들이는 일. 또는 그렇게 하기 위한 흥정(興定).

6. 교사(教師)가 수업(授業)할 때 필요(必要)한 사항(事項)을 가리키기 위하여 사용(使用)하는 가는 막대기.

7. 빛이 반사(反射)하여 비침.

· 거의 죽게 됨. 또는 그런 상태(狀態).

· 똑같은 말을 되풀이함. 또는 그 말.

8. 어떤 대상(對象)에 몹시 끌리거나 정(情)이 들어서 그 대상을 지극히 아끼고 사랑함. 애염(愛染)

사랑하여 집착함. 애집(愛執)

10. 여럿을 모아 하나의 체계(體系)를 이루어 종합(綜合)함.

12. 일 따위가 갈피를 잡을 수가 없게 뒤섞여 어지러움.

정신(精神)이 흐리고 어지러움. 효란(淆亂)

13. 국가(國家)나 정부(政府), 제도(制度), 기구(機構), 단체(團體) 따위를 이룩하여 세움.

14. 어떤 일이나 사물(事物)의 처리(處理)를 남에게 부탁(付託)하여 맡김.

15. 녹을 막거나 표면(表面)을 장식(裝飾), 강화(强化)하기 위하여 금속(金屬)이나 비금속의 표면에 금(金), 은(銀), 니켈 등의 얇은 막을 입히는 것.

16. 하루에 천 리를 달릴 수 있는 아주 빠르고 좋은 말.

천리총(千里驄), 천리구(千里駒)

18. 슬픔이나 걱정 따위로 속을 썩임.

• 이익(利益)을 추구(追究)하는 상인(商人)의 정신(精神).

• 몹시 놀라거나 혼이 나서 얼이 빠짐.

20. 사회(社會)의 타락(墮落)하거나 부패(腐敗)한 부분(傅粉).

병(病)이나 상처(傷處)가 난 자리.

21. 사물이나 현상(現狀)의 이치(理致)를 논리적(論理的)으로 일반화(一般化)한 체계(體系).

22. 서울의 대표적(代表的)인 문화(文化), 관광(觀光), 쇼핑의 명소(名所)로, 서울 중구(中區)에 있는 동(洞).

23. 국제법(國際法)에서, 외국(外國) 원수(元首)나 외교(外交) 사절(使節)에게 인정(認定)되는 외교 특권(特權)의 하나로, 신체(身體), 명예(名譽), 문서(文書), 주거(住

居) 등에 대하여 간섭(干涉)받지 않을 권리(權利).

24. 「바람에 날려 우박(雨雹)이 흩어짐」 산산(散散)이 부서져 사방(四方)으로 날아가거나 흩어짐.

분붕이석(分崩離析), 어궤조산(魚潰鳥散)

운산조몰(雲散鳥沒), 천창만공(千瘡萬孔)

세 로 열 쇠

1. 「어미 소가 송아지를 핥는 정(情)」 자식(子息)에 대한 어버이의 지극(至極)한 정.

연독지정(吮犢之情), 지독지련(舐犢之憐)

지독지정(舐犢之情), 노우지독(老牛舐犢)

2. 같은 시간(時間), 같은 장소(場所)에서 벌어지는 인물(人物)의 극적(劇的) 관계(關係)나 극적 정황(情況)의 장면(場面)을 급격(急激)하게 번갈아 가며 보여 주는 편집(編輯) 방법(方法).

3. 자기(自己)의 언행(言行)에 대해 스스로 돌이켜 봄.

개과자신(改過自新), 반구저기(反求諸己)

삼성오신(三省吾身), 폐문사과(閉門思過)

4. 찬성(贊成)과 반대(反對)로 나뉘어 서로 다른 주장(主張)을 내며 다툼.

찬반논쟁(贊反論爭), 찬반양론(贊反兩論)

9. 어떤 일을 시작할 때 먼저 내는 돈.

11. 길쭉한 事物의 앞부분이나 꼭대기.

12. 정치(政治)나 사회(社會) 현상(現狀) 따위가 깨끗하지 못하고 어지러운 狀態.

15. 실천(實踐)할 생각이나 능력(能力)이 없이 떠들어 대는 주장(主張)이나 선전(宣傳).

공염불(空念佛), 구두선(口頭禪)

구두삼매(口頭三昧), 공언무시(空言無施

16. 국가 및 법률(法律)에 앞서서, 사람이 태어나면서부터 저절로 가지고 있는 권리(權利). 자연권(自然權)

17. 「말의 귀에 바람이 불어도 말은 아랑곳하지 않음」 남의 말에 귀 기울이지 않고 그냥 지나쳐 흘려버림.

풍과이(風過耳), 우이독경(牛耳讀經)

우이송경(牛耳誦經), 대우탄금(對牛彈琴)

추풍과이(秋風過耳)

동풍사마이(東風射馬耳)

동풍취마이(東風吹馬耳)

19. 「혼백(魂魄)이 四方으로 흩어진다」 매우 놀라거나 혼이 나서 넋을 잃음.

혼불부신(魂不附身), 혼비중천(魂飛中天)

망무두서(茫無頭緖), 상혼낙담(喪魂落膽)

어언황홀(於焉恍惚), 천탈기백(天奪其魄)

예순다섯 번째

가 로 열 쇠

1. 「날이 개면 논밭을 갈고, 비가 오면 글을 읽음」 부지런히 일하고 工夫함.

주경야독(晝耕夜讀), 주경야송(晝耕夜誦)

형창설안(螢窓雪案)

3. 세상일의 변화(變化)가 심하여 예측(豫測)하기 어려움.

변화난측(變化難測), 인심난측(人心難測)

5. 조선시대(朝鮮時代), 일품(一品)의 벼슬아치가 허리에 두르던 띠.

6. 윗도리에 입는 홑옷. 단삼(丹衫)

7. 서로 주고받음.

· 서로 뒤섞이어 흐름.

· 여러 분야(分野)에서 이룩된 문화(文化)나 사상(思想) 따위가 서로 통하여 주고받음.

8. 1992년생. BTS의 맏형. '진'으로 활동(活動)하며 눈 뜨고 오래 버티기(?)가 장기(長技)라고 함.

10. 둘 사이에서 어떤 일을 맺어 주는 것. 매개물(媒介物), 매체(媒體)

12. 물속에 잠겨 보이지 않는 바위나 산호(珊瑚).

· 어떤 일을 하는 데 보이지 않는 장애(障礙).

13. 사람이나 동물(動物)의 몸 안에 들어온 항원(抗原)에 대하여 항체(抗體)가 만들어져서 같은 항원이 침입(侵入)하여도 두 번 다시 발병(發病)하지 않도록 저항력(抵抗力)을 가지는 일.

조선시대(朝鮮時代), 특별(特別)한 사정(事情)이 있는 사람에게 군역(軍役)이나 부역(負役)을 면제(免除)하는 일.

14. 사물을 헤아리고 판단(判斷)하는 작용(作用).

어떤 사람이나 일 따위에 대한 기억(記憶).

어떤 일을 하고 싶어 하거나 관심(關心)을 가짐.

15. 죽은 이의 신원(身元) 따위를 새겨 무덤 앞에 세우는, 나무로 만든 비(碑).

· 어떤 일이나 살림을 하면서 들어가는 돈의 용도(用度)를 목적(目的)에 따라 나눈 항목(項目).

16. 헐거나 고장(故障) 난 것을 고치는 직공(職工).

18. 서로 간에 마음이나 뜻을 모아 화목(和睦)하게 잘 어울림.

동화(同化), 융합(融合), 융화(融和)

20. 임금의 밥을 짓는 쌀.

· 어간(語幹)에 붙어 그 쓰임에 따라 다양(多樣)하게 활용(活用)되는 부분(部分).

· 자식(子息)이 있는 남자가 웃어른에게 자기의 아내를 낮추어 이르는 말.

21. 어떤 문제(問題)에 대한 하나의 논리적(論理的) 판단(判斷)과 주장(主張)을 언어(言語), 기호(記號)로 표시(標示)한 것.

· 詩文 따위의 초안(草案)을 잡음.

22. 그 이상(以上) 올라갈 수 없는 위쪽의 한계선(限界線).

23. 군대(軍隊)나 직장(職場)에서, 자기(自己)가 속한 부서(部署)에서 자신(自身)을 직접(直接) 지휘(指揮)하고 관여(關與)하는 상급자(上級者).

24. 남의 나라 영토(嶺土)에 거주(居住)하는 민족(民族)끼리 조직(組織)한 자치단체(自治團體).

세 로 열 쇠

1. 「맑고 부드러운 바람이 드는 자리」 살기 좋은 곳이나 좋은 時節을 말함.

길일양신(吉日良辰), 시화연풍(時和年豊)

2. 오직 책(冊)을 읽는 데만 골몰(汨沒)하여 아무런 잡념(雜念)이 일어나지 않는 상태(狀態). 한곳에 정신(精神)을 집중(集中)하는 것.

독서삼도(讀書三到), 삼매경(三昧境)

3. 구세대(舊世代)를 대신(代身)하여 신세대(新世代)가 어떤 일의 주역(主役)으로 교대(交代)하는 것.

4. 지역(地域)이나 지형(地形)을 재는 작업(作業)을 위한 기초(基礎) 자료(資料).

9. 본디 그대로의 참된 모습이나 내용(內容).

11. 총(銃)의 아랫부분으로 흔히 나무나 플라스틱으로 만들며 사격(射擊)할 때 어깨에 받치는 부분(部分).

12. 바위의 면을 칠하거나 쪼아서 새긴 그림.

15. 근로 방식(勤勞方式), 근로 時間, 고용(雇傭)의 지속성(持續性) 등에서 정식(正式)으로 채용(採用)되지 않은 직업(職業).

16. 머리와 꼬리, 처음과 끝이 서로 통함.

수미상응(首尾相應), 초지일관(初志一貫)
시종일관(始終一貫), 시종여일(始終如一)
일이관지(一以貫之), 일관지도(一貫之道)

17. 공정(公正)하고 깨끗하게 치러진 선거(選擧).

19. 사람을 교묘(巧妙)하게 농락(籠絡)하는 수단(手段).

예순여섯 번째

가 로 열 쇠

1. 은혜(恩惠)를 입은 고마움이 뼈에 깊이 새겨져 잊히지 않음.

각골명심(刻骨銘心), 각골천은(刻骨天恩)
각루심골(刻鏤心骨), 결초보은(結草報恩)
난망지은(難忘之恩), 매반불망(每飯不忘)
명기누골(銘期鏤骨), 명심불망(銘心不忘)
백골난망(白骨難忘), 심입심비(沁入心脾)
조간각신(雕肝刻腎)

3. 「말에 농담(弄談)이 반(半) 진담(珍談)이 반 섞여 있음」어떤 말이 거짓일 수도 진실(眞實)일 수도 있을 때를 이르는 말.

5. 뿌리가 다른 나뭇가지가 서로 엉켜 마치 한 나무처럼 자라는 현상(現想)으로, 남녀 사이 혹은 부부애(夫婦愛)가 진한 것과 예전에는 효성(孝誠)이 지극한 부모(父母)와 자식(子息)을 비유(比喩)하기도 함.

비익조(比翼鳥), 비익연리(比翼連理)
경전서후(耕前鋤後), 금슬상화(琴瑟相和)
금슬지락(琴瑟之樂), 백년해로(百年偕老)
사즉동혈(死則同穴), 해로동혈(偕老同穴)
↔ 금슬부조(琴瑟不調)

6. 말이나 특정(特定)한 내용(內容)에서 핵심(核心)을 차지하는 중요(重要)한 부분(部分). 고갱이, 골갱이, 뼈

7. 사람이 어디로 가거나 다니거나 하는 움직임의 상태(狀態).

8. 가설(假設)이나 사실(事實), 이론(理論) 등을 검사(檢事)하여 참과 거짓을 증명(證明)함. 실증(實證)

10. 일이나 사건(事件)을 풀어나갈 수 있는 계기(契機).

감았거나 헝클어진 실의 첫머리.

12. 사물(事物)의 의의(意義)나 가치(價値)를 가볍게 여기거나 인정(認定)하지 않음.

어떤 대상(對象)을 업신여겨 깔봄.

13. 위험(危險)이나 곤란(困難) 등이 미치지 않도록 잘 지키고 보살핌.

14. 유별(有別)나거나 엉뚱하여 재치 있는 말이나 행동(行動). 또는 그런 사람.

매우 뛰어나게 잘된 작품(作品).
달작(達作), 명작(名作)

15. 사리(事理)에 어긋나거나 질서(秩序)가 없는 판국.

16. 신(神)이 내려서 된 무당(巫堂).

18. 정실(正室)에서 난 맏아들과 맏손자(孫子)의 혈통(血統).

사물(事物)의 중심(中心)이 되는 部分.

20. 행정법(行政法)에서, 국가기관(國家機關)에 대한 행정상(行政上) 신청(申請)을 받아들이지 않는 처분(處分).

· 특정(特定)한 고급(高級) 관료(官僚)에 대한 경칭(敬稱).

21. 어떤 사상(思想)이나 생각을 굳게 믿으며 그것을 실현(實現)하려는 의지(意志).

22. 어떤 일이나 사항(事項) 등에 대하여 의문(疑問)을 품고 의심(疑心)하는 태도(態度). 또는 그러한 여론(與論).

23. 일정한 결과(結果)를 발생(發生)하게

한 데에 대하여 법률상(法律上) 책임(責任)의 원인(原因)이 되는 행위(行爲).

24. 영리(營利)를 목적(目的)으로 하는 각종(各種) 산업(産業)을 독립적(獨立的)으로 영위(營爲)하는 사람.

세 로 열 쇠

1. 「배에 흠집을 내어 칼을 찾음」 엉뚱하고 미련하여 융통성(融通性)이 없음.

격화소양(隔靴搔癢), 노이무공(勞而無功)
동족방뇨(凍足放尿), 두양소근(頭痒搔跟)
서과피지(西瓜皮舐), 수주대토(守株待兔)
슬양소배(膝痒搔背), 각주구검(刻舟求劍)
대린부처불취(待隣婦妻不娶)
↔ 단도직입(單刀直入), 일침견혈(一針見血)

2. 「실의(失意)에 빠져 자신(自身)을 잃어버렸음」 해결(解決)할 방법(方法)이 없어, 어떻게 해야 할지 모르는 모습.

매연자실(呆然自失), 소제양난(笑啼兩難)
망연약실(茫然若失), 앙천자실(仰天自失)

3. 점잖지 못하게 마구 하는 농담(弄談).

4. 「서로 미워하고 질투(嫉妬)하는 눈으로 봄」 서로 사이가 좋지 않아 시기하거나 미워하고 대립(對立)함.

백안시(白眼視) ↔ 청안시(青眼視)
상극인과(相克因果), 투현질능(妬賢嫉能)
일가부귀천가원(一家富貴千家怨)

9. 이미 있는 내용(內容)에 새로운 내용을 더 보태고, 모자란 것을 채워서 다시금 출판(出版)한 책(冊).

11. '항생제(抗生劑)'를 일상적(日常的)으로 쓰는 말. 스트렙토마이신(streptomycin)

12. 얼마라든지 혹은 어떻게 하리라고 미리 정한 것이 없이.

좋고 나쁨을 가림이 없이.

15. 별 볼 일이 없으면서 끼어드는 사람을 경멸(輕蔑)하는 태도(態度)로 속되게 하는 말.

16. 민물에 사는 물고기가 알을 낳기 위해 민물로부터 바다로 향하여 회유(回遊)하는 현상(現象).

산란회유(産卵回游), 귀소회유(歸巢回游)

17. 신(神)이 없다고 생각하거나 신을 믿지 않는 견해(見解)를 지지(支持)하거나 주장(主張)하는 사람.

19. 한 나라의 병력(兵力)을 지휘(指揮)하고 통솔(統率)하는 권한(權限)을 가진 사람.

예순일곱 번째

가 로 열 쇠

1. 두 개의 물체(物體)가 동시(同時)에 한 공간(空間)을 차지하지 못하는 성질(性質).

애찬성(礙竄性), 불가입성(不可入性)

3. 「옥(玉)으로 된 가지와 잎」 아주 귀한 자손(子孫)이나, 임금의 가족(家族).

옥수경지(玉樹瓊枝), 금지옥엽(金枝玉葉)

5. 몸의 아래쪽 절반(折半)이 되는 부분.

6. 몸에 지님.

· 어떤 결과(結果)를 낳게 되는 빌미.

7. 뛰어나게 잘된 작품(作品).

· 남의 말이나 행동(行動)을 하찮고 좋지 않은 것으로 여김.

· 서로 말이나 술잔을 주고받음.

8. 自然 그대로 참되고 꾸밈이 없음.

· 변함이 없는 참된 마음.

10. 방 밖의 온도(溫度)가 25℃ 이상(以上)인 무더운 밤.

12. 「누워 있는 용(龍)」 앞으로 큰일을 할, 초야(初也)에 묻혀 있는 큰 인물(人物)을 비유(比喩)하는 말.

13. 사람이나 사물(事物)이 본디 지닌 형상(形狀).

· 차량(車輛) 따위가 앞으로 더 나아가지 못하고 한자리에 머무름.

14. 지원(志願)한 사람에게 봉급(俸給)을 주어 병력(兵力)에 복무(服務)하게 함. 또는 그렇게 고용(雇傭)된 병사(兵士).

15. 좋은 징조(徵兆).

· 기원(祈願)하고 맹세(盟誓)함.

16. 연기(演技)를 잘하는 이름난 배우(俳優).

18. 상대편(相對便)이 이쪽 편의 이야기를 따르도록 여러 가지로 깨우쳐 말함.

설복(說服), 세복(說服)

20. 대한제국기(大韓帝國期)의 역사학자(歷史學者)이자 독립투사(獨立鬪士)인 '신채호(申采浩) 선생(先生)'의 호(號).

21. 국민(國民)의 지지(支持)가 높은 이념(理念)이나 국가정책(國家政策)의 기본 방침(方針).

22. 비탈진 땅.

23. 1781년 정조(正祖)가 왕실(王室) 관련 서적(書籍)을 보관(保管)할 목적(目的)으로 강화도(江華島)에 설치(設置)한 규장각(奎章閣)의 부속(付屬) 도서관(圖書館).

24. 처음에는 시비곡직(是非曲直)을 가리지 못하여 그릇되더라도, 모든 일은 결국(結局)에 가서는 반드시 정리(正理)로 돌아감.

사불범정(邪不犯正), 사불벌정(邪不伐正)

사불승정(邪不勝正)

세 로 열 쇠

1. 「하늘을 함께 일 수 없음」 같이 살 수 없을 만큼 큰 원한(怨恨)이 있음.

대천지수(戴天之讐), 수화상극(水火相剋)
견묘지간(犬猫之間), 부동대천(不同戴天)
불구대천(不俱戴天)
빙탄불상용(氷炭不相容),

2. 한여름의 몹시 심한 더위.

삼복염천(三伏炎天), 삼복증염(三伏蒸炎)
삼복지간(三伏之間), 삭석유금(鑠石流金)
성하염열(盛夏炎熱), 성하지열(盛夏之熱)
유금삭석(流金鑠石), 초금유석(燋金流石)
초금삭석(燋金爍石)

3. 섣달 중의 경신(庚申)에 해당(該當)하는 날 밤에 밤을 새우는 일.

수세(守歲), 별세(別歲)

4. 「엽공이 용(龍)을 좋아함」 겉으로는 좋아하지만 실제(實際)로는 그렇지 않음을 비유적(比喩的)으로 이르는 말.

9. 어떤 문제(問題)를 해결(解決)하기 위하여 사정(事情)이나 소망(所望)을 기록(記錄)한 글.

소문(訴文), 소장(訴狀), 소지(所志)

11. 도량(度量)이 넓고 관대(寬大)한 사람을 소인배(小人輩) 상대(相對)로 하는 말.

12. 어떤 사람이 병(病)으로 자리에 누웠다는 소문(所聞)이나 추측(推測).

15. 착상(着想)이나 생각 따위가 쉽게 짐작(斟酌)할 수 없을 정도(程度)로 기발(奇拔)하고 엉뚱함.

돌돌괴사(咄咄怪事), 석파천경(石破天驚)
심외지사(心外之事), 증소불의(曾所不意)

16. 「목숨이 경각(頃刻)에 달림」 거의 죽게 되어 곧 숨이 끊어질 지경(地境)에 이름.

단불보석(旦不保夕), 만분위중(萬分危重)
명졸지추(命卒之秋), 시각대변(時刻待變)
명재조석(命在朝夕), 명재단석(命在旦夕)
위재조석(危在朝夕), 인명재각(人命在刻)
조차전패(造次顚沛)

17. 나랏일을 근심하는, 기개(氣槪)가 높고 포부(抱負)가 큰 사람.

우세지사(憂世之士), 유지지사(有志之士)
갈충보국(竭忠報國), 진충보국(盡忠報國)
견위치명(見危致命), 견위수명(見危授命)
대의멸친(大義滅親), 멸사봉공(滅私奉公)
무아봉공(無我奉公), 선공후사(先公後私)
우국단충(憂國丹忠), 향국지성(向國之誠)

19. 그 뜻을 펼 수 있음.

그 뜻을 펼칠 기회(機會)가 옴.

예순여덟 번째

가 로 열 쇠

1. 일이 뜻대로 이루어져서 기쁜 표정(表情)이 얼굴에 가득함.

득의양양(得意揚揚), 득의만만(得意滿滿)
득의지색(得意之色), 안어양양(晏御揚揚)
교룡득수(蛟龍得水)

3. 밤낮을 가리지 않고 힘써 노력(努力)함.

불철주야(不撤晝夜), 복주복야(卜晝卜夜)
야이계일(夜以繼日), 주이계야(晝而繼夜)
주야장천(晝夜長川)

5. 어떤 일을 꾸미는 교묘(巧妙)한 생각에 능한 사람.

6. 특별(特別)하게 다름.

다른 것과 견줄 수 없을 정도(程度)로 뛰어남.

7. 예술작품(藝術作品) 따위에서, 내용(內容)을 표현(表現)하는 수단(手段)이나 기법(技法).

겉으로 나타나는 모양(模樣)이나 격식(格式).

8. 개인(個人)이나 집단(集團)이 도덕적(道德的), 정신적(精神的)으로 타락(墮落)함.

유기물(有機物)이 미생물(微生物)에 의하여 불완전(不完全) 분해(分解)를 하여 악취(惡臭)가 나고 유독성(有毒性) 물질(物質)이 생기는 과정(課程).

10. 책(冊)이나 논문(論文) 등의 첫머리에 그 취지(趣旨)나 내용(內容)의 대강(大綱)을 간략(簡略)하게 적은 글.

12. 복잡(複雜)한 현상(現狀)을 다양(多樣)한 각도(角度)로 풀어서 논리적(論理的)으로 해명(解明)함. 해석(解釋)

13. 농작물(農作物)을 잘 자라게 하거나 땅을 기름지게 하려고 흙에 주는 영양물질(營養物質). 두엄, 퇴비(堆肥)

14. 종이나 헝겊 따위의 거죽에서 부풀어 일어나는 가느다란 털.

보푸라기, 부풀

15. 이롭지 아니함. ↔ 유리(有利)

16. 바닷가나 물가에 놀러 갈 때 들고 가기에 알맞은 가방.

18. 배가 침몰(沈沒)하는 경우(境遇)와 같은 비상시(非常時)에 배를 떠나는 일.

20. 나누어진 것을 하나로 합침.

여러 요소를 서로 같아지게 맞춤.

21. 부정적인 나쁜 것들을 찾아 없앰.

살을 긁어내고 뼈를 발라냄.

결척(抉剔)

22. 성품(性品)이나 행실(行實)이 사람답지 못한 인간(人間). 인비인(人非人)

인면수심(人面獸心)

23. 자유(自由)롭고 거침이 없이 자기(自己)의 뜻대로 할 수 있음.

무궁자재(無窮自在)

24. 「말술도 사양(辭讓)하지 않음」 술을 매우 잘 마심.

금귀환주(金龜換酒), 두주백편(斗酒百篇)
완월장취(玩月長醉), 장야지음(長夜之飮)

세 로 열 쇠

1.「얻은 도끼나 잃은 도끼나 마찬가지임」얻고 잃은 것이 같아서 이익(利益)도 손해(損害)도 없음을 이르는 말.

득부상부(得斧喪斧), 득실상반(得失相半)
무해무독(無害無毒)

2. 국회의원(國會議員)이 국회에서 직무상(職務上) 행한 발언(發言)과 표결(票決)에 관하여 국회 밖에서 책임(責任)을 지지 않는 특권(特權).

국회의원 발언(發言)·표결의 자유(自由)

3. 말로는 이루 다 나타낼 수 없음.

난사의(難思議), 불사의(不思議)
불가설(不可說), 언부진의(言不盡意)

4.「야외(野外)에 설치(設置)된 불법(佛法)을 펴는 자리」여러 사람이 한데 모여 서로 다투고 떠들고 시끄러운 모습.

난리법석(亂離法席), 뒤법석

9. '패'(서로 어울려 다니는 무리)를 얕잡아 이르는 말.

11. 예전에, 주로 낮은 계층(階層)의 여인(女人)들이 입는, 폭(幅)이 좁고 길이가 짧은 치마. 두루치기

12. 다른 대상(對象)에게 화(火)를 내거나 앙갚음을 하여 분(憤)하고 원통(怨痛)한 마음을 품.

15. 사상(思想)이나 이념(理念)이 순수(純粹)하지 않아 어떤 社會나 집단(集團)에 해가 되는 사람.

불령선인(不逞鮮人)

16. 어떤 현상(現狀)이나 사실(事實)이 한두 번이나 한둘이 아니고 많음.

기려불억(其麗不億), 불가승수(不可勝數)
불일이족(不一而足), 여산약해(如山若海)
적여구산(積如邱山)

17.「백 자나 되는 높은 장대 위에 올라섬」더할 수 없이 어렵고 위태(危殆)로운 지경(地境).

부절여발(不絶如髮), 연미지액(燃眉之厄)
위여조로(危如朝露), 풍전지등(風前之燈)

19.「함흥(咸興)으로 보낸 심부름꾼」심부름을 간 사람이 소식(消息)이 전혀 없거나, 회답(回答)이 좀처럼 오지 않음을 비유(比喩)하는 말.

구무소식(久無消息), 부득영향(不得影響)
일무소식(一無消息), 적연무문(寂然無聞)
종무소식(終務消息)
일거무소식(一去無消息)

예순아홉 번째

가 로 열 쇠

1. 「얼굴에 대하여 그 사람을 칭찬(稱讚)하는 사람은 진실(眞實)함이 없음」 남의 눈앞에서 그를 칭찬하는 사람은 성실(誠實)한 마음이 적다는 말.

호면예(好面譽)

3. 벼슬자리에 오래 있으면 저절로 부자(富者)가 된다는 말.

세고익위(勢高益危), 위불기교(位不期驕)

지만지도(持滿之道), 천문등팔(天門登八)

↔ 청렴결백(淸廉潔白)

5. 봉건시대(封建時代)에 숙명적(宿命的)이고 세습적(世襲的)으로 고정(固定)된 계급제도(階級制度).

6. 꺼림칙하거나 어색하여 마음에 거리낌.

· 이성(異性)에게 사랑을 구함.

7. 난(蘭)의 잎을 길러 아름답게 가꾸는 일. 또는 그런 기술(技術)이나 방법(方法).

8. 남을 대하기에 떳떳한 도리(道理)나 얼굴.

· 몸차림이나 몸가짐.

10. 물품(物品)이나 금액(金額) 따위의 내용(內容)을 분명(分明)하고 자세(仔細)하게 적은 문서(文書).

12. 매우 귀찮게 졸라 댐.

· 일이 뜻대로 되지 않아 답답하고 속이 탐.

13. 못마땅하고 불쾌(不快)한 듯이 하는 무뚝뚝한 말이나 태도(態度).

14. 좋은 요소(要素)를 받아들임.

· 영양소(營養素)나 양분(養分) 등을 몸 안에 받아들임.

· 부처가 자비(慈悲)의 광명(光明)으로써 중생(衆生)을 제도(濟度)함.

15. 유별(有別)나서 진기(珍奇)함.

· 애참버섯, 느타리버섯

16. 뽕나뭇과의 낙엽(落葉) 활엽(闊葉) 관목(灌木).

달걀 모양(模樣)의 열매로 먹을 수 없음.

18. 사물(事物)의 깊은 이치(理致)를 깨달아 훤히 통함.

· 이러니저러니 따질 것도 없이.

20. 주어진 임무(任務)를 저버리거나, 임무(任務)의 본래(本來)의 뜻에 어긋남.

21. 쓰고 난 후 남은 것.

'나머지'의 이전 말.

22. 전쟁(戰爭)이나 경기(競技) 따위에서 승리(勝利)를 알리는 보도(報道).

· 전쟁에서 싸워 이긴 경과(經過)를 적은 기록(記錄).

23. 하늘과 땅 사이 같이 엄청난 차이.

소양지차(霄壤之差), 소양지판(霄壤之判)

운니지차(雲泥之差), 운룡정와(雲龍井蛙)

천양현격(天壤懸隔), 천연지차(天淵之差)

천지분격(天地分格), 천지지차(天地之差)

태산홍모(泰山鴻毛), 천양지간(天壤之間) 천양지판(天壤之判)

24. 「하늘이 넓고 끝이 없음」 어버이의 은혜(恩惠)가 넓고 큰 하늘 같이 다함이 없음을 비유하는 말.

욕보심은(欲報深恩) ○○○○-깊은 은혜를 갚고자 하나 하늘처럼 넓고 커서 다함이 없음.

호천무궁(昊天無窮), 애통망극(哀痛罔極)

세 로 열 쇠

1. 서로 마주 보는 자리에서 사무(事務)를 넘겨주고 넘겨받음.

면간교대(面看交代)

2. 「충신(忠臣)은 자기(自己) 이름을 소중(所重)히 힘」 명예(名譽)를 중요(重要)하게 여기어 이름이 더럽혀질 부끄러운 짓을 하지 않음.

3. 정부(政府)에서 발행(發行)한 일정(一定)한 규격(規格)의 엽서(葉書).

'체신엽서(遞信葉書)'로 순화(純化)됨.

4. 「끓는 물이나 뜨거운 불도 가리지 않고 감」 목숨을 걸고 하는 어렵고 힘든 고욕(苦辱)이나 수난(受難)을 이르는 말.

부탕투화(赴湯投火), 부탕모화(赴湯冒火)

유명시청(惟命是聽), 유유낙낙(唯唯諾諾)

9. 구부러지거나 꺾어져 돌아간 자리.

· 변두리나 구석진 곳.

11. 기업(企業)이나 금융(金融) 등이 국경(國境)을 넘어 世界的인 규모(規模)로 동시(同時)에 진행(進行)되는 현상(現象).

· 세계 여러 나라를 理解하고 받아들임.

12. 목적(目的)한 바를 이루어 낸 정도.

15. 예전에, 도망친 노비(奴婢) 30명을 고발(告發)함으로써, 노비의 신분(身分)을 벗어나던 일.

16. 차비(車費)를 내지 않고 차를 탐.

17. 정도(程度)가 지나치게 보살피고 돌봄. 자모유패자(慈母有敗子)

과유불급(過猶不及)

↔ 엄부자모(嚴父慈母)

19. 임금이나 어버이의 은혜(恩惠)가 끝이나 한량(限量)이 없음.

군은망극(君恩罔極), 수은망극(受恩罔極)

일흔 번째

가 로 열 쇠

1. 「자나 깨나 잊지 못함」 사랑하는 사람을 그리워하거나 근심 또는 생각이 많아 잠 못 드는 것을 말함.

오매사복(寤寐思服), 경경고침(耿耿孤枕)
경경불매(耿耿不寐), 고심참담(故心慘憺)
노심초사(勞心焦思), 여좌침석(如坐針席)
여좌침전(如坐針氈), 전전긍긍(戰戰兢兢)
전전반측(輾轉反側), 전전불매(輾轉不寐)
전전복침(輾轉伏枕), 좌불안석(坐不安席)
침식불안(寢食不安)
침불안식불감(寢不安食不甘)

3. 「오리나 되는 짙은 안개 속」 어떤 일에 대해, 어떻게 판단(判斷)해야 할지 갈피를 잡지 못하는 모습.

어언황홀(語言恍惚)

5. 양털 따위의 털을 표면에 보풀이 일게 짠 두꺼운 모직물(毛織物).

융단(絨緞), 카펫(carpet)

6. 어떤 일에 대한 기본적(基本的)인 목적(目的)이나 의도(意圖).

7. 씻기 어려운 부끄럽고 욕된 평판(評判).

불에 달구어 찍는 쇠붙이로 만든 도장(圖章).

8. 일을 지나치게 서둘러 어설프고 서툶.

10. 억울(抑鬱)하거나 딱한 사정(事情)을 하소연하여 도와주기를 바라는 뜻으로 올리는 글이나 문서(文書).

12. 어떤 현상(現狀)이나 실체(實體)가 없어졌거나 지나간 뒤에 남은 자국이나 자취.

13. 부모(父母)가 운명(運命)하실 때 그 자리를 지키고 모심.

목숨이 끊어져 죽음에 이름.

14. 괴로움이나 근심이 없이 기분(氣分)이 아주 즐겁고 가벼움.

매우 유쾌(愉快)하고 시원함.

15. 도로 거두어들임.

16. 파의 밑동을 한방(韓方)에서 이르는 말. 감기(感氣)로 인한 오한(惡寒), 발열(發熱) 따위에 쓴다.

18. 기성(旣成)의 사회(社會) 통념(通念)이나 제도(制度), 가치관(價値觀)을 부정(否定)하고 인간성(人間性)의 회복(回復)과 자연(自然)에의 귀의(歸意) 등을 주장(主張)하며 자유(自由)로운 생활양식(生活樣式)을 추구(追究)하는 사람들.

20. 말이나 글에서 사고(思考)나 추리(推理) 따위를 이치(理致)에 맞게 이끌어 가는 과정(過程)이나 원리(原理).

사물(事物) 속에 있는 이치. 또는 사물끼리의 법칙적(法則的)인 연관(聯關).

21. 어떤 일이나 행동(行動) 등에 담긴 뜻이나 의도(意圖).

22. 서로 대신(代身) 쓸 수 있는 관계(關係)에 놓인 두 가지의 재화(財貨). 버터와 마가린, 쇠고기와 돼지고기 따위.

23. 「다리와 팔에 비길 만한 臣下」 임금이 가장 믿고 중하게 여기는 신하.

고굉(股肱), 굉려(肱膂)

고장지신(股掌之臣), 사직지신(社稷之臣)

주석지신(柱石之臣)

24. 윗사람을 받들고 아랫사람을 감싸안음.

경천애인(敬天愛人), 민중군경(民重君輕)

존주비민(尊主庇民), 치군택민(致君澤民)

승상접하(承上接下)

↔ 관존민비(官尊民卑)

세 로 열 쇠

1. 「까마귀를 모아 놓은 군대(軍隊)」 갑자기 모인 훈련(訓練)이 안 된 軍士.

규합지중(糾合之衆), 오합지중(烏合之衆)

와합지중(瓦合之衆), 어중이떠중이

2. 「넓은 바다를 바라보며 탄식(歎息)함」 自身보다 뛰어난 人物을 보면서 자신의 부족(不足)함을 탄식하는 모습.

망양흥탄(望洋興嘆)

3. 글자를 쓰다가 잘못 쓰거나 빠뜨리고 씀. 또는 그러한 글자. 오락(誤落)

4. 「무리가 적으면 대적(對敵)할 수 없음」 적은 수로는 적을 대적하지 못함.

과부적중(寡不敵衆), 고군분투(孤軍奮鬪)

고전분투(孤戰奮鬪), 고전악투(苦戰惡鬪)

악전고투(惡戰苦鬪)

↔ 개수일촉(鎧袖一觸)

9. 남을 꾀어서 속이는 행위(行爲). 또는 그 수단(手段). 사술(詐術), 암수(暗數), 외수(外數), 트릭(trick)

11. 시력(視力)이 약해 가까운 곳의 물체(物體)를 잘 볼 수 없는 사람이 쓰는, 볼록렌즈로 된 안경(眼鏡).

원안경(遠眼鏡) ↔ 근시경(近視鏡)

12. 기쁘고 유쾌(愉快)하게.

15. 어려운 일을 당했을 때 서로 도와줌.

환난상구(患難相救), 환난상휼(患難相恤)

상애상조(想愛相助), 상의상자(相依相資)

16. 조선시대(朝鮮時代), 화성(華城)을 새로 쌓거나 고쳐 쌓는 일에 관한 사무(事務)를 맡아보던 대신(大臣).

조선 말기(末期), 통리기무아문(統理機務衙門)과 의정부(議政府)의 장관(長官).

17. 유생(儒生)으로 있다가 단번에 정승 벼슬에 오른 사람. 백의정승(白衣政丞)

19. 살가죽과 뼈가 맞붙을 정도(程度)로 몹시 마름.

곡면조형(鵠面鳥形), 육탈골립(肉脫骨立)

훼척골립(毁瘠骨立), 피골상연(皮骨相連)

↔ 육다골소(肉多骨少)

1			2	■	3			4
	■	■	5			■	■	
	■	6		■	7		■	
8	9	■	10	11		■	12	
■	13		■		■	14		■
15		■	16		17	■	18	19
	■	20		■	21		■	
	■	■	22			■	■	
23				■	24			

일흔한 번째

가 로 열 쇠

1. 바람과 비, 추위와 더위.

3. 일을 너무 빨리하고자 서두르면 도리어 이루지 못함.

발묘조장(拔苗助長), 알묘조장(揠苗助長)
농교성졸(弄巧成拙), 욕교반졸(欲巧反拙)
↔ 과숙체락(瓜熟蒂落), 순서점진(順序漸進)

5. 분산(分散) 상태(狀態)에 있는 개인(個人)이나 집단(集團)이 서로 적응(適應)하여 통합(統合)되어 가는 과정(過程).

동반상승(同伴上昇)

6. 사나운 짐승이 큰소리로 으르렁거리거나 울부짖음.

효포(哮咆), 효후(哮吼), 조효(嘲哮)

· 사람이나 기계(器械), 자연(自然)이 매우 크고 세게 내는 소리를 비유하는 말.

7. 어떤 활동(活動)의 근거(根據)가 되는 중요(重要)한 지점(地點).

8. 처음으로 내딛는 걸음.

· 학문(學問)이나 기술(技術) 따위를 익힐 때의 첫 단계(段階)나 수준(水尊).

10. '거짓말'의 방언(方言). 빈말

12. 두렵고 무서움.

· 일반(一般)에게 널리 알림.

13. 물이 어떤 곳에서 흘러 들어옴.

· 문화(文化), 지식(知識), 사상(思想) 따위가 들어옴.

· 돈, 물품(物品) 따위의 재화(財貨)가 들어옴.

14. 화폐(貨幣)나 物品 따위가 세상에서 널리 쓰임.

· 막힘이 없이 흘러서 통함.

15. 윗사람에게 알현(謁見)을 청하는 사람.

16. 우리나라 고유(固有)의 전통(傳統) 무예(武藝)를 바탕으로 한 운동(運動).

18. 끈끈하고 차진 기운이 있는 흙.

20. 사헌부(司憲府)에 속한 종오품 벼슬.

· 대지(大地)의 평평(平平)한 면(面).

21. 충(忠), 효(孝), 인(仁), 의(義), 따위의 덕(德)을 분류(分類)하는 명목(名目).

22. 육지(陸地)에서 전투(戰鬪)하는 부대(部隊).

23. 철강(鐵鋼), 석탄(石炭), 전력(電力), 조선업(造船業) 등 다른 산업(産業)을 발전(發展)시키는 데 꼭 필요(必要)하며, 한 나라 산업의 기초(基礎)를 이루는 산업.

24. 같은 편(便) 안에서 일어나는 싸움.

골육상쟁(骨肉相爭), 골육상잔(骨肉相殘)
골육상식(骨肉相食), 동족상잔(同族相殘)
민족상잔(民族相殘), 동실조과(同室操戈)
두기지유(豆萁之喩), 소장지변(蕭墻之變)
소장지우(蕭墻之憂), 자국지란(自國之亂)
자두연기(煮豆燃萁), 풍진지변(風塵之變)
형제혁장(兄弟鬩墻), 화기소장(禍起蕭墻)

세 로 열 쇠

1. 「찬바람과 찬 서리를 맞는 괴로움과 아픔」 온갖 고난(苦難)과 시련(試鍊)을 비유(比喩)함.

고초만상(苦楚萬狀), 난행고행(難行苦行)
남부여대(男負女戴), 도탄지고(塗炭之苦)
만고풍상(萬古風霜), 병풍상서(病風傷暑)
수심화열(水深火熱), 역경난경(逆境難境)
열력풍상(閱歷風霜), 우왕마왕(牛往馬往)
조진모초(朝秦暮楚), 즐풍목우(櫛風沐雨)
천고만난(千苦萬難), 칠전팔도(七顚八倒)
풍찬노숙(風餐露宿)

2. 「월나라의 미녀(美女) 서시가 눈살을 찌푸리는 것을 본뜸」 무조건(無條件) 남의 흉내를 내어 웃음거리가 됨.

서시빈목(西施矉目), 서시봉심(西施捧心)

3. '욕설(辱說)'을 속되게 이르는 말.

욕대배기

4. 한 달이나 한 해가 조금 더 되는 기간(期間). 해포달포

9. 어떤 물건이나 기록(記錄), 자격(資格), 기능(技能) 등을 가진 사람.

11. 어떤 물건(物件)을 자기의 것으로 가지는 권리(權利).

제한물권(制限物權)

12. 둘 또는 그 이상의 사이에 두루 같거나 통하는 요소(要素).

↔ 차이점(差異點)

15. 어떤 물질(物質)을 섭취(攝取)하거나 접촉(接觸)함으로 인하여, 보통(普通) 사람과는 다르게 나타나는 몸의 반응(反應).

어떤 현상(現象)이나 사람에 대해 보이는 심리적(心理的)인 거부(拒否) 반응.

16. 百姓이 아무 걱정 없이 편안(便安)하도록 임금이 나라를 잘 다스리는 일.

태평성대(太平聖代), 고복격양(鼓腹擊壤)
요순시절(堯舜時節), 획지위뢰(劃地爲牢)
시화연풍(時和年豐), 해불양파(海不揚波)

17. 도학(道學)이 깊고 덕(德)이 높은 사람.

도학군자(道學君子), 성덕군자(成德君子)
성인군자(聖人君子), 청운지사(靑雲之士)
현인군자(賢人君子), 후덕군자(厚德君子)

19. 음식(飮食)이 체(滯)하여 위로는 토(吐)하고 아래로는 설사(泄瀉)하면서 배가 질리고 아픈 급성(急性) 위장병(胃腸病).

곽기(癨氣), 도와리, 곽란(癨亂)

1			2	■	3			4
	■	■	5			■	■	
	■	6		■	7		■	
8	9	■	10	11		■	12	
■	13		■		■	14		■
15		■	16		17	■	18	19
	■	20		■	21		■	
	■	■	22			■	■	
23				■	24			

일흔두 번째

가 로 열 쇠

1. 「도시락밥과 표주박 물과 누추(陋醜)한 거리」 소박(素朴)한 시골 생활(生活)을 비유(比喩)하는 말.

누항단표(陋巷簞瓢), 단사호장(簞食壺漿)
박주산채(薄酒山菜), 안회단표(顔回簞瓢)
일단일표(一簞一瓢), 초근목피(草根木皮)

3. 「몸을 가루로 만들고 뼈를 부숨」 自己 몸을 돌보지 않고 있는 힘을 다함.

분신미골(分身糜骨), 간뇌도지(肝腦塗地)
마정방종(摩頂放踵), 이신허국(以身許國)
진충갈력(盡忠竭力), 한마공로(汗馬功勞)
분골쇄신(粉骨碎身)

5. 기독교(基督教)에서, 인류(人類)를 죄악(罪惡)의 굴레에서 구원(救援)하는 예수 그리스도를 이르는 말.

6. 임금을 지급(支給)해야 할 것을 지급하지 않음.

· 프랑스에 체류(滯留)함.

7. 차(茶)를 달여 마실 때의 예의범절(禮儀凡節).

8. 몸을 드러내지 않은 채 옳지 못한 방법(方法)으로 남을 해침. 은해(隱害)

10. 시간(時間)의 흐름에 따라 변하고 바뀌어 온 과정(過程)을 기록(記錄)한 것.

12. 같은 무리에서 나온 여러 갈래의 계통(系統).

매우 친한 관계에 있는 것.
가까운 친척(親戚).

13. 다른 나라의 침략(侵略)이나 위협(威脅)으로부터 국가(國家)의 주권(主權)과 국민(國民)의 안전(安全)을 지키는 일.

편안(便安)히 보전(保全)함.

14. 어떤 대상(對象)이나 현상(現狀) 따위를 있는 그대로 언어(言語)로 서술(敍述)하거나 그림으로 그려서 나타냄.

15. 특정(特定)한 범위(範衛) 안의 사람들끼리 투표(投票)하여 그 구성원(構成員) 중에서 어떤 사람을 뽑음.

16. 예술(藝術)이나 체육(體育) 따위의 분야(分野)에서 새로 등장(登場)한 사람 중 뛰어난 사람에게 주는 상.

18. 어리석고 미련한 사람.

치인(癡人), 치자(癡者).
여자를 희롱(戲弄)하는 사내.
색한(色漢)

20. 완전(完全)히 통제(統制)하기가 불가능(不可能)한 상태(狀態).

도중(途中)에 새어 나오는 물.

21. 작업(作業) 환경(環境) 또는 작업 행동(行動) 등 노동(勞動) 과정(過程)에서 업무상(業務上)의 일로 인하여 입는 노동자(勞動者)의 신체적(身體的), 정신적(精神的) 피해(被害).

산업재해(産業災害), 노동재해(勞動災害)

22. 아랫사람의 잘못을 따져 꾸짖음. 또는 그렇게 하는 말.

23.「위험(危險)하기가 마치 아침 해에 곧 마를 이슬과 같음」언제 사라질지 모를 위험한 지경(地境)에 노출(露出)된 모습.

위여조로(危如朝露), 위여누란(危如累卵)

위여일발(危如一髮)

24.「물고기의 눈과 연산(燕山)에서 나는 돌은 옥(玉)과 비슷하나 사이비(似而非)임」거짓을 참으로, 현인(賢人)을 우인(偶人)으로 혼동(混同)함.

가짜가 진짜를 어지럽힘.

월별(月鼈), 어목사주(魚目似珠)

어목혼주(魚目混珠), 어목혼진(魚目混珍)

세 로 열 쇠

1.「한 소쿠리의 밥과 표주박의 물」매우 소박(素朴)한 生活을 비유하는 말.

단사두갱(簞食豆羹), 구의폐대(垢衣弊帶)

현순백결(懸鶉百結)

2. 사물(事物)의 성질(性質)이나 모양(模樣)이 영원(永遠)할 정도(程度)로 오랫동안 바뀌지 않음.

불후(不朽), 불마(不磨)

만고불후(萬古不朽), 해고석란(海枯石爛)

3. 몹시 바쁘고 일이 많음.

응접불가(應接不暇)

4. 부모(父母)와 자식(子息), 형제자매(兄弟姉妹), 숙질(叔姪) 등 혈족(血族).

9. 바다와 육지(陸地)가 서로 같게 뻗은 선. 연안선(沿岸線), 정선(汀線)

11. 하늘, 땅, 사람을 아울러 이르는 말.

12. 참값 대신(代身)에 사용(使用)하는 그 값에 가까운 수(數)나 값. 근삿값

15.「여우가 호랑이의 권세(權勢)를 빌림」남의 권세를 빌려 허세(虛勢)를 부림.

반린익(攀鱗翼), 낭청좌기(郎廳坐起)

서빙사귀(鼠憑社貴), 가호위호(假虎威狐)

차호위호(借虎威狐), 호자호위(狐藉虎威)

16.「땔나무를 주워 오고, 먹을 물을 긷는 수고, 곧 밥을 짓는 노고(勞苦)」일상(日常)의 일에 몸을 아끼지 않고 노력(努力)하여 남을 섬김을 이르는 말.

정구지역(井臼之役)

17.「산 위에서 물고기를 찾음」당치 않은 곳에서 되지도 않는 것을 원한다는 말.

연목구어(緣木求魚), 사어지천(射魚指天)

19.「한강(漢江)에 아무리 돌을 많이 집어넣어도 메울 수 없음」아무리 도와도 보람이 없는 것.

배수거신(杯水車薪), 부자양력(不自量力)

이란투석(以卵投石), 인소불감(人所不堪)

일목난지(一木難支)

일흔세 번째

가 로 열 쇠

1. 「솜 속에 바늘을 감추어 꽂음」 겉으로는 부드러운 체하나 속으로는 아주 흉악(凶惡)함을 이르는 말.

강중유외(剛中流外), 감언이설(甘言利說)
강중유외(剛中流外), 교언영색(巧言令色)
구밀복검(口蜜腹劍), 기계지심(機械之心)
면종배훼(面從背毁), 면종복배(面從腹背)
면종후언(面從後言), 사심불구(蛇心佛口)
소리장도(笑裏藏刀), 소면야차(笑面夜叉)
소중유검(笑中有劍), 양봉음위(陽奉陰違)
양부음억(陽扶陰抑), 포장화심(包藏禍心)

3. 많이 있는 과실(果實)이나 생선(生鮮) 가운데 아주 굵거나 큰 것.

5. 대나 싸리로 엮어 테가 있게 만든 그릇.

6. 얼마 되지 않는 적은 금액(金額)의 봉급(俸給)이나 녹봉(祿俸).

7. 어떠한 일이나 행동(行動)을 하는 데 적절(適切)한 시기(時期)나 경우(境遇).
· 정기적(定期的)인 모임.

8. 죄과(罪過)가 있음을 결정(決定)하여 처치(處置)하거나 처분(處分)함.

10. 사람, 사물(事物), 처소(處所) 따위에 명칭(名稱)을 붙이지 않고 가리키기만 하는 품사(品詞).

12. 우리나라 고유(固有)의 형식(形式)으로 지은 가옥(家屋)을 서양식(西洋式) 건물(建物)에 상대(相對)하여 이르는 말.

13. 생활(生活)에서 충분(充分)한 만족(滿足)과 기쁨을 느끼어 흐뭇함.

14. 분쟁(紛爭)이나 사건(事件) 등을 어물어물 덮어 버림.

15. 문서(文書)의 원본(原本)을 부본(副本)이나 전사(轉寫)한 것에 상대(相對)하여 이르는 말.

16. 무엇에 얽매여서 몸과 마음을 마음대로 움직일 수 없음.

18. 인기(人氣) 있는 뛰어난 여자 가수(歌手)나 여배우(女俳優).

20. 어떤 현상(現象)이 더 높은 상태(狀態)로 발전(發展)하는 일.

21. 무엇을 이루고자 마음에 품고 있는 욕망(慾望).

옳지 못하거나 남을 해치려는 야비한 마음.

22. 암수딴그루로 된 나무에서 열매가 열리지 않는 나무.

23. 여행(旅行)에 드는 비용(費用)을 가지지 않고 길을 떠나 얻어먹으면서 다니는 여행.

24. 「야외(野外)에서 크게 베푸는 설법(說法)의 자리」 여러 사람이 떠들썩하고 소란(騷亂)스럽게 법석(法席)을 떠는 상태(狀態).

뒤법석, 난리법석(亂離法席)

세 로 열 쇠

1. 아무 말도 하지 않고 서로 얼굴만 물끄러미 바라봄.

면면상고(面面相顧)

2. 「바늘만 한 것을 몽둥이만 하다고 말함」 작은 일을 크게 과장(誇張)하여 말함.

유지첨엽(有枝添葉), 허장성세(虛張聲勢)
호왈백만(號曰百萬), 포호함포(咆虎陷浦)

3. 신문(新聞), 잡지(雜誌) 따위의 첫머리에 싣는 중요(重要)한 기사(記事).

톱기사(top記事), 톱뉴스(top news)

4. 「人品이 옥(玉)과 같이 맑고 깨끗한 사람」 옥같이 아름다운 여자를 이름.

여옥기인(如玉其人)

9. 전집(全集)에 포함(包含)되지 않고 잡지(雜誌)도 아닌, 단독(單獨)으로 발행(發行)된 책(冊). 단본(單本)

11. 아들이 없는 집에서 대(代)를 잇기 위하여 맞아들인 양자(養子).

과방자(過房者), 명사(螟嗣)

12. 짧은 말. 또는 간단(簡單)한 말.

15. 집 근처(近處)나 길가에 있는 큰 나무.

16. 아무런 주관(主觀)이 없이 남의 의견(意見)을 맹목적(盲目的)으로 좇아 함께 어울림.

강심상종(降心相從), 난만동귀(爛漫同歸)
뇌동부화(雷同附和), 맹종맹동(盲從盲動)
부화뇌동(附和雷同), 수성부화(隨聲附和)
수중축대(隨衆逐隊), 수후누수(隨後婁藪)
아부뇌동(阿附雷同), 아부영합(阿附迎合)
여진여퇴(旅進旅退), 인운역운(人云亦云)
추우강남(追友江南)

17. 어떤 일이 있는 듯 없는 듯 분명(分明)하게 끝맺어지지 않고 흐지부지한 상태(狀態).

어영부영, 어물어물, 얼렁뚱땅, 어물쩍
어영비영(御營非營), 여수투수(如水投水)
휘지비지(諱之祕之)

19. 헝겊 속에 솜이나 머리털을 넣어 바늘을 꽂아 두는 작은 물건(物件).

불편(不便)하고 불안(不安)한 자리.
바늘겨레, 가시방석, 송곳방석

1			2	■	3			4
	■	■	5			■	■	
	■	6		■	7		■	
8	9	■	10	11		■	12	
■	13		■		■	14		■
15		■	16		17	■	18	19
	■	20		■	21		■	
	■	■	22			■	■	
23				■	24			

일흔네 번째

가 로 열 쇠

1. 「효자(孝子)는 날을 아낌」 될 수 있는 한 오래 부모(父母)에게 효성(孝誠)을 다하여 섬기고자 하는 마음을 이름.

혼정신성(昏定晨省), 반의지희(斑衣之戲)
백리부미(百里負米), 선침온피(扇枕溫被)

3. 「이쪽저쪽을 돌아봄」 앞뒤를 재고 망설임을 이르는 말.

무연주저(憮然躊躇), 서수분사(鼠首僨事)
수삽의조(羞澁疑阻), 수서양단(首鼠兩端)
요양미정(擾攘未定), 우왕좌왕(右往左往)
우유부단(優柔不斷), 유예부결(猶豫不決)
육기불치(六驥不致), 전첨후고(前瞻後顧)
첨전고후(瞻前顧後), 호의준순(狐疑逡巡)
우반좌고(右盼左顧), 좌우고면(左右顧眄)
좌우고시(左右顧視)

5. 화재(火災)를 예방(豫防)하고 불이 났을 때 불을 끄는 일을 직업(職業)으로 하는 사람.

6. 자연(自然)이나 사회(社會)를 변혁(變革)하는 의식적(意識的), 계획적(計劃的) 활동(活動)의 전체(全體).

생각한 것을 실제(實際)로 행함.

7. 답답하거나 근심스러워 활기(活氣)가 없음.

반성(反省)과 공상(空想)이 따르는 가벼운 슬픔.

8. 일신상(一身上)에 관련(關聯)된 처지(處地)나 형편(形便).

10. 금액(金額)을 밝히지 않고 종이에 싸서 봉(封)하여 주는 상금(賞金), 격려금(激勵金), 기부금(寄附金) 등의 돈.

12. 체면(體面) 깎이는 일이나 아니꼬운 일을 당함.

13. 「닭의 갈비」 버리기에는 아까우나 그다지 쓸모가 없는 것.

마간(馬肝), 양수집병(兩手執餠)

14. 남의 말이나 행동(行動)을 하찮고 좋지 않은 것으로 여겨 이르는 말.

서로 말이나 술잔을 주고받음.

15. 꽃이 시들거나 말라서 떨어짐.

16. 사회(社會)나 인생(人生)의 모순(矛盾)되고 불합리(不合理)한 점을 날카롭게 폭로하고 비웃는 내용(內容)의 시(詩).

18. 자신(自身)이나 자신과 관련(關聯)된 것을 스스로 우쭐거리며 뽐냄.

자만자긍(自慢自矜)

20. 사회적(社會的) 관계(關係)에 따라 적절(適切)히 남을 대함.

예우(禮遇)를 갖춰 잘 대함.

21. 갈등(葛藤)과 다툼을 그치고 서로 가지고 있던 나쁜 감정(感情)을 풂.

민사상(民事上)의 분쟁(紛爭)을 일으킨 소송(訴訟)의 당사자(當事者)가 서로 양보(讓步)하여 분쟁(紛爭)을 끝내기로 약속(約束)하는 행위(行爲).

22. 특별(特別)히 융숭(隆崇)하게 손님을 待接하는 아주 큰 규모(規模)의 잔치.

23. 부지런하고 검소(儉素)하며 힘을 기울여 일함.

근검역행(勤儉力行), 근검절약(勤儉節約)

검소질박(儉素跌撲)

↔ 외구화식(外具華飾)

24. 효도(孝道)를 다하지 못했는데 어버이가 돌아가시어, 효도하고 싶어도 할 수 없는 슬픔.

풍목지비(風木之悲), 풍수지감(風樹之感)

수욕정이풍부지(樹欲靜而風不止)

자욕양이친부대(子欲養而親不待)

세 로 열 쇠

1. 부모(父母)에 대한 효도(孝道), 형제간(兄弟間)의 우애(友愛), 임금에 대한 충성(忠誠), 친구(親舊)와의 신의(信義).

2. 「한 번 웃는 것이 천금(千金)의 가치(價値)가 있음」 미인(美人)의 웃음을 얻기가 힘듦을 말함.

3. 「왼손으로 주고 오른손으로 받음」 즉석(卽席)에서 교역(交易)함.

4. 「얼굴에 쇠가죽을 발랐음」 몹시 뻔뻔스러움.

과렴선치(寡廉鮮恥), 면장우피(面張牛皮)

모몰염치(冒沒廉恥), 방약무인(傍若無人)

수수방관(袖手傍觀), 안면몰수(安眠沒收)

염불위괴(恬不爲愧), 후안무치(厚顔無恥)

9. 기업(企業)이나 금융(金融) 등이 국경(國境)을 넘어 세계적인 규모(規模)로 동시(同時)에 진행(進行)되는 현상(現狀).

무엇이 세계적(世界的)인 것으로 됨.

11. 특정(特定)한 사회(社會)나 방면(方面)에서 가장 뛰어나 겨룰 상대(相對)가 없는 사람. 에이스(ace)

12. 예술작품(藝術作品) 따위를 창의적(創意的)이고 독창적(獨創的)으로 새롭게 만들어 낸 사람.

15. 「잎이 지면 뿌리로 돌아감」 결국(結局)은 자기(自己)가 본디 났거나 자랐던 곳으로 돌아감.

거자필반(去者必返), 생자필멸(生者必滅)

성자필쇠(盛者必衰), 엽락귀근(葉落歸根)

회자정리(會者定離), 회필유리(會必有離)

16. 바람이 세차게 불고 비가 많이 쏟아짐.

17. 나라가 태평(泰平)하고 풍년(豊年)이 들어 시절(時節)이 좋음.

강구연월(康衢煙月), 고복격양(鼓腹擊壤)

국태민안(國泰民安), 시화세풍(時和歲豊)

19. 어떤 일에 맞는 때가 지났음을 안타까워하는 탄식(歎息).

대한색구(大寒索裘), 실우치구(失牛治廐)

우후송산(雨後送傘)

일흔다섯 번째

가 로 열 쇠

1. 「은나라 왕(王)이 거울삼을 만한 것은 먼 데 있지 않음」 본받을 만한 좋은 전례(前例)는 가까운 곳에 있음이나, 다른 사람의 실패(失敗)를 자신(自身)의 거울로 삼으라는 말.

복거지계(覆車之戒), 전거복철(前車覆轍)
전거지감(前車之鑑),
답복거지철(踏覆車之轍)

3. 생각, 행동(行動), 의지(意志) 따위가 완전(完全)히 하나가 됨. 한뜻, 한마음

대동단결(大同團結), 일심동귀(一心同歸)
일심동체(一心同體), 일치단결(一致團結)
화위동심(和爲同心), 혼연일체(渾然一體)
↔ 사분오열(四分五裂)

5. 특정(特定)한 물건(物件)이나 쓰레기 따위를 거두어 가는 데 드는 비용(費用).

6. 죄인(罪人)을 귀양살이하는 곳에서 나가지 못하도록 가시로 울타리를 만들고 그 안에 가두어 두는 일.

위리안치(圍籬安置)

· 사회적(社會的)으로 담당(擔當)하는 자리나 역할(役割).

7. 우리나라의 독립운동가(獨立運動家)이자 정치가(政治家)인 '김구(金九)' 선생(先生)의 호(號).

8. 사람이 먹게 만든 밥이나 국 따위.

10. 토지(土地)나 건물(建物)과 같이 움직여 옮길 수 없는 재산(財産).

12. 다른 것에 기대어 생활(生活)하거나 존재(存在)함.

의지(依支), 의타(依他), 의탁(依託)

13. 어떤 대상(對象)을 이루는 낱낱의 전체(全體).

· 농업(農業)에 종사(從事)하는 사람.

14. 사람의 안부(安否)나 일의 형세(形勢) 따위를 알리는 말이나 글.

· 쓸고 닦음
· 음식(飮食)을 적게 먹음.

15. 승려(僧侶)에게 혹은 절에 돈이나 음식 따위를 보시(報施)하는 일.

· 자동차(自動車) 따위를 시험(試驗) 삼아 타 봄.

16. 개성(個性)이 매우 강한 사람이나 집단(集團).

18. 다섯 손가락을 모두 오므려 쥔 손.

권골(拳骨)

· 싸움을 잘하는 사람이나 그 무리.

20. 이미 지불(支拂)한 돈을 되돌려 줌.

· 돈이나 물건(物件)을 바꾸어 줌.

21. 장차(將次) 벌일 일에 대해 구체적(具體的)인 절차(節次), 방법(方法), 규모(規模) 따위를 미리 헤아려 구상(構想)함.

22. 서로 짝을 이루어 마주 보고 추는 춤.

23. 온갖 못된 짓을 거침없이 하는 자.

부랑지도(浮浪之徒), 부랑패류(浮浪悖類)
오구잡탕(烏口雜湯), 오사리잡탕놈

24. 성격(性格)이 소심(小心)하거나 그런 성격을 가진 사람을 이르는 말.

세 로 열 쇠

1. 「죽음의 원인(原因)을 은폐(隱蔽)함」 마땅히 드러나야 할 일이 나타나지 않고 마는 일.

2. 「원수를 장부(帳簿)에 기록(記錄)하여 둠」 원수(怨讎)에 대한 원한(怨恨)을 잊지 아니함을 이르는 말.

회계지치(會稽之恥), 와신상담(臥薪嘗膽)
절치액완(切齒扼腕), 좌신현담(坐薪懸膽)
칠신위라(漆身爲癩), 칠신탄탄(漆身呑炭)

3. 「넋이 날아가고 흩어짐」 몹시 놀라 어찌할 바를 모름. 백산(魄散)

혼불부신(魂不附身), 혼불부체(魂不賦體)
혼비중천(魂飛中天)

4. 어릴 때의 마음이 아직껏 남아 있음.

9. 식사(食事) 전에 입맛을 돋우기 위해 마시는 술.

11. 어떤 두 사건(事件)이 같은 시간(時間)에 일어나는 것.

· 時代의 차이(差異)를 초월(超越)하여 그리스도와 기독교(基督教) 신자(信者)가 동시(同時)에 결부(結付)되는 현상(現象).

12. 사람이 생활(生活)하는데 기본(基本)이 되는 옷과 음식(飮食)과 집을 통틀어 이르는 말.

15. 학습자(學習者)가 어떤 목표(目標)에 도달(到達)할 때까지 여러 가지를 실행(實行)하고 실패(失敗)를 되풀이하는 것.

시오법(施誤法)

16. 말이나 행실(行實)이 아주 고약하고 더러운 사람을 욕(辱)하여 이르는 말.

17. 계율(戒律)을 어기면서 부끄러워함이 없음.

면이무치(免而無恥)
↔ 부앙무괴(俯仰無愧), 참괴무안(慙愧無顔)

19. 근심이나 걱정으로 인하여 먹 조각처럼 시커멓게 타들어 가는 마음.

우심여훈(憂心如熏), 우심유유(憂心愈愈)
우심유충(憂心有忡), 우심은은(憂心殷殷)
↔ 단무타려(斷無他慮), 돈연무려(頓然無慮)

1			2	■	3			4
	■	■	5			■	■	
	■	6		■	7		■	
8	9	■	10	11		■	12	
■	13		■		■	14		■
15		■	16		17	■	18	19
	■	20		■	21		■	
	■	■	22			■	■	
23				■	24			

일흔여섯 번째

가 로 열 쇠

1. 바라던 일이 뜻대로 되지 않아 몹시 마음이 상(傷)함.

사심탑지(四心塌地), 심사낙막(心事落寞)

3. 국가보안법(國家保安法)을 위반(違反)한 자를 알고 있으면서도 고의(故意)로 수사기관(搜査機關)이나 정보기관(情報機關)에 알리지 않아서 성립(成立)하는 죄.

5. 가축(家畜)의 질병(疾病)에 대한 진찰(診察)과 치료(治療)를 전문(專門)으로 하는 의사(醫師).

6. 마음이 서로 통하여 가깝게 사귀는 사람. 붕집(朋執), 친고(親故), 친구(親舊)

어떤 일을 짝이 되어 함께 하는 사람.

7. 실체(實體)의 형태(形態)로 존재(存在)하는 모든 것의 근원(根源)이나 시원(始原)이 되는 것.

어떤 잘못의 책임(責任)을 피하려고 하는 말.

어떤 일을 일어나게 하는 까닭이나 근거(根據).

8. 액체(液體)와 고체(固體)의 중간적(中間的)인 성질(性質)을 가진 물질(物質).

준결정(準結晶), 이방성액체(異方性液體)

10. 일을 정해진 시간(時間) 안에 끝내려고 무리하게 행함.

무리하여 먼 거리를 급히 가는 行軍.

12. 감상(感想)의 대상(對象)이 되는 자연(自然)이나 모습.

· 처마 끝에 다는 작은 종.

· 소리 내어 경문(經文)을 읽음.

13. 의외(意外)의 일을 당하여 어리둥절하거나 어찌할 바를 모름. 당혹(當惑)

· 예전에, '성냥'을 이르던 말.

14. 위험(危險)이나 파탄(破綻)이 금방(今方) 일어날 듯한 기미(幾微).

곧 비가 내릴 것같이 짙게 드리운 검은 구름.

15. 매우 드물어 쉽게 접하기 힘든 성씨(姓氏).

· 제물(祭物)로 바치는 짐승을 담아 놓는 그릇.

16. 자기 집이나 회사(會社)에서 전용(專用)으로 쓰임.

전용으로 사용(使用)하는 자기(自己) 소유(所有)의 자동차(自動車).

18. 우두머리가 되는 장수(將帥)가 거처(居處)하는 성(城).

· 「성인(聖人)에 버금감」 공자(孔子)에 상대(相對)하여 맹자(孟子) 또는 안연(顔淵)을 이름. 명세아성제(命世亞聖才)

20. 많은 사람으로부터 사랑을 받는, 인기(人氣)가 좋은 사람.

21. 숨을 내쉬거나 들이쉼. 쉼쉬기

22. 직관(直觀)이나 상상(想像)을 자유(自由)롭게 표현(表現)하는 예술(藝術)의 경향(傾向).

23. 예전에, 인물(人物)을 선택(選擇)하는

데 표준(標準)으로 삼는 네 가지 조건(條件)으로, 체모(體貌), 언변(言辯), 필적(筆跡), 판단(文理)의 네 가지.

24. 인종(人種)이나 종교(宗教), 국적(國籍)을 초월(超越)하여 인류(人類) 전체(全體)가 서로 평등(平等)하게 사랑해야 한다는 주장(主張).

사해동포주의(四海同胞主義)

세 로 열 쇠

1. 「눈썹에 떨어진 재앙(災殃)」 눈앞에 바로 닥친 재앙. 초미(焦眉)

소미지급(燒眉之急), 연미지급(燃眉之急)
연미지액(燃眉之厄), 초미지액(焦眉之厄)
초미지급(焦眉之急), 화소미모(火燒眉毛)

2. 「만년(萬年)을 살아도 수명(壽命)은 끝이 없음」 건강(健康)과 장수(長壽)를 축원(祝願)할 때 쓰는 말.

교송지수(喬松之壽), 무병장수(無病長壽)
불로불사(不老不死), 불로장생(不老長生)

3. 한 사람이 두 임금을 섬기지 않음.

불식주속(不食周粟), 천무이일(天無二日)
충즉무이심(忠則無二心)
고려(高麗)의 삼절신(三節臣)
조선(朝鮮)의 사육신(死六臣)

4. 「죄(罪)는 크고 무거운데 형벌(刑罰)은 가벼움」 사람에 따라 형벌이 불공정(不公正)함.

죄의지전(罪疑之典)
↔ 종중감죄(從重勘罪), 혜전탈우(蹊田奪牛)

9. 사리(事理)에 맞아 옳고 정의(正義)로운 성질(性質).

11. 정치(政治)나 사무(事務)를 맡아서 하는 사람.

12. 좋은 기회(機會)를 타고 활약(活躍)하여 세상에 두각(頭角)을 나타내는 사람.

15. 남을 위하여 자신(自身)의 목숨이나 재물(財物), 명예(名譽), 권리(權利), 자유(自由) 따위를 바치는 정신(精神).

16. 자기의 생각이나 행위(行爲)에 대해 스스로 비판(批判)하는 일.

자기검열(自己檢閱), 자가비판(自家批判)

17. 「용(龍)과 호랑이가 서로 싸움」 두 강자(强者)끼리의 싸움을 비유하는 말.

난형난제(難兄難弟), 막상막하(莫上莫下)
우열난분(愚劣難分), 행동능우(行同能偶)

19. 성실(誠實)하고 정성(精誠)스러운 마음과 뜻.

금석위개(金石爲開), 단성무이(丹誠無二)
멸시음우(滅矢飮羽), 사석위호(射石爲虎)
무아봉공(無我奉公), 중석몰촉(中石沒鏃)

1			2	■	3			4
	■	■	5			■	■	
	■	6		■	7		■	
8	9	■	10	11		■	12	
■	13		■		■	14		■
15			16		17	■	18	19
	■	20		■	21		■	
	■	■	22			■	■	
23				■	24			

일흔일곱 번째

가 로 열 쇠

1. 나이나 신분(身分) 따위가 서로 같거나 비슷한 사람들 사이. 동배간(同輩間)

3. 천하(天下)의 모든 사람이 우러러 사모(思慕)함.

만부지망(萬夫之望)

5. 경기(競技)나 경쟁(競爭) 등에서 이기고 지는 勝負가 멋지게 이루어지는 일.

6. 본받아 배울 만한 본보기.

· 일부러 법을 어기는 말이나 행동(行動)을 함.

7. 남에게 진 빚.

채전(債錢), 차전(借錢)

· 손에 쥐고 흔들어서 바람을 일으키는 도구(道具).

8. 무엇을 잘할 수 있는 타고난 능력(能力)과 슬기.

· 그곳에 머물러 삶.

10. 의원(議員)들이 모여 회의(會議)하기 위한 건물(建物).

12. 양철로 만든 둥근 기둥 꼴의 통.

캔+통

· 아는 것이 없이 머리가 텅 빈 사람.

13. 다른 사람의 행위(行爲)를 승인(承認)하거나 시인(是認)함.

意思나 의견(意見)을 같이함.

타인(他人)의 법률 행위(法律 行爲)에 허락(許諾) 또는 인정(認定)의 의사 표시(意思 表示)를 함.

14. 정도(程度)보다 지나치게 많음.

· 보통(普通)을 훨씬 넘긴 정도(程度)로 많음.

15. 어떤 일에 쓸 資金을 냄. 투자(投資)

16. 기업(企業)에서 간부직(幹部職)에 있는 사람.

· 위탁(委託)을 받아 시설(施設)을 관리(管理)하는 사람.

18. 뚫어지거나 파낸 자리.

· 어려움을 헤쳐 나갈 길.

· 허술한 구석이나 모순(矛盾).

20. 일의 정황(情況)이나 남의 마음을 그때그때 상황(狀況)으로 미루어 알아내는 힘. 면색(面色), 기색(氣色)

21. 사람들의 관심(關心)이나 흥미(興味)를 집중(集中)시키는, 사물(事物)의 가장 중요(重要)한 부분(部分).

22. 떠나가는 목적지(目的地).

23. 사람이면 누구나 가지는 보통(普通)의 마음이나 감정(感情).

당연지사(當然之事), 사세고연(事勢固然)

의리당연(義理當然), 이소고연(理所固然)

이소당연(理所當然), 자연지리(自然之理)

24. 자신(自身)의 주장(主張)을 고집(固執)하며 말로 옳고 그름을 다투는 일.

세 로 열 쇠

1. 세상을 구할 만한 뛰어난 재주. 또는 그 재주를 가진 사람.

가조지주(賈鼂之儔), 경국대재(經國大才)
경국제세(經國濟世), 경국지재(經國之才)
경세지재(經世之才), 지사인인(志士仁人)

2. 명분(名分)을 거스르고 신의(信義)를 저버리는 행위(行爲).

아들이 대역(大逆) 죄인(罪人)도 아닌 아버지를 고소(告訴)하는 행위 따위.

망은배의(忘恩背義), 배은망덕(背恩忘德)
은반위구(恩反爲仇), 축구서종(畜狗噬踵)
↔ 결초보은(結草報恩)

3. 만명(萬明)의 남자(男子)가 덤벼도 당하지 못함.

중인불승(中人弗勝), 족탈불급(足脫不及)
만부부당지용(萬夫不當之勇)

4. 「한이 없는 슬픔」 어버이나 임금의 상사(喪事)를 당한 때처럼 그지없는 슬픔.

고분이가(鼓盆而歌), 금단주현(琴斷朱絃)
붕천지통(崩天之痛), 참염지애(斬剡之哀)
천붕지통(天崩之痛), 천붕지함(天崩地陷)
천붕지탁(天崩地坼), 천붕지괴(天崩地壞)
할반지통(割半之痛)

9. 주체(主體)가 되어 어떤 일을 일으키거나 능동적(能動的)으로 행하는 사람.

11. 어딘가에 기대거나 매달려서, 높은 곳이나 낮은 곳을 오르내릴 때 디딜 수 있도록 만든 도구(道具).

제계(梯階), 제자(梯子), 현제(懸梯)

12. 악착(齷齪)같은 기질이나 힘. 깡

15. 시집간 딸은 친정(親庭) 사람이 아니고 남이나 마찬가지임.

16. 정부(政府)나 국가(國家)의 행정기관(行政機關)에 의해서 행해지는 행정.

관치(官治), 국가행정(國家行政)
↔ 자치행정(自治行政)

17. 처음부터 끝까지의 과정(課程).

자두지미(自頭至尾), 자초지종(自初至終)
전후수말(前後首末), 전후시말(前後始末)
종두지미(從頭至尾)

19. 예전에, 권세가(權勢家)에서 멍석에 말아 놓고 뭇매를 치던 형벌(刑罰).

· 장례(葬禮)를 치를 형편(形便)이 못되어 시체(屍體)를 멍석에 말아서 산골짜기에 내다 버리던 일.

1			2	■	3			4
	■	■	5			■	■	
	■	6		■	7		■	
8	9	■	10	11		■	12	
■	13		■		■	14		■
15		■	16		17	■	18	19
	■	20		■	21		■	
	■	■	22			■	■	
23				■	24			

일흔여덟 번째

가 로 열 쇠

1. 「나라를 어지럽히는 신하(臣下)와 어버이에게 불효(不孝)하는 자식(子息)」 나라를 어지럽히는 불충(不忠)한 무리.

난신적자(亂臣賊子), 무부무군(無父無君)

3. 이웃 나라와 친선(親善)을 꾀하여 협력(協力) 체제(體制)를 강화(强化)하고자 하는 외교(外交).

먼로 독트린(Monroe Doctrine)

5. 정처(定處) 없이 여기저기 떠돌아다니는 백성(百姓).

유민(流民), 유호(流戶), 유맹(流氓)

6. 결함(缺陷)이나 問題를 해결(解決)하기 위해 제시(提示)된 적절(適切)한 방법.

병을 치료(治療)하기 위해 제시된 방법(方法).

7. 어떤 일이나 행동(行動) 따위가 담긴 뜻이나 의도(意圖).

어떤 말이나 글이 나타내고 있는 내용(內容).

8. 오래된 편지(便紙)나 증서(證書).

10. 사관후보생(士官候補生) 또는 사관생도가 장교(將校)로 任命되는 의식(儀式).

관직(官職)에 임명할 때 하는 의식.

12. 세상에 알려지지 않았던 것을 찾아냄.

땅속에 파묻혀 있던 역사적(歷史的) 유물(遺物) 따위를 파냄.

13. 남의 괴로움이나 슬픔을 달래 주려고 따뜻한 말이나 행동(行動)을 베풂.

· 위험(危險)한 길.

14. 사람 얼굴의 생김새. 또는 그 얼굴의 근육이나 눈살 따위.

· 어떤 대상(對象)을 보거나 듣거나 했을 때 그것이 사람의 마음에 주는 느낌이나 작용(作用).

· 물건값, 봉급, 요금 따위를 올림.

15. 여행(旅行)에 드는 비용(費用).

· 중국 춘추시대(春秋時代)의 사상가(思想家). 성(姓)은 이(李). 이름은 이(耳).

· 종살이하는 남자.

16. 딱하고 안타까운 형편(形便)을 털어놓으면서 애써 사정(事情)함.

18. 서로 마음이 통하여 친한 벗.

20. 구체적(具體的) 범죄(犯罪)에 대한 처벌(處罰)의 경중(輕重)에 영향(影響)을 미치는 일체(一切)의 사정(事情).

· 맨 위 꼭대기. 국가의 우두머리.

21. 밖으로부터 가해지는 힘에 굴복(屈伏)하여 따르지 않고 거역(拒逆)하거나 버팀. 항거(抗拒)

22. 한 나라가 다른 나라로부터 빌려 통치(統治)하는 땅.

23. 대한제국기(大韓帝國期), 1905년 일본 놈들이 우리의 외교권(外交權)을 빼앗기 위해 강제적(强制的)으로 맺은 조약.

을사오조약(乙巳五條約)

24. 「개구리와 매미가 시끄럽게 울어댐」

서투른 문장(文章)이나 쓸데없는 의논(議論)을 조롱(嘲弄)하는 말.

선조와명(蟬噪蛙鳴), 춘와추선(春蛙秋蟬)

↔ 창언정론(昌言正論)

세 로 열 쇠

1. 갖은 고초(苦楚)를 겪어 몹시 힘들고 괴로움.

난행고행(難行苦行), 남부여대(男負女戴)

도탄지고(塗炭之苦), 만고풍상(萬古風霜)

역경난경(逆境難境), 열력풍상(閱歷風霜)

즐풍목우(櫛風沐雨), 풍상고초(風霜苦楚)

2. 경제적(經濟的)으로 사유재산(私有財産)과 기업(企業)의 자유(自由) 활동(活動)을 옹호(擁護)하는 주장(主張).

레세페르(laissez-faire)

각자(各自)의 자유에 맡겨 간섭(干涉)하지 않음.

3. 한 사회(社會)에서 소수(少數)의 기득권층(旣得權層)이 그렇지 못한 사람들에 대하여 가지는 우월감(優越感).

4. 「교활(狡猾)한 토끼는 굴을 세 개 파 놓음」 자신(自身)의 안전(安全)을 위하여 미리 몇 가지의 계책(計策)을 짜 놓음.

안거위사(安居危思), 안불망위(安不忘危)

유비무환(有備無患), 토영삼굴(兔營三窟)

↔ 실우치구(失牛治廐)

9. 어떤 분야(分野)에서 뛰어나다고 인정(認定)을 받고 영향(影響)을 행사(行事)하는 힘을 가진 사람.

11. 특별(特別)히 마음에 두고 있는 일.

12. 역사적(歷史的)으로 큰 가치(價値)가 있는 일이나 현상(現想)이 처음 나타난 장소(場所). 발원지(發源地)

15. 「갑에게서 받은 노여움을 을에게 풂」 어떤 사람에게서 받은 노여움을 애꿎은 다른 이에게 화풀이함.

실어노시어색(室於怒市於色)

노갑을이(怒甲乙移), 식노지구(飾怒之具)

16. 두 나라 사이의 통상(通商), 항해(航海)에 관한 일과 그에 따른 入國, 거주(居住), 영사(領事)의 교환(交換) 등에 관한 사항(事項)을 규정(規定)한 조약(條約).

17. 「우물 밑의 개구리」 소견(所見)이나 견문(見聞)이 몹시 좁음.

관중규천(管中窺天), 번리지안(藩籬之鷃)

서목촌광(鼠目寸光), 선부지설(蟬不知雪)

19. 「비가 알맞게 내리고 바람이 고르게 붊」 농사(農事)에 알맞게 기후(氣候)가 순조(順調)로움.

우풍순조(雨風順調), 풍조우순(風調雨順)

십풍오우(十風五雨), 오풍십우(五風十雨)

일흔아홉 번째

가 로 열 쇠

1. 「울고 싶은 차에 때려 줌」 무슨 일을 하고 싶을 때의 좋은 핑곗거리가 생김. 또는 불평(不平)을 품고 있는 사람을 선동(煽動)하는 것을 비유하는 말.

요순고설(搖脣鼓舌)

3. 참수(斬首)를 속히 시켜 준 것의 대가(對價)로 주는 보수(報酬).

5. 보면서 즐기기 위하여 기르는 나무.

6. 장터나 길거리를 돌아다니며 동냥하는 사람.

7. 사물(事物)의 무거운 정도(程度).

· 대상(對象)이 어떤 분야(分野)에서 차지하는 중요성(重要性)의 정도(程度).

· 언행(言行)이나 태도(態度)에 드러난 진지(眞摯)하고 차분한 성격(性格).

위엄(威嚴)

8. 뜻밖의 갑작스러운 판국.

10. 질병(疾病)을 다스려 낫게 하는 방책(方策).

12. 실없이 놀리거나 장난으로 하는 말.

해어(諧語) ↔ 진담(眞談)

· 색채(色彩)나 명암(明暗) 따위의 짙고 옅은 정도(程度).

13. 너그럽고 속이 깊은 마음씨.

도량(度量)

14. 어떤 임무(任務)를 돌아가며 차례(次例)로 맡음.

윤차(輪次), 번차례(番次例)

15. 깊이 감추고 있는 비밀(祕密).

극비(極祕), 엄비(嚴祕)

16. 어떤 것을 지니지 못하고 모임 따위에 참여(參與)함.

18. '서캐와 이'를 아울러 이르는 말.

20. 무엇을 얻고자 하거나, 무슨 일을 하고자 하는 바람.

21. 느긋하고 차분하게 생각하거나 행동(行動)하는 마음의 상태(狀態).

물질적(物質的)으로나 시간적(時間的)으로 넉넉하여 남음이 있음.

22. 공평하거나 올바르지 않음.

불공평(不公平), 불평등(不平等)

23. 남과 사귀지 않거나, 남의 도움을 받을 데가 전혀 없음.

고독지옥(孤獨地獄), 사고무친(四顧無親)
사고무탁(四顧無托), 형단영척(形單影隻)

24. 「그 수(數)를 알 수 없음」 헤아릴 수 없을 만큼 매우 많음.

기려불억(其麗不億), 만항하사(萬恒河沙)
무궁무진(無窮無盡), 불가승수(不可勝數)
비비개시(比比皆是), 아승기야(阿僧祇耶)
여산약해(如山若海), 지불승굴(指不勝屈)
천만무량(千萬無量), 천천만만(千千萬萬)
항하사수(恒河砂數)
↔ 유일무이(唯一無二), 전무후무(前無後無)

세 로 열 쇠

1. 「잘 만들려고 너무 기교(技巧)를 다하다가 도리어 졸렬(拙劣)한 결과(結果)를 보게 됨」 너무 잘하려고 하면 도리어 잘되지 않음.

욕속부달(欲速不達) ○○○○

농교성졸(弄巧成拙), 알묘조장(揠苗助長)

↔ 과숙체락(瓜熟蒂落), 순서점진(順序漸進)

2. 다른 고장에서 온 사람.

3. 「손을 묶은 것처럼 어찌할 도리(道理)가 없어 꼼짝 못 함」 뻔히 보면서도 어찌할 바를 모르고 꼼짝 못 함.

갱무도리(更無道理), 거허박영(據虛博影)

계무소출(計無所出), 내자가추(來者可追)

대안지화(對岸之火), 동탄부득(動彈不得)

막가내하(莫可奈何), 말여지하(末如之何)

무위무책(無爲無策), 백계무책(百計無策)

백약무효(百藥無效), 일주막전(一籌莫展)

졸난변통(猝難變通), 주판지세(走坂之勢)

축계망리(逐鷄望籬)

4. 실없고 하찮은 이야기.

9. 남편(男便)을 예스럽게 이르는 말.

· 웃어른에게 자기 남편을 낮추어 이르는 말.

· 예전에, 계집종의 남편을 이르는 말.

11. 죄인(罪人)이 귀양(歸養)보내진 장소(場所).

거정(居停), 배소(配所), 적소(謫所)

12. 농사일이 매우 바쁜 시기(時期).

↔ 겨를철, 농한기(農閑期)

15. 깊이 생각하고 깊이 고찰(考察)함. 신중(愼重)하여 곰곰이 생각함.

심사묵고(深思默考), 심사숙려(深思熟慮)

심사원려(深思遠慮), 심계원려(深計遠慮)

심식장려(深識長慮)

16. 앞으로 얼마 오래되지 않고 가까움.

17. 제16대 대통령(大統領) 선거(選擧)에서 당선(當選)되어 취임(就任)한 노무현(盧武鉉) 대통령과 여당(與黨)인 열린우리당으로 출범(出凡)한 제6공화국(共和國)의 네 번째 정부(政府).

19. 무릎으로 걸어가서 머리가 땅에 닿도록 절을 함.

고두사은(叩頭謝恩), 궐각계수(厥角稽首)

돈수재배(頓首再拜), 면관돈수(免冠頓首)

백배치사(百拜致謝), 지우지감(知遇之感)

평신저두(平身低頭), 함토고두(含土叩頭)

1			2	■	3			4
	■	■	5			■	■	
	■	6		■	7		■	
8	9	■	10	11		■	12	
■	13		■		■	14		■
15		■	16		17	■	18	19
	■	20		■	21		■	
	■	■	22			■	■	
23				■	24			

여든 번째

가 로 열 쇠

1. 「일생(一生)을 존경(尊敬)하고 사모(思慕)하며 내 몸을 의탁(依託)함」 예전에, 아내가 남편(男便)에 대하여 가져야 할 태도(態度)를 이르는 말.

가계수계(嫁鷄隨鷄), 거안제미(擧案齊眉)
삼종지도(三從之道), 삼종지탁(三從之托)
일부종사(一夫從事), 일부종신(一夫終身)

3. 실속은 없이 겉만 화려(華麗)하고 행실(行實)이 좋지 못함.

수식변폭(修飾邊幅) 피장화초(皮匠花草)
호색방탕(好色放蕩) 부화방종(浮華放縱)
↔ 박이불문(朴而不文)
진금부도(眞金不鍍)

5. 영화(映畵) 등을 영사(映寫)하여 관객(觀客)에게 보이는 방.

6. 「붓을 잡음」 직접(直接) 소설(小說)이나 책(冊) 따위의 글을 쓰는 것.

7. 어떤 움직임이나 모양(模樣), 소리 등을 비슷하게 따라 하는 짓.

흉내, 입내

8. 부끄러워서 땀을 흘림.

· 거동(擧動)이나 차림새가 수상(殊常)한 사내.

10. 나무 베는 일을 직업(職業)으로 하는 사람.

12. 한쪽으로 치우치지 않고 균형(均衡)이 맞음.

13. 냉전(冷戰) 시대의 공산(共産) 진영(陣營)과 자유(自由) 진영(陣營).

· 자매(姉妹)의 남편(男便) 사이나, 형제(兄弟)의 아내 사이에 서로 부르거나 가리키는 말.

14. 사람이 본디부터 가진 성질(性質).

· 사물(事物)이나 현상(現想)에 있는 고유(固有)한 특성(特性).

15. 일의 안건(案件)이 점점 불어서 한꺼번에 쌓임.

· 자비(慈悲)로운 얼굴.

16. 필요(必要) 이상으로 돈이나 물품(物品)을 써서 없애는 일.

18. 기묘(奇妙)한 솜씨나 재주.

· 사물(事物)을 잘 다루는 방법(方法)이나 능력(能力).

20. 마음의 속. 생각의 맨 처음.

심리(心裏), 의중(意中), 회리(懷裏)

21. 한 물질(物質)의 부피와 질량(質量)의 비례(比例).

· 일정한 면적(面積)이나 공간(空間) 속에 포함(包含)된 물질(物質)이나 대상(對象)의 빽빽한 정도(程度).

22. 말하는 때 이전(以前) 지나간 차례(次例)나 때.

23. 현재(現在) 자기(自己)가 직접(直接) 가르침을 받는 스승.

24. 물건(物件)을 넣을 수 있도록 옷에 대거나 겯들여 만든 천.

경제적(經濟的)인 사정(事情)의 비유.

세 로 열 쇠

1. 우러러보아 남의 덕(德)이 높은 데 감격(感激)하고, 굽어보아 자기의 용렬(庸劣)함을 부끄러이 여김.

무치지치(無恥之恥), 망양지탄(望洋之嘆)
욕소필연(欲燒筆硯), 이승양석(以升量石)

2. 「상(賞)을 줄 만한 공(功)이 있는 자에게 반드시 상을 주고, 벌할 죄과(罪過)가 있는 자에게는 반드시 벌(罰)을 줌」 상벌을 공정(公正)·엄중(嚴重)히 하는 일을 이르는 말.

포징(褒懲), 상형(賞刑)

3. 적당(適當)한 재료(材料)나 충분(充分)한 시간(時間)을 들이지 않는 등 불성실(不誠實)하게 시행(施行)된 공사(工事).

4. 싸움이나 시비(是非), 논쟁(論爭) 따위에서 어느 쪽에도 치우치지 않음.

탕평(蕩平), 공평무사(公平無私)
대공지평(大公至平)

9. 꽤 오랫동안. 한참

과거(過去)에 어느 일정(一定)한 시간(時間)이나 시기(時期) 동안.

한때, 한철

11. 목재(木材)를 사용(使用)해 가구(家具) 등을 만드는 곳.

12. 사물(事物)이나 일 따위의 형태(形態)가 갖추어지는 기간(期間) 혹은 시기(時期).

15. 자기(自己)의 감정(感情)이나 의지(意志)를 여러 수단(手段)을 통해 타인(他人)에게 드러내는 일.

16. 「개구리 올챙이 시절(時節)의 일」 현재(現在)의 발전(發展)이 있기 이전(以前) 과거(過去)의 일.

팔자(八字)가 좋아진 사람의 그전에 고생하던 때의 일.

과거지사(過去之事), 과두시사(蝌蚪時事)
과두시절(蝌蚪時節), 과두시대(蝌蚪時代)

17. 자신(自身)의 정보(情報)에 다른 사람이 접근(接近)할 수 없도록 미리 정해 두는 고유(固有)한 문자열(文字列).

19. 술주정이 몹시 심한 사람을 욕(辱)하는 말.

여든한 번째

가 로 열 쇠

1. 「자는 호랑이의 코를 찌름」 가만히 있는 사람을 空然히 건드려서 禍를 입거나 일을 不利하게 만듦.

숙호충본(宿虎衝本), 타초경사(打草驚蛇)

3. 「앞에 간 수레가 뒤집힌 바퀴 자국」 앞의 失敗를 본보기로 삼아 注意함.

전차복후차계(前車覆後車戒)

답복차지철(踏覆車之轍)

복거지계(覆車之戒)

5. 따로따로 흩어지는 性質.

6. 仔細하지 않고 基本的인 程度로.

· 中心이 되는 部分만을 떼어 낸 細密하지 않은 內容.

7. 어떤 對象에 대한 注意와 關心.

· 눈이 가는 方向.

8. 現實性이나 可能性이 없는 헛된 생각이나 空想.

· 각 고을의 社倉에서 百姓에게 꾸어 주었던 穀食을 가을에 받아들이는 일.

10. 물로 설거지하는 施設物.

12. 마음을 늦추지 않고 精神을 바짝 차림.

· 근육(筋肉)이나 神經 중추(中樞)의 수축(收縮)·흥분(興奮) 狀態가 지속(持續)되는 일.

13. 지금 이 時代.

· 사람의 限平生. 당세(當世), 당조(唐朝) ↔ 선대(先代)

14. 어떤 힘으로 억누르거나 제약(制約)함.

· 心理的, 精神的으로 相對便에게 겁을 줌.

15. 옷의 소매.

· 거짓으로 꾸며 그럴듯함.

16. 유도탄(誘導彈) 따위에 장비(裝備)한 핵폭발(核爆發) 장치(裝置).

18. 마음에 깊이 느끼어 크게 感動함.

20. 흥(興)을 느끼는 재미.

· 어떤 對象에 마음이 끌리어 感情을 수반(隨伴)하는 關心.

21. 物品이나 情報, 병균(病菌) 등이 전해지는 經路.

연계(連繫)를 맺거나 連絡하는 方法.

22. 네 굽이 흰빛인 말. 사족발이

23. 둘 중에서 하나를 고름.

이자선일(二者選一), 이자택일(二者擇一)

24. 눈치와 動作이 빠르고 知慧가 있음.

민첩혜힐(敏捷慧黠), 기경유봉(機警有鋒)

탈토지세(脫兎之勢)

세 로 열 쇠

1. 「콩과 물만 먹는 가난한 生活 속에서의 즐거움」 가난한 중에도 父母를 잘 섬겨 그 마음을 기쁘게 함.

숙수지공(菽水之供), 숙수지봉(菽水之奉)
숙수지양(菽水之養), 죽일연명(粥一延命)

2. 의롭지 못한 일이나 잘못되어 가는 世態가 슬프고 분하여 마음이 북받침.

강개무량(慷慨無量), 풍소지사(風騷之士)

3. 氣運이나 勢力 등이 가장 왕성(旺盛)한 時代. 전성기(全盛期)

4. 「쇠 같은 마음에 돌 같은 창자」 매우 굳센 意志나 志操가 있는 마음.

철석간장(鐵石肝腸), 철석심장(鐵石心臟)
철장석심(鐵腸石心)

9. 어지간하게 많은 數.

대다수(大多數)

11. 손으로 던져 爆發시키는 小形 爆彈.

12. 몹시 緊張되고 切迫한 느낌.

15. 뜻한 바를 이루어 滿足한 마음이 얼굴에 나타난 模樣.

기염만장(氣焰萬丈), 득의만면(得意滿面)
득의만만(得意滿滿), 만면춘풍(滿面春風)
심만의족(心滿意足), 안어양양(晏御揚揚)
양비질언(攘臂疾言), 양양득의(揚揚得意)
양양자득(揚揚自得), 접접자희(沾沾自喜)
주저만지(躊躇滿志), 지고기양(趾高氣揚)
지만의득(志滿意得), 토기양미(吐氣揚眉)
호기만장(豪氣萬丈)

16. 핵폭발(核爆發) 장치(裝置)가 된 탄두(彈頭)를 탑재(搭載)할 수 있는 미사일(missile).

17. 우리나라 固有의 웃옷으로 옷자락이 무릎까지 내려오며, 소매 · 무 · 섶 · 깃 따위로 이루어짐.

19. 잘못을 논하여 몹시 非難함.

극난(劇難), 쟁론(諍論)
변난공격(辯難攻擊)

여든두 번째

가 로 열 쇠

1. 사람으로서 마땅히 해야 할 도리에 어긋나고 順理를 拒逆하는 子孫.

간신적자(奸臣賊子), 난신적자(亂臣賊子)

무부무군(無父無君)

3. 나치(Nazi) 獨逸 政權의 國家 祕密警察.

5. 國際的인 商去來上의 業務를 擔當하는 美國의 行政 部署.

6. 바싹 죄어서 몹시 괴롭게 굶.

· 形勢가 切迫함. 최박(催迫)

7. 스승의 門下에 들어가 弟子가 됨.

· 어떤 組織이나 分野에 들어감.

8. 흠뻑 많아서 넉넉함.

여요(餘饒), 온부(溫富), 풍유(豊裕)

· 그 地方의 風俗을 읊은 노래.

10. 抑鬱한 일이나 잘못된 일.

딱한 事情 따위를 말함.

12. 오는 사람을 기쁜 마음으로 반갑게 맞음.

· 空想이나 幻覺에 의하여, 눈앞에 있지 않은 것이 있는 것처럼 보이는 것.

곡두, 허깨비, 허상(虛像), 헛것

13. 自身의 分數에 넘치지 않게 그칠 줄을 앎.

· 붙들어서 버티는 것, 부지하여 지내는 것.

· 株價 下落이 어느 線에서 買入 勢力에 의해 더는 이뤄지지 않는 일.

14. 危險한 일이 일어나지 않도록 미리 操心하고 保護함.

· 京畿道와 忠淸道 地域.

· 警戒를 알리는 信號.

15. 머슴에게 支給하는 일 년 동안의 품삯.

· 좁고 작은 길.

16. 現生 人類 以前의 古代 인류.

18. 나이를 먹어 어른스럽게 됨.

果實 등 生命體가 充分히 자람.

20. 女子의 곧은 節槪.

· 朝鮮의 제22代 王.

21. 나이 일흔 살.

· 일흔일곱 살을 이르는 말.

22. 어떤 사람이 찾아간 一定한 場所.

23. 새로 나타난 新人으로서 뜻과 氣像이 날카로움.

참연현두각(慘然見頭角)

전도양양(前途洋洋), 풍운재자(風雲才子)

후생각고(後生角高), 후생가외(後生可畏)

방장부절(方長不折)

24. 한없이 넓고 커서 끝이 없음.

광대무변(廣大無邊), 궁천극지(窮天極地)

망무애반(茫無涯畔), 망무제애(茫無際涯)

무궁무진(無窮無盡), 일망무제(一望無際)

천양무공(天壤無窮), 호호탕탕(浩浩蕩蕩)

황양무애(滉瀁無涯)

세 로 열 쇠

1. 「쪽박을 차고 바람을 잡으려 함」 成事되지 않을 것을 뻔히 알면서도 헛되이 하려는 것. 패원호포풍(佩圓瓠捕風)

마생각(馬生角), 귀모토각(龜毛兎角)

고망착호(藁網捉虎), 고빙구화(敲氷求火)

귀배괄모(龜背刮毛), 누진취영(縷塵吹影)

도문계살(屠門戒殺), 빙공착영(憑空捉影)

빙탄상애(氷炭相愛), 사어지천(射魚指天)

상산구어(上山求魚), 연목구어(緣木求魚)

오두마각(烏頭馬角), 육지행선(陸地行船)

일수탁천(一手托天), 일중도영(日中逃影)

전수작빙(煎水作氷)

2. 「위로는 損傷을 입히고 아래를 빼앗음」 나라에 害를 끼치고 百姓에게는 財物을 빼앗음.

억강부약(抑强扶弱), 하후상박(下厚上薄)

손상익하(損上益下)

↔ 억약부강(抑弱扶强), 유여강토(柔茹剛吐)

3. 「도끼를 들고 산으로 가지 않고 물에 들어감」 쓸데없는 짓을 함.

누진취영(縷塵吹影), 득갑환주(得匣還珠)

무병자구(無病自灸), 조빙화지(凋氷畵脂)

화사첨족(畵蛇添足)

4. 「바람을 잡고 그림자를 붙듦」 믿음직하지 않고 허황(虛荒)한 말과 行動.

백년하청(百年河淸), 여양모육(與羊謨肉)

여호모피(與狐謀皮), 여호모피(與虎謀皮)

초망착호(草網着虎), 포탄희량(抱炭希凉)

9. 「확대경(擴大鏡)을 裝置하여 놓고 그 속의 여러 가지 재미있는 그림을 돌려가며 구경하는 장난감」 알쏭달쏭하고 묘한 世上 일을 比喩함. 만화경(萬華鏡)

11. 地域이 좁고 人口가 적은 都市.

12. 기뻐서 큰소리로 외치는 소리.

15. 代代로 나라에서 주는 祿을 받는 臣下.

국록지신(國祿之臣), 식국지록(食國之祿)

식록지신(食祿之臣)

16. 「모난 자루에 둥근 구멍」 事物이 서로 맞지 않음을 比喩함.

방예원조(方枘圓鑿), 방저원개(方底圓蓋)

여장방목(如將方木), 원공방목(圓孔方木)

원착방예(圓鑿方枘), 환조방예(圜鑿方枘)

예조(착)불상용(枘鑿不相容)

17. 사람은 드물고 땅은 넓음.

인희지황(人稀地黃)

↔ 지광인희(地廣人稀)

19. 「콩인지 보리인지 分揀하지 못함」 事理를 分別하지 못하고 世上 物情을 잘 모름.

어로불변(魚魯不辨), 목불식정(目不識丁)

여든세 번째

가 로 열 쇠

1. 옛것을 익히고 그것을 미루어서 새 것을 앎.

계왕개래(繼往開來), 관왕지래(觀往知來)
남고고신(覽古考新), 명경조형(明鏡照形)
박고지금(博古知今), 법고창신(法古創新)
복거지계(覆車之戒), 부답복철(不踏覆轍)
상감불원(商鑑不遠), 은감불원(殷鑑不遠)
이고위감(以古爲鑑), 이왕찰래(以往察來)
전거가감(前車可鑑), 전거복철(前車覆轍)
전복후계(前覆後戒), 전언왕행(前言往行)
징전비후(懲前毖後), 학우고훈(學于古訓)
환부작신(換腐作新)
거구이감신(據舊以鑒新)
궐감유불원(厥鑒惟不遠)

↔ 마호체승(馬好替乘), 자아작고(自我作古)
제구포신(除舊布新), 혁고정신(革故鼎新)

3. 사람의 性品이나 能力 따위를 잘 알아보는 識見. 지감(知鑑)

5. 北韓의 國旗.

6. 텅 빈 空中. 거지중천(居之中天)

7. 어떠한 處地나 形便.

• 두 地域의 境界가 맞닿음.

8. 以前의 잘못을 깨닫고 뉘우침.

회한(悔恨), 통회(痛悔)
조지약차(早知若此)

10. 어떤 일을 오래 함에 따라 自然스럽게 터득한 方法이나 要領.

남이 알지 못하는, 自己만의 獨特하고 效果的인 방법.

12. 남과 함께하지 않고 홀로인 狀態.

13. 原稿나 文件의 초(草)를 잡아 씀.

애벌로 案을 잡음. 또는 그 안.

• 못된 짓을 하는 者를 불러 說得하고 便安하게 살도록 하여 줌.

罪를 容恕 받음. 또는 그런 事實을 公布함.

14. 時間의 變化에 따라 변하여 바뀜.

변이(變移), 동전(動轉), 화천(化遷)

15. 稅金 徵收의 일을 맡아보는 官吏.

• 勢力과 權利를 아우르는 말.

16. 內戰이나 기아(飢餓) 등으로 인해 避難한 사람들이 모여 사는 臨時 居住地.

18. 무엇을 하고자 하는 생각이나 計劃.

• 貪官汚吏들의 財物을 훔쳐다가 가난한 사람을 도와주는 義로운 盜賊.

20. 오래전부터 해 오는 대로 함.

• 마음으로 진리를 비추어 보고 그 眞理에 따라 實踐함.

自己의 本 性品을 밝게 비추어 보는 方法.

21. 變更하거나 어길 수 없는 굳은 規則이나 原則.

22. 구겨져 생긴 잔금.

23. 科擧를 치르지 않고 祖上의 功에 의해 特別히 받은 官職.

음서(蔭敍), 음관(蔭官), 음직(蔭職)

남행초사(南行初仕)

24. 사람의 생김새와 옷차림.

용모파기(容貌疤記), 인상복색(人相服色)

몽타주(montage)

세 로 열 쇠

1. 性格이 穩和하고 부드러우며 人情이 두터움.

돈방(惇厖), 심독(甚篤)

관유온유(寬裕溫柔), 돈목지의(敦睦之誼)

심중은후(深中隱厚), 풍류독후(風流篤厚)

2. 「神과 사람이 함께 怒함」 누구나 분노(憤怒)할 만큼 증오(憎惡)스럽거나 도저히 용납(容納)될 수 없음.

천인공노(天人共怒), 신인공분(神人共憤)

3. 自己의 속마음을 잘 알아주는 참다운 벗.

관포지교(管鮑之交), 고산유수(高山流水)

금석지계(金石之契), 단금지계(斷金之契)

막역지우(莫逆之友), 문경지우(刎頸之友)

유어유수(猶魚有水)

↔ 시도지교(市道之交)

4. 예전에, 店房에 속해 있으면서 注文에 따라 出張 料理를 하는 下人.

9. 때리는 데 쓰는 가는 나뭇가지.

편태(鞭笞)

11. 階級이나 身分, 地位, 生活 水尊 程度가 낮은 階層.

12. 天體의 位置와 運行을 觀測하던 器具. 선기옥형(璇璣玉衡)

15. 「上典의 빨래를 하는 종의 발꿈치가 하얘짐」 남을 위해 한 일이 제 自己에게도 얼마간의 도움이 됨.

일하고도 아무런 보수(報酬)를 받지 못함.

과화숙식(過火熟食)

16. 아주 심하게 苦生함.

남부여대(男負女戴), 우왕마왕(牛往馬往)

즐풍목우(櫛風沐雨), 풍찬노숙(風餐露宿)

17. 「한 치의 쇠붙이로도 사람을 죽일 수 있음」 簡單한 말로도 남을 感動하거나 弱點을 찌를 수 있음.

양약고구(良藥苦口), 약석지언(藥石之言)

역이지언(逆耳之言), 정문금추(頂門金錐)

정문일침(頂門一鍼), 정상일침(頂上一鍼)

충언역이(忠言逆耳)

19. 「桃園에서 義兄弟를 맺음」 서로 다른 사람들이 私慾을 버리고 目的을 향해 合心할 것을 決意함.

결의형제(結義兄弟), 의기투합(意氣投合)

여든네 번째

가 로 열 쇠

1. 여러 英雄이 各其 한 地方씩 차지하고 威勢를 誇示하며 서로 다투는 狀況.

춘추전국시대(春秋戰國時代)

양웅상쟁(兩雄相爭), 용나호척(龍拏虎擲)

3. 온갖 생각과 感情.

여러 가지 정다운 이야기.

5. 두부를 도톰하게 썰고 밀가루와 달걀을 입혀 기름에 지진 飮食.

6. 어떤 일에 대한 意志나 氣運이 꺾임.

좌돈(挫頓), 최절(摧折), 최좌(摧挫)

7. 「손끝으로 튀김」 어떤 일이나 行動 등을 잘못했다고 非難함.

・나뭇가지로 구운 숯.

8. 사람이나 其他 生物을 殘忍하고 참혹(慘酷)하게 죽임.

10. 「두루 꿰매듯이 빈 곳을 메우는 생각이나 꾀」 눈가림만 하는 一時的인 計策.

동족방뇨(凍足放尿), 할고담복(割股啖腹)

12. 一定한 徑路를 한 바퀴 돎.

・일주간(一週間), 일주일(一週日).

13. 風致가 있고 멋스럽게 노는 일.

화조풍월(花鳥風月).

・管樂 合奏나 小規模로 編成된 管絃合奏를 이르는 말.

14. 어떤 目的을 지닌 行爲의 드러나는 보람이나 좋은 結果.

능률(能率), 실효(實效), 효용(效用)

15. 원통(圓筒) 模樣의 용암(鎔巖) 기둥.

・女子가 月經이 없이 아기를 배는 일.

16. 어떤 물음에 대하여 答한 사람.

18. 매우 왕성(旺盛)하게 벌어지거나 널리 퍼짐.

・사람의 됨됨이와 그 行實.

20. 障礙가 없이 잘되도록 保護함.

・保存되도록 갈무리함.

・매우 所重하게 여겨 잘 간직하여 둠.

・어떤 事實을 위의 官員에게 알리는 公文.

21. 남이 알아차리기 전에 행함.

↔ 정공(正攻)

몰래 움직여 갑자기 攻擊함.

22. 商品이나 서비스의 需要가 많은 時期. ↔ 비수기(非需期)

23. 어떤 問題에 대하여 생각하고 窮理하는 方法이나 態度.

24. 質量을 가진 모든 物體 사이에 作用하는, 서로 끌어당기는 힘. 1687년에 뉴턴(Newton)이 發見하였다.

중력(重力), 우주인력(宇宙引力)

세 로 열 쇠

1. 「닭의 무리 가운데 한 마리의 鶴」 많은 사람 중 가장 뛰어난 한 사람.

낭중지추(囊中之錐), 발류초군(拔類超羣)
앙앙지학(昂昂之鶴), 영탈이출(穎脫而出)
용사기륙(龍蛇起陸), 용중교교(庸中佼佼)
인중기기(人中騏驥), 인중사자(人中獅子)
절류이륜(絶類離倫), 지모과인(智謀過人)
철중쟁쟁(鐵中錚錚), 추처낭중(錐處囊中)
출류발군(出類拔群), 출류발췌(出類拔萃)
출어심상(出於尋常), 출일두지(出一頭地)
탁이불군(卓爾不羣), 표이출지(表而出之)

2. 「머리와 꼬리를 잘라 버림」 副次的인 說明을 빼 버리고 事實의 要點만 말함.

단도직입(單刀直入), 단장취의(斷章取義)
대증하약(對症下藥), 일침견혈(一針見血)
↔ 격화소양(隔靴搔癢), 도비순설(徒費脣舌)

3. 失敗할 危險이 전혀 없는 아주 安全하고 完全한 計策.

금석지책(金石之策), 완구지계(完久之計)
자전지계(自全之計), 토영삼굴(兎營三窟)

4. 「손님을 돌려 主人을 만듦」 남의 意見이나 主張을 제쳐놓고 제 마음대로 處理하거나 放恣하게 行動함.

곡자아의(曲者我意), 방약무인(傍若無人)
방자무기(放恣無忌), 분방자재(奔放自在)
산계야목(山鷄野鶩), 수석침류(漱石枕流)
자주독왕(自主獨往), 자행자지(自行自止)
자휴자용(恣畦自用), 종회여류(從懷如流)

9. 「殺氣를 띤 무시무시한 光景」 보잘것없이 메마르고 스산한 風景.

11. 빗물에 의해서만 農事를 지을 수 있는 논. 천수답(天水畓), 천둥지기

12. 어떤 現象이 一時的으로 일어나는 것.
病의 어떤 症狀이 잠깐 나타났다가 곧 사라지는 것.

15. 임금의 特命을 받아 地方官의 治績과 非違를 探問하여 百姓의 어려움을 살펴서 改選하는 일을 맡아 하던 臨時 벼슬.

만경차사(萬頃差使), 수의사도(繡衣使道)
직지어사(直指御史), 추생어사(抽栍御史)

16. 얼굴을 곱게 꾸미고 옷을 잘 차려입음.

17. 自己의 良心에 벗어나는 말이나 行動을 하면서 스스로 속이는 일.

엄이도종(掩耳盜鐘) 엄목포작(掩目捕雀)
자기기인(自欺欺人)

19. 일을 다 하고도 오히려 힘이 남음.

1			2	■	3			4
	■	■	5			■	■	
	■	6		■	7		■	
8	9	■	10	11		■	12	
■	13		■		■	14		■
15		■	16		17	■	18	19
	■	20		■	21		■	
	■	■	22			■	■	
23				■	24			

여든다섯 번째

가 로 열 쇠

1.「將棋에서, 두 개의 말이 한꺼번에 將을 부름」양쪽에서 同時에 하나를 노림.

더블체크(Double check)

3. 性理學에서, 敎理를 어지럽히고 思想에 어긋나는 言行을 하는 사람.

사세난적(邪世亂賊)

5. 會社를 구하기 위하여 모인 무리라는 뜻으로, 勞動運動을 鎭壓하기 위하여 會社 側에 雇傭된 깡패들.

6. 작은 精誠을 表現하기 위한 膳物.

촌정(寸情), 촌의(寸意)

7. 바르지 않거나 옳지 못함.

・사람이 죽게 되는 일 따위의 꺼림칙하거나 不吉한 일.

8. 興味와 關心을 가지고 봄.

・어떤 過程의 마지막이나 막다른 고비.

10. 計劃이나 方策을 세워 決定한 價格.

12. 몸을 움직임. 또는 그런 짓이나 態度. 갱신, 운신(運身)

행동거지(行動擧止),

13. 어떤 일을 이루기 위하여 어려움을 견디며 몸과 마음을 다하여 무척 애를 씀. 노력(努力)

・삼가 굳게 지킴.

14. 낡고 해져서 입지 못하게 된 옷, 이불 등.

15. 爆藥에 連結된 導火線을 끊음.

16. 풀과 나무 등을 태우고 그 자리에 穀食 따위를 栽培하는 農事.

18.「지라와 위」飮食을 먹고 싶어 하는 마음.

・일이나 事物에 대하여 무엇을 하고 싶은 氣分이나 생각.

20. 너무 興奮하여 미친 듯이 날뜀.

광열(狂熱), 도무(蹈舞),

수무족도(手舞足蹈)

21. 나이가 젊고 기운이 좋은 男子.

負役이나 軍役에 召集된 남자.

徵兵 適齡에 이른 남자.

・먼 路程에 걸쳐 征伐함.

22. 다 쓰고 난 후 다시 充電하여 쓰는 電池.

23.「사람 목숨의 길고 짧음은 하늘에 달려 있음」사람이 살고 죽는 것이나, 오래 살고 못 살고 하는 것은 다 하늘에 달려 사람으로서는 어찌할 수 없음.

진인사대천명(盡人事待天命)

사생유명(死生有命), 부귀재천(富貴在天)

성사재천(成事在天)

↔ 인정승천(人定勝天)

24. 드물어서 認定되는 값이나 쓸모.

供給이 적어지면 物件의 相對的 價值가 增加하는 經濟的 要因을 말함.

세 로 열 쇠

1. 「몸에 좋은 藥은 입에 씀」 좋은 忠告는 비록 귀에 거슬리나 自己에게 이로움을 比喩하는 말. 양약고어구(良藥苦於口)

고약이병(苦藥利病), 고언이행(苦言利行)
보과습유(補過拾遺), 정상일침(頂上一鍼)
약석지언(藥石之言), 역이지언(逆耳之言)
정문금추(頂門金錐), 촌철살인(寸鐵殺人)
충언역이(忠言逆耳)

2. 「事業의 오랜 繼續을 圖謀하는 計劃」 어떤 일이 계속되기를 꾀하는 計策.

만년지계(萬年之計), 백년대계(百年大計)
완구지계(完久之計), 종신지계(終身之計)
장구지계(長久之計)

3. 벼슬이나 門閥이 좋고 社會的으로 地位가 높은 사람의 집안.

4. 너무 고요하여 움직임이 없음.
마음이 安定되어 事物에 動搖하지 않음.

견여반석(堅如盤石), 반석지고(盤石之固)
반석지안(盤石之安), 비석지심(匪石之心)
석반여견(石槃如堅), 시험약이(視險若夷)
안여태산(安如泰山), 안우반석(安于盤石)
완여반석(完如盤石), 요지부동(搖之不動)
↔ 안위미정(安危未定), 측달불안(惻怛不安)

9. 事態의 心覺性을 깨달아 警戒하고 操心하는 마음.

11. 運動 競技 등에서 一定한 時期마다 갖는 試合.

12. 수레나 말을 타는 費用. 노자(路資)

15. 當代에는 견줄 만한 相對가 없는 빼어난 美人.

만고절색(萬古絶色), 무비일색(無比一色)
일고경국(一顧傾國), 일고경색(一顧傾色)
일고경성(一顧傾城), 천하일색(天下一色)
천하국색(天下國色), 천향국색(天香國色)

16. 불빛이 하늘을 찌를 듯이 그 形勢가 몹시 거세고 높게 일어남.

17. 「구슬을 가지고 놂」 아들을 낳음을 빗대어 이르는 말.

농장지경(弄璋之慶), 농와지희(弄瓦之喜)

19. 流配된 罪人을 逃亡하지 못하도록 가시로 울타리를 만들고 그 안에 가두어 두는 일. 위치(圍置)

가극안치(加棘安置), 위리천극(圍籬栫棘)

1			2	■	3			4
	■	■	5			■	■	
	■	6		■	7		■	
8	9	■	10	11		■	12	
■	13		■		■	14		■
15		■	16		17	■	18	19
	■	20		■	21		■	
	■	■	22			■	■	
23				■	24			

여든여섯 번째

가 로 열 쇠

1.「애를 썼는데 보람이 없음」일을 마쳤는데 功이 없음.

금의야행(錦衣夜行), 두양소근(頭痒搔跟)
서과피지(西瓜皮舐), 수주대토(守株待兎)
슬양소배(膝痒搔背), 종정구인(從井救人)
도로무공(徒勞無功), 도로무익(徒勞無益)

3.「前에도 없었고 後에도 없음」比較할 만한 것이 以前에도 없고 以後에도 없음.

미증유(未曾有), 관전절후(冠前絶後)
광전절후(曠前絶後), 전무후무(前無後無)
전소미유(前所未有), 존무이상(尊無二上)

5.「주구(走狗)」 염탐(廉探)꾼을 속되게 이르는 말.

6. 쓸데없이 말수가 많음.

7. 關係되는 둘 以上의 사이에서 이쪽과 저쪽 모두. 상호(相互)

· 一般 庶民으로 70세 이상 된 老人.

8. 關心을 두어 重要하게 생각하거나 이야기할 만한 것. 말머리

10. 바쁜 가운데 한가한 틈
↔ 한중망(閑中忙)

12. 事物의 正當하고 當然한 條理.

논리(論理), 천리(天理), 염도(厭覩)

· 예전에, 守令의 治績을 이르던 말.

13. 事物의 價値나 等級. 또는 質의 높고 낮은 程度. 수준(水尊)

14. 참으로 틀림없이. 진심(眞心)

· 왜곡(歪曲)되지 않은 참되고 애틋한 마음.

· 몹시 소란(騷亂)하던 일을 가라앉힘.

15. 배가 닻을 내리고 머무름.

묘박(錨泊), 도박(到泊). 선박(船泊)

16. 도도(滔滔)하고 거만(倨慢)하게 구는 態度. ↔ 저자세(低姿勢)

18. 얼굴에 드러나는 여러 가지 마음속의 心理와 感情의 모습.

낯빛, 내색(內色)

20. 흥겨운 멋이나 氣分. 감흥(感興)

· 精神 意識과 思惟 活動.

· 날이 밝아 올 무렵.

21. 처마 끝에 다는 작은 종(鐘).

첨령(檐鈴), 풍탁(風鐸)

· 感想의 對象이 되는 自然이나 世上의 모습.

22. 사람이나 事物의 이름을 代身 나타내는 말, 그런 말을 指稱하는 品詞.

대이름씨.

23. 제 命을 다하고 便安히 자리에 누워서 죽음. 선화(仙化)
↔ 경우구독(經于溝瀆), 비명횡사(非命橫死)

24. 어떤 것을 먼저 차지하거나 使用할 수 있는 次例나 位置.

세 로 열 쇠

1. 화롯가에 둘러앉아 閑暇롭게 주고받는 이야기.

노변정담(爐邊情談), 노변한담(爐邊閑談)

2. 公的이거나 私的인 일로 겨를이 없을 만큼 매우 많이 바쁨.

농시방극(農時方劇), 다사다망(多事多忙)
분주다사(奔走多事), 분주불가(奔走不暇)
불가초서(不暇草書), 소불가귀(燒不暇攅)
식불황미(食不遑味), 안비막개(眼鼻莫開)
염불급타(念不及他), 응접불가(應接不暇)
총총망망(悤悤忙忙)

3. 비밀(祕密)로 하지 않고 여러 사람에게 공개(公開)하는 편지(便紙).

4. 낯가죽이 두꺼워 부끄러움을 모름.

과렴선치(寡廉鮮恥), 망자존대(妄自尊大)
면장우피(面張牛皮), 방약무인(傍若無人)
안하무인(眼下無人), 양선무치(攘善無恥)
주출망량(晝出魍魎), 철면피한(鐵面皮漢)
↔ 수오지심(羞惡之心), 염우염치(廉隅廉恥)

9. 우물물을 퍼 올리는 데 쓰는 道具.

11. 飮食物이나 藥物의 毒性으로 인해 身體에 여러 가지 機能 障礙나 非正常的인 症狀이 일어나는 사람.

12. 어떤 일이나 目的의 基準.

・道路上에서 어느 곳까지의 거리 및 方向을 알려 주는 標識.

15. 「우물 안의 개구리」 見識이 좁아서 自己만 잘난 줄 아는 사람을 比喩하는 말.

좌정관천(坐井觀天), 감중지와(埳中之蛙)
정중시성(井中視星), 서목촌광(鼠目寸光)
옹리혜계(甕裏醯鷄), 선부지설(蟬不知雪)
이려측해(以蠡測海), 하충어빙(夏蟲語氷)

16. 뒷일을 付託하는 임금의 遺言을 받은 大臣.

육척지탁(六尺之託), 탁고기명(託孤寄命)
고명지신(顧命之臣)
인가여탁고(仁可與託孤)

17. 비스듬히 비켜부는 바람과 가늘게 오는 비.

사풍세우(斜風細雨)

19. 自身이나 남에게 가하여지는 急迫하고 不當한 侵害를 막기 위해 어쩔 수 없이 침해자에게 取하는 加害行爲.

긴급방위(緊急防衛)
↔ 과잉방위(過剩防衛)

여든일곱 번째

가 로 열 쇠

1.「굳게 참고 견디어 마음이 흔들리지 않음」 아무리 어려운 狀況을 맞아도 참고 견디어 마음이 흔들리지 않는 모습.

견인지종(堅忍至終), 위무불굴(威武不屈)
백절불회(百折不回), 불요불굴(不撓不屈)
영사불욕(寧死不辱)

3. 서로 낫고 못함이 없이 같은 處地임.

피차일반(彼此一般), 마찬가지

5. 活動의 根據나 中心이 되는 場所.

근거지(根據地), 본무대(本舞臺)

6. 마음의 作用으로 얼굴에 드러나는 빛.

・어떠한 일이 일어날 動靜.

7. 어떤 思想, 意見, 物件 따위를 물리침.

배격(排擊), 배타(排他)

8. 어떤 일을 주목(注目)하여 봄.

・실마리를 얻음.

착상(著想), 착목(着目)

10. 어떤 지역(地域)에서 본디 살던 사람.

12. 잘 알려지지 않은 事物이나 事實 따위를 샅샅이 더듬어 調査함.

구교(鉤校)

13.「世上이 처음으로 생겨 열림」 새로운 時代가 열리는 것을 比喩함.

14. 몰래 도망(逃亡)쳐서 숨어 버림.

포찬(逋竄), 도은(逃隱), 도둔(逃遁)
도타(逃躱), 찬복(竄伏), 찬도(竄逃)

15. 試驗을 거치지 않고 임금의 特旨로 벼슬을 주던 일.

・무슨 일을 꾀하는 데 드는 교제비(交際費).

16. 事理 分別을 判斷하지 못하고 어린 아이처럼 形便없는 行動을 하는 사람.

채동지(蔡同知), 천둥벌거숭이.

18. 自己의 感情이나 慾望을 스스로 抑制하여 다스림.

・남을 높여 그의 子女를 이르는 말.

20. 勢力이나 權利 따위가 늘어남.

・「콩팥과 창자」 '眞心'을 말함.

21. 남을 불쌍히 여겨 恩惠를 베풀고 도와줌.

・自己가 자기의 作品을 골라 뽑음.

22. 부처로서 모시는 釋迦牟尼.

23. 어찌 감히 그런 마음을 먹을 수 있으랴?

감불생의(敢不生意), 안감생심(安敢生心)
막감수하(莫敢誰何), 불감앙시(不敢仰視)
불감출두(不敢出頭), 억하심정(抑何心情)

24.「世上을 어지럽히고 百姓을 迷惑하게 하여 속임」 그릇된 理論이나 믿음을 利用해 사람들을 속이고, 그로 인하여 自身의 利益을 追究하는 모습.

기세도명(欺世盜名), 사세혹중(斯世惑衆)

세 로 열 쇠

1. 「개의 어금니가 서로 맞지 않는 것」 國境線이 볼록하게 나오고 오목하게 들어가 서로 牽制하려는 形勢.

견아상제(犬牙相制), 견아착종(犬牙錯綜)

2. 「根本을 빼내고 原泉을 막아 버림」 事物의 弊端을 없애기 위해 그 뿌리째 뽑음.

거기지엽(去其枝葉), 괄장결수(刮腸抉髓)
두점방맹(杜漸防萌), 만인주구(蔓引株求)
부저추신(釜底抽薪), 삭주굴근(削株堀根)
서궐참단(鋤蹶斬斷), 양청격탁(揚淸激濁)
인승배근(引繩排根), 인승비근(引繩批根)
전초제근(剪草除根), 절기본근(絶其本根)
정본청원(正本淸源), 조절간맹(蚤絶姦萌)
참초제근(斬草除根), 호말부가(毫末斧柯)

3. 다른 集團이나 사람에게 支配를 당하는 사람.

4. 「장 씨의 셋째 아들과 이 씨의 넷째 아들」 이름이나 地位를 알 수 없는 平凡한 사람.

갑남을녀(甲男乙女), 과구중인(科臼中人)
남녀노소(男女老少), 남녀노유(男女老幼)
노유남녀(老幼男女), 범부범부(凡夫凡婦)
상하노소(上下老少), 선남선녀(善男善女)
용용지도(庸庸之徒), 우부우부(愚夫愚婦)
초동급부(樵童汲婦), 초동목부(樵童牧夫)
필부필부(匹夫匹婦)

9. 내리는 빗줄기가 매우 가늘어서 안개처럼 부옇게 보이는 비.

세우(細雨), 보슬비, 가랑비

11. 어떤 곳의 가장자리 部分.

12. 무엇에 지나치게 즐겨서 거기에 빠진 사람.

15. 이미 한 말을 자꾸 되풀이함.

장광설(長廣舌)

16. 굳세고 단단한 意志.

철석간장(鐵石肝腸), 철심석장(鐵心石腸)

17. 슬기로운 사람은 道理를 깊이 알고 있으므로 어떤 境遇에도 미혹(迷惑)되지 아니함.

19. 暴惡한 것을 물리치고 困境에 처한 百姓을 구함. '보국안민(輔國安民)'과 함께 東學의 理念임.

경국제세(經國濟世), 경세제민(經世濟民)
광제창생(廣濟蒼生), 구세제민(救世濟民)
박시제중(博施濟衆), 보국안민(輔國安民)
이국편민(利國便民), 이식위수(以食爲首)
제세지재(濟世之才), 포항창진(浦項倉鎭)

여든여덟 번째

가 로 열 쇠

1. 「입은 災殃을 불러들이는 門이 됨」 말 操心하라고 警戒하는 말.

구시화문(口是禍門), 사불급설(駟不及舌)
설망어검(舌芒於劍), 폐구장설(閉口藏舌)

3. 「한쪽 손뼉은 소리가 울리지 않음」 혼자서는 일을 이루기가 어려움.

• 맞서는 사람이 없으면 싸움이 없음.
거지양륜(車之兩輪), 공위순치(共爲脣齒)
보거상의(輔車相依), 순망치한(脣亡齒寒)
순치보거(脣齒輔車), 순치지국(脣齒之國)
조지양익(鳥之兩翼), 독장난명(獨掌難鳴)
척장난명(隻掌難鳴)

5. 態度나 方法 따위가 처음부터 끝까지 한결같은 性質.

6. 어떤 事實들을 아직 알지 못함.

• 깊고 미묘(微妙)한 속뜻.

7. 아무 거리낌이 없이 제멋대로 함부로 행함.

8. 돈이나 物件, 資源 따위를 浪費하지 않고 아껴 씀.

검소(儉素), 과약(寡約)

10. 古代 西洋에서 罪人을 死刑하던 道具 중 하나로 基督教의 象徵이 된 것.

12. 일이나 物件을 보고 느끼는 생각이나 意見. 견해(見解), 인상(印象)

13. 정한 곳이 없이 이리저리 떠돌아다님.

유랑(流浪), 부랑(浮浪), 유리(流離)

14. 事實과 달리 그릇되게 하거나 眞實과 다르게 함.

• 비틀어 구부러지게 함.

15. 水面에 이는 잔물결.

16. 사람이나 動物의 등마루가 되는 部分.

18. 머뭇거리고 망설임.

자저(趑趄), 지주(踟躕)

• 몹시 憎惡하는 對象에게 災殃이나 不幸이 일어나라고 빌거나 險談을 함.

20. 느리고 무디어짐.

변하거나 움직이는 速度가 느리고 무딤.

21. 理解나 主張이 對立되어 말썽이 많고 시끄러움.

분경(紛競), 분쟁(紛爭)

22. 어느 特定 分野와 關聯된 法.

23. 더하기, 빼기, 곱하기, 나누기.

사칙연산(四則演算), 사칙산법(四則算法)

24. 「맨손과 홀몸」 가진 것이 아무것도 없고 意志할 데도 없는 외롭고 쓸쓸한 몸.

고독지옥(孤獨地獄), 고독촉유(孤犢觸乳)
고립무원(孤立無援), 고립무의(孤立無依)
고성낙일(孤城落日), 독행우우(獨行踽踽)
사고무탁(四顧無托), 적빈무의(赤貧無依)
천애고아(天涯孤兒), 혈혈단신(孑孑單身)
형단영고(形單影孤), 형단영척(形單影隻)

세 로 열 쇠

1. 「입에는 꿀이 있고 배 속에는 칼이 있음」 겉으로는 親切하나 마음속은 음흉(陰凶)함.

소중도(笑中刀)

구유밀복유검(口有密復有劍)

소리장도(笑裏藏刀), 면종복배(面從腹背)

강중유외(剛中流外), 구시심비(口是心非)

미사여구(美辭麗句), 화언교어(花言巧語)

2. 「한 가지를 듣고 열 가지를 앎」 至極히 聰明함.

거일반삼(擧一反三), 목기수량(目機銖量)

백령백리(百怜百俐), 타상하설(他尙何說)

↔ 득일망십(得一忘十), 우이독경(牛耳讀經)

3. 큰소리를 지르거나 노래를 불러서 周邊을 시끄럽게 하는 짓.

4. 「환하게 알고 똑똑히 봄」 分明하게 알고 똑똑히 봄. 또는 밝은 智慧와 적확(的確)한 견해(見解).

양비대담(攘臂大談)

9. 藥을 짓도록 약의 이름과 分量 등을 적은 종이.

11. 自身의 形便이나 處地, 本分 따위를 스스로 깨닫는 性質.

12. 누룩을 조금만 써서 맛이 좋게 빚은 穀酒.

15. 몸과 마음을 닦아 修養하고 집안을 돌봄. ○○○○治國平天下 - 먼저 몸과 마음을 닦아 修養하여 집안을 安定시킨 후에 나라를 다스리고 天下를 平定함.

16. 敵의 夜間 攻襲에 對備하여 一定 地域의 불을 가리거나 모두 끄게 하는 일.

17. 對象 全體를 둘로 나누는 論理的 方法과 關聯된 것.

19. 「머리를 숙이고 몸을 움츠림」 容恕를 빌기 위해 머리를 숙이고 몸을 낮춤.

평신저두(平身低頭), 궐각계수(厥角稽首)

저두경수(低頭傾首), 고두사은(叩頭謝恩)

돈수백배(頓首百拜), 슬행돈수(膝行頓首)

함토고두(含土叩頭)

오배삼고두(五拜三叩頭)

1			2	■	3			4
	■	■	5			■	■	
	■	6		■	7		■	
8	9	■	10	11		■	12	
■	13		■		■	14		■
15		■	16		17	■	18	19
	■	20		■	21		■	
	■	■	22			■	■	
23				■	24			

여든아홉 번째

가 로 열 쇠

1. 「우렛소리에 맞춰 함께함」 줏대 없이 남의 意見에 따라 움직임을 말함.

강심상종(降心相從), 난만동귀(爛漫同歸)
맹종맹동(盲從盲動), 수중축대(隨衆逐隊)
수후누수(隨後婁藪), 아부영합(阿附迎合)
인운역운(人云亦云), 추우강남(追友江南)
뇌동부화(雷同附和), 부화수행(附和遂行)
수성부화(隨聲附和), 아부뇌동(阿附雷同)
↔ 화이부동(和而不同)

3. 죽기를 覺悟하고 있는 힘을 다하여 나라의 恩惠에 報答함.

5. 하나의 企業이나 財閥이 以前에 다루지 않던 여러 가지 다른 業種들에까지 進出하면서 規模를 늘려나가는 일.

文魚의 발처럼 여러 갈래로 나눔.

6. 不注意로 잘못을 저지름.

과실(過失), 실례(失禮)

7. 허파.

노엽거나 憤한 마음. 역정, 골

• 兩棲類 以上의 脊椎動物의 呼吸 器官.

8. 「이야기의 첫머리」 關心을 두어 重要하게 생각하거나 이야기할 만한 것.

• 절에서 등불을 켜고 끄는 일을 맡아보는 사람.

10. 學生의 身上 一切를 記錄해 管理하는 帳簿. 생활기록부(生活記錄簿)

12. 뜻밖에 일어난 災殃과 苦難.

앙구(殃咎), 액난(厄難), 화해(禍害)

13. 責望을 당함.

公務員 등의 잘못에 대하여 다시는 그런 일이 없도록 注意시키는 懲戒 處分.

14. 物質이 어떤 性分을 包含하고 있는 分量.

15. 하늘을 代身하여 罪지은 사람은 사람을 꾸짖고 罰 줌. 천벌(天罰)

• 임금의 수라(水剌)를 짓는 주방(廚房). 어주(御廚)

16. 勞動者와 資本家의 中間에 位置하는 小生産者, 小商人 및 俸給生活者, 自由職業者 등을 말함.

프티 부르주아(petit bourgeois)

18. 權利와 그에 따르는 利益.

20. 남의 事情이나 祕密 따위를 隱密히 알아봄.

기형(譏詗), 내탐(內探), 염알이, 정찰(偵察), 탐정(探偵), 염문(廉問), 밀탐(密探)

21. 다른 것이 섞이지 않은 純粹한 物件.

발의 色.

22. 오랜 期間에 걸쳐 進行하는 鬪爭 路程을 比喩하는 말.

23. 荒唐한 일을 당하거나 어찌할 줄을 몰라 精神이 나간 듯이 멍함.

망연약실(茫然若失)

24. 1871년에 美國 軍艦이 江華島에 侵

入하여 勃發한 事件.

세 로 열 쇠

1.「끓는 물이나 뜨거운 불도 헤아리지 않고 뛰어듦」목숨을 걸고 하는 어렵고 힘든 苦辱이나 受難을 이르는 말.

견의용위(見義勇爲), 용왕매진(勇往邁進)
유명시청(惟命是聽), 유유낙낙(唯唯諾諾)
일호재락(一呼再諾), 정신이출(挺身而出)
부탕모화(赴湯冒火), 부탕투화(赴湯投火)

2. 한 스승 밑에서 함께 學文을 배우거나 授業을 받음.

동문동학(同文同學), 동문위붕(同門爲朋)
↔ 동문이호(同文異戶)

3. 總角과 處女가 婚姻하여 맺은 夫婦.

결발부처(結髮夫妻)

4. 나라의 運命이 매우 어지럽고 어려움.

9. 진달래꽃을 넣어 빚은 술.

11. 敵으로 여겨 봄. 적시(敵視)

12. 自由裁量으로 處分할 수 있는 權限.

15.「하늘과 땅에 그물」아무리 하여도 벗어나기 어려운 警戒網이나 피할 수 없는 災厄.

상창난기(上蒼難欺), 천필육지(天必戮之)
↔ 금망소활(禁網疏闊), 망루탄주(網漏呑舟)
천망지루(天網之漏)

16. 작은 것을 貪 하다가 큰 것을 잃음.

교각살우(矯角殺牛), 교왕과정(矯枉過正)
근모실모(僅毛失貌), 기대취소(棄大就小)
석지실장(惜指失掌), 수주탄작(隋珠彈雀)
원별실귀(援鼈失龜), 이욕상생(以欲傷生)
탐자순재(貪者殉財)
탐소리실대리(貪小利失大利)
↔ 망양득우(亡羊得牛), 사소취대(捨小取大)
소실대득(小失大得) 소왕대래(小往大來)

17. 自己 民族을 文化的·政治的으로 守護하려는 精神.

19.「사람이 좋아하는 有益한 세 가지」論語에, 禮樂을 適當히 좋아하는 것, 사람의 착함을 좋아하는 것, 착한 벗이 많음을 좋아하는 것을 말함.

↔ 손자삼요(損者三樂)

아흔 번째

가 로 열 쇠

1. 「災殃과 근심, 걱정이 오히려 福이 됨」 좋지 않은 일이 契機가 되어 오히려 좋은 일이 생김.

화전위복(禍轉爲福), 반화위복(反禍爲福)

새옹화복(塞翁禍福), 고진감래(苦盡甘來) ↔ 낙극생비(樂極生悲)

3. 「닭의 무리 가운데서 한 마리의 鶴」 많은 사람 가운데서 뛰어난 人物.

군계일학(群鷄一鶴), 계군일학(鷄群一鶴)

학립계군(鶴立鷄群), 압권(壓卷)

5. 「하늘의 뜻을 앎」 쉰 살.

지명지년(知命之年), 오십천명(五十天命)

6. 남에게 드러내고 싶지 아니한 부끄러운 部分.

• 金錢 · 物品의 出納을 記錄함.

7. 마소의 귀에서 턱 밑으로 늘여 단 방울.

8. 험한 길이나 먼 길을 끝까지 걸어 나감.

너른 地域을 縱橫으로 두루 걸어서 돌아다님. 도파(蹈破)

10. 같은 뜻을 가지고 모여 한패를 이룬 무리.

• 크거나 긴 物件의 어느 한 部分.

12. 서로 믿고 依支할 수 있는 親舊.

13. 石材로 쓰기 위하여 一定한 크기로 돌을 잘라냄.

14. 賂物을 받음.

수회(收賄) ↔ 증뢰(贈賂)

15. 鹽分이 많아 물맛이 짠 湖水.

함수호(鹹水湖)

16. 大學街에서 내붙인 큰 글씨로 쓴 글. 벽보(壁報)

18. 뒤바뀌어 거꾸로 됨.

• 本能이나 感情 또는 德性의 異狀으로 社會나 道德에 어그러진 行動을 나타내는 일.

20. 빠르게 잘 달리는 말. 비마(飛馬), 준족(駿足), 기족(驥足), 쾌마(快馬)

21. 對象이 어떤 分野에서 차지하고 있는 重要性의 程度.

抽象的인 대상으로부터 사람이 느끼는 威力이나 影響力.

事物의 무거운 정도.

22. 남을 괴롭히는 것을 일삼는 破廉恥한 사람들의 무리.

막되어 禮儀를 갖출 줄 모르는 사람.

23. 「수풀을 휘저어 뱀을 놀라게 함」 意圖하지 않은 行動이 뜻밖의 結果를 낳음.

여수타초 오이경사(汝雖打草 吾已驚蛇)

숙호충비(宿虎衝鼻), 숙호충본(宿虎衝本)

24. 「사마귀가 참새가 뒤에 있는 것은 알지 못하고 매미 잡을 欲心에 구멍으로 들어감」 當場의 利益만을 貪하여 그 뒤의 危險을 알지 못함.

당랑박선(螳螂搏蟬), 당랑규선(螳螂窺蟬)

세 로 열 쇠

1.「以前 사람이 아직 밟지 않음」이제까지 그 누구도 손을 댄 일이 없음.

파천황(破天荒), 미증유(未曾有)

공전절후(空前絶後), 전소미유(前所未有)

2.「땅에 엎드려 움직이지 않음」주어진 일이나 業務를 處理하는데 몸을 사리는 것을 比喩하는 말.

복지안동(伏地眼動)

소극행정(消極行政), 작문정치(作文政治)

3. 行實이 바르지 못한 女子를 얕잡는 말.

4.「작은 비둘기가 큰 붕새를 보고 웃음」어리석은 小人輩가 偉大한 사람을 몰라보고 비웃음을 이르는 말.

9. 財産이나 勢力이 있는 집안의 子孫으로서 財産을 몽땅 털어먹는 난봉꾼.

11. 어린이와 女子를 아울러 이르는 말.

12. 統計에서 어떠한 값이 알맞은 母平均이라고 믿을 수 있는 程度.

15. 너무 바빠서 다른 생각을 할 겨를이 없음.

분주불가(奔走不暇), 식불황미(食不遑味)

안비막개(眼鼻莫開), 유불급흘(濡不給扢)

16. 바둑에서, 大馬가 結局은 살길이 생겨 쉽게 죽지 않는 일.

17. 걸음걸이가 씩씩하고 威嚴이 있음.

19.「물에 비친 달을 잡으려다 원숭이가 죽음」欲心에 눈이 어두워 덤비다가는 狼狽를 봄을 이르는 말.

원후취월(猿猴取月), 태백착월(太白捉月)

아흔한 번째

가 로 열 쇠

1. 「가르침과 배움이 서로 成長시킴」 가르치고 배우는 課程에서 스승과 弟子가 함께 成長함.

효학반(斅學半), 학학반(學學半)

효학상장(斅學相長)

3. 「죽여도 아깝지 않음」 罪가 매우 무거움.

만사무석(萬死無惜), 만륙유경(萬戮猶輕)

경죽난서(罄竹亂書), 극률부도(極律不道)

사유여고(死有餘辜), 죄불용사(罪不容死)

죄사무석(罪死無惜)

↔ 혜전탈우(蹊田奪牛)

5. 두렛일을 할 때 風樂을 울리면서 세우고 가는 農旗.

6. 두터운 恩惠.

돈혜(惇惠), 악택(渥澤), 악은(渥恩)

7. 어떤 主題에 대해 體系的으로 論議함.

• 한 개의 文章보다 큰 一連의 文章들.

8. 옳고 그름을 相對에게 忌憚없이 바로 말함.

곡언(曲言), 경언(鯁言), 당사(讜辭)

絶對的이고 無條件인 말.

10. 일이나 作品 따위가 아직 덜 이루어짐.

12. 피가 모자란 患者를 위하여 健康한 사람이 피를 뽑아 줌.

공혈(供血) ↔ 매혈(賣血)

13. 平均 海面을 基準으로 하여 잰 어떤 地點의 높이.

표고(標高), 고도(高度)

14. 優秀한 業績을 認定받아 名譽로운 자리에 오름.

15. 남의 글을 따다 쓰거나 要點만을 뽑아 씀.

• 嫡子와 庶子, 摘派와 庶派.

16. 어떠한 困難에 닥쳐도 挫折하거나 氣力을 잃지 않는 사람을 比喩하는 말.

18. 一定한 身分이나 地位.

一定한 일을 하는 데 必要한 條件이나 能力.

권리(權利), 격(格)

20. 元首나 支配者가 主權을 行事하여 國土나 國民을 다스림.

21. 道德, 秩序, 規則 따위가 지켜지지 않고 뒤죽박죽되어 어지러움.

22. 어떤 자리에 나아가 參席하지 않음.

23. 「성가시게 구는 파리를 보고 화가 나서 칼을 빼 들고 쫓음」 些少한 일에 화를 냄.

보잘것없는 일에 지나치게 큰 對策을 세움을 比喩함.

견문발검(見蚊拔劍), 우도할계(牛刀割鷄)

우정팽계(牛鼎烹鷄)

24. 四方으로 뿔뿔이 흩어져 재빨리 달아남.

사산분주(四散奔走), 사산분궤(四散奔潰)

세 로 열 쇠

1. 「굽은 것을 바로잡으려다가 程度가 지나치게 곧게 함」 잘못을 바로 고치려다 지나쳐서 오히려 더 나쁘게 됨.

거폐생폐(去弊生弊), 과유불급(過猶不及)
과공비례(過恭非禮), 교각살우(矯角殺牛)
기대취소(棄大就小), 근모실모(僅毛失貌)
매궤환주(買櫃還珠), 명주탄작(明珠彈雀)
석지실장(惜指失掌), 소탐대실(小貪大失)
수주탄작(隋珠彈雀), 원별실귀(援鼈失龜)
이욕상생(以欲傷生) 탐자순재(貪者殉財)
탐소리실대리(貪小利失大利)

2. 「머리를 감추고 꼬리를 숨김」 일의 顚末을 分明하게 밝히지 아니함.

노미장두(露尾藏頭), 장두노미(藏頭露尾)
장형닉영(藏刑匿影)

3. 殺氣가 있어서 무엇도 무섭지 않음.

4. 바위틈에서 능히 무덤구덩이를 팔만한 땅.

9. 漢文을 한글로 풀어서 쓴 冊.

11. 완만(緩慢)한 기울기.
↔ 급경사(急傾斜)

12. 功을 認定 받아 名譽로운 자리에 오른 사람.

15. 怨望이 쌓이고 쌓여 노여움이 깊어짐.

16. 「衣食住에서 奢侈하지도 않고 儉素하지도 않음」 모든 면에서 매우 수수함을 이르는 말.

검소질박(儉素跌撲), 근검절약(勤儉節約)
유사입검(由奢入儉), 검존사실(儉存奢失)

17. 「아침에 道를 깨달으면 저녁에 죽어도 한이 없음」 사람이 참된 理致를 듣고 覺醒하면 當場 죽어도 한 될 것이 없으니 짧은 人生이라도 값있게 살라는 말.

조문도석사가의(朝聞道夕死可矣)

19. 무릎을 손으로 치면서 매우 稱讚함.

격절칭상(擊節稱賞), 격절칭찬(擊節稱讚)
구각춘풍(口角春風), 극구찬송(極口讚頌)
대찬불이(大讚不已), 만구칭찬(萬口稱讚)

아흔두 번째

가 로 열 쇠

1. 예전에, 抑鬱한 事情을 하소연하면서 懇切히 請하여 비는 것. 발괄

노상발괄(路上發䛔), 만단애걸(萬端哀乞)
애걸복걸(哀乞伏乞), 이두창지(以頭搶地)
좌구우고(左求右告), 혼야애걸(昏夜哀乞)

3. 豫想하지 못하였던 災殃이나 事故.

변출불의(變出不意), 비상지변(非常之變)
예차지환(豫且之患), 지부작족(知斧斫足)
지어지앙(池魚之殃), 창황망조(蒼惶罔措)
청천벽력(青天霹靂), 출기불의(出其不意)
불우지변(不虞之變), 불의지변(不意之變)

5. 어떤 組織이나 團體를 이루고 있는 사람.

6. 「어지럽게 얽힌 삼의 실 가닥」 複雜하게 뒤얽힌 일이나 어지러운 世上 形便을 比喩하는 말.

7. 雷聲과 번개를 同伴하는 大氣 중의 妨電 現象.

8. 옷을 속되게 이르는 말.
 • 높은 地位나 社會 등에 오르거나 編入됨.

10. 대오리, 싸리, 버들 등으로 만든 그릇. 둥우리, 바구니, 소쿠리

12. 어떤 境遇든 한결같이.
 • 아직 일어나지 않는 일이나 存在하지 않은 對象을 머릿속으로 그려 봄.

13. 어떤 일의 基本的인 目的이나 意圖.
 • 王의 指示나 許可를 받는 일.

14. 「기운차게 낢」 매우 힘차고 旺盛하게 活動함을 이르는 말.

15. 視覺, 聽覺, 嗅覺, 味覺, 觸覺의 다섯가지 感覺.

16. 교도소(矯導所)의 以前 말.

18. 모자라거나 不足해서 남에게 뒤떨어지는 점.
 남에게 뒤가 구리거나 떳떳하지 못한 점.

20. 번개처럼 갑작스럽게 행함.
 • 격문(檄文)을 전함.

21. 「한 자의 거리」 아주 가까운 거리.
 • 웃어른의 말과 行動을 指摘하여 탓함.

22. 祖上 代代로 血統을 따라 司祭權이 世習 되는 巫堂.

23. 「뭇사람의 말은 쇠도 녹임」 與論의 影響이 큼을 말함.

중심성성(衆心成城), 중지성성(衆志成城)
중후표산(衆煦漂山)

24. 비록 적은 것일지라도 萬金을 얻은 것과 같이 洽足하게 여김.

여득천금(如得千金)

세 로 열 쇠

1. 「나는 새도 들어가지 못함」 防備가 빈틈이 없이 튼튼하고 完璧함.

간불용발(間不容髮), 검각철산(劍閣鐵山)
금산철벽(金山鐵壁), 금성철벽(金城鐵壁)
금성탕지(金城湯池), 난공불락(難攻不落)
성수불루(盛水不漏), 용의주도(用意周到)
응격모지(鷹擊毛摯), 주도면밀(周到綿密)
철두철미(徹頭徹尾), 철옹산성(鐵甕山城)
탕지철성(湯池鐵城)

2. 「때를 긁어 벗기고 갈아서 빛이 나게 함」 숨은 人材를 널리 찾아 登庸함.

사람의 缺點을 고치고 長點을 發揮하게 함을 이르는 말.

파라척결(爬羅剔抉), 발간적복(發奸摘伏)

3. 「千里가 멀다고 여기지 않음」 먼 길이라도 介意치 않고 熱心히 달려감을 이르는 말.

불원만리(不遠萬里)

4. 事物의 模樣이나 性質 등이 바뀌고 달라지는 일이 많고 一定하지 않아 종잡을 수 없음.

변화난측(變化難測), 변화불측(變化不側)
변화막측(變化莫測), 변화무궁(變化無窮)

9. 目的한 바를 이루어서 느끼는 뿌듯하고 자랑스러운 느낌.

11. 맡아서 해야 할 가장 主 되고 重要한 일.

12. 언제든지 쓸 수 있도록 늘 準備하여 두는 藥品.

15. 「넓게 퍼진 안개 속에 있음」 어떤 일의 方向이나 狀況을 알 길이 없음.

암중모색(暗中摸索), 어언황홀(語言恍惚)
정신황홀(精神恍惚)

16. 「形勢가 나빠 마음먹은 대로 안 됨」 行動의 自由를 拘束함.

17. 「깨끗하게 쓸어 낸 듯 아무것도 없음」 物件이 전혀 없음을 이르는 말.

빈핍(貧乏), 서미(胥靡)
적빈여세(赤貧如洗), 추무담석(秋無儋石)
허허공공(虛虛空空)

19. 「쇳덩이를 다루어서 黃金을 만듦」 나쁜 것을 고쳐서 좋은 것을 만듦.

옛사람의 글을 活用하여 글을 지음.

이속위아(以俗爲雅), 이고위신(以故爲新)
점석성금(點石成金)

아흔세 번째

가 로 열 쇠

1. 마음에 맺히고 근심이 되어, 죽어서도 눈을 편히 감지 못함.
   사부전목(死不顚目), 노이불사(老而不死)

3. 「꼬리가 커서 흔들기가 어려움」 일의 마무리 段階에 일이 크게 벌어져서 處理하기가 어려움.
   호변서(虎變鼠), 기군망상(欺君罔上)
   맹호위서(猛虎爲鼠), 전도시비(顚倒是非)
   지록위마(指鹿爲馬), 이록위마(以鹿爲馬)
   회총시위(懷寵尸位), 흑백전도(黑白顚倒)
   미대난도(尾大難掉)

5. 등불 따위가 휘황(輝煌)하게 켜져 밤에도 대낮같이 밝은 곳. 불바다

6. 生物 따위가 一定한 곳에 자리를 잡고 삶.
   • 여러 가지 書類를 만드는 정해진 方式.

7. 날 때부터 타고난, 정해진 運命.

8. 마주 보는 쪽. 物件의 앞쪽 面.

10. 事理에 맞아 옳고 正義로운 性質.

12. 일이 되어 가는 事情이나 形便.
   • 政治上의 動向이나 形勢.

13. 「龍의 가슴에 거꾸로 난 비늘」 건드리면 반드시 殺害됨.
   임금의 忿怒를 比喩함.

14. 自己에게 有利한 짓만 해서 얄미운 사람.

15. 「누르거나 미는 힘」 他人을 自己에게 따르도록 心理的으로 壓迫을 가하는 힘.

16. 사람의 生活 중에 일어나는 여러 가지 일.

18. 일이 이루어진 結果.

20. 「돗자리를 만듦」 어떤 分野나 領域에서 宏壯한 氣勢로 남김없이 차지하거나 넓힘.

21. 只今까지의 이야기를 그만두고 話題를 돌려 다른 말을 꺼냄. 차설(且說)

22. 옛사람이 남긴 建築物이나 무덤 따위가 있거나, 歷史的 事件이 일어났던 場所.

23. 千里나 되는 먼 곳도 이웃과 같이 됨. 인우(鄰佑)
   격장지린(隔墻之隣)
   천애여비린(天愛如比隣)
   ↔ 격강천리(隔江千里), 지척천리(咫尺千里)

24. 「큰 義理를 위해서 血肉의 친함도 저버림」 大義를 위해서는 父母 兄弟의 情도 버림.
   견리사의(見利思義), 견위수명(見危授命)
   국궁봉공(鞠躬奉公), 국궁진췌(鞠躬盡瘁)
   멸사봉공(滅私奉公), 명경홍모(命輕鴻毛)
   선공후사(先公後私), 왕척직심(枉尺直尋)
   우국단충(憂國丹忠), 이의할은(以義割恩)
   진충보국(盡忠報國), 철면무사(鐵面無私)

세 로 열 쇠

1.「妖邪스러운 것이 正當한 것을 감히 범하지 못함」正義가 반드시 이김.

사필귀정(事必歸正), 사불승정(邪不勝正)
사불벌정(邪不伐正)

2.「고무래를 보고도 고무래 丁 字를 모름」글자를 전혀 모름. 또는 그런 사람.

몽연좌무(蒙然坐霧), 무지몽매(無知蒙昧)
불식지무(不識之無), 숙맥불변(菽麥不辨)
아동주졸(兒童走卒), 어로불변(魚魯不辨)
우매무지(愚昧無知), 우불가급(愚不可及)
우이독경(牛耳讀經), 이호위리(以狐爲狸)
일문부지(一文不知), 일자불식(一子不識)
준준무식(蠢蠢無識), 불식일정(不識一丁)

3. 어떤 일이 充分히 發達하지 않거나 發展되지 않은 性質.

4. 寶石이나 貴金屬 등의 奢侈品 따위에 賦課하는 높은 稅率의 關稅.

사치세(奢侈稅), 향락세(享樂稅)

9. 사람이나 動物의 몸 안에 病原菌이나 毒素 등의 抗原이 攻擊할 때, 이에 抵抗하는 能力.

11. 앞으로 얼마간. 또는 暫時만.

12. 변하지 않는 存在의 본디의 참모습을 깨닫는 性質, 또는 그런 성질을 가진 獨立的 存在.

15. 良民을 抑壓하여 强制로 종으로 삼음.

高麗 · 朝鮮時代에, 權勢家들이 不法으로 良人을 賤人으로 만들어 國役에서 빼내던 일.

모민위예(冒民爲隸), 모점양민(冒占良民)
인민위예(人民爲隸)

16. 公權力이나 권력을 가진 사람이 人間의 基本的인 人權을 侵害하는 일.

17. 火器・레이다・觀測의 有效距離 내에 있어도 障碍物, 彈道의 特性, 武器의 能力 制限으로 그 效力이 미치지 않는 地域.

19.「오이와 칡은 둘 다 덩굴로 자라는 풀임」複雜하게 얽힌 姻戚 關係.

당내지친(堂內至親), 반양지호(潘楊之好)
소공지친(小功之親), 연인접족(連姻接族)
유복지친(有服之親), 인아친척(姻婭親戚)
지정지간(至情之間)
시마이상친(緦麻以上親)

아흔네 번째

가 로 열 쇠

1. 봄철의 밤이 아주 貴重함.

3. 「옷걸이와 밥주머니」 옷만 걸치고 밥만 축낼 뿐 아무 쓸모가 없는 사람을 比喩하는 말.

마우금거(馬牛襟裾), 목우인의(木偶人衣)
반갱주낭(飯坑酒囊), 반낭주대(飯囊酒袋)
반식재상(伴食宰相), 시위소찬(尸位素餐)
와부뇌명(瓦釜雷鳴), 육대반낭(肉帒飯囊)
저력지재(樗櫟之材), 주대반낭(酒袋飯囊)
주옹반낭(酒甕飯囊), 주옹반낭(酒甕飯囊)
파려지오(跛驢之伍), 행시주육(行尸走肉)

5. 비가 많이 내리는 時期.
강우계(降雨季)

6. 뛰어난 意見이나 見解.
고견(高見), 탁식(卓識)

7. 마구 어수선하게 떠들거나 함부로 分別 없이하는 行動.
・간질(癎疾)을 속되게 하는 말.

8. 널리 알려진 말.
事理에 맞는 훌륭한 말.

10. 物件을 사거나 어떤 일을 하는 데 많은 돈이 드는 것.

12. 앞으로의 存亡이나 生死에 관한 處地.
・人間을 包含한 宇宙의 一體를 支配한다고 생각되는 超人間的인 힘.

13. 드러내지 않고 속으로 품은 생각.
속뜻

14. 傳染病이나 否定的인 勢力이 世上을 휩쓸어 퍼지거나 날뛰는 것.

15. 奸詐한 管理나 公理.

16. 상서(祥瑞)로운 나무.

18. 不幸한 處地나 어려운 形便에 있는 사람을 그 狀況에서 벗어나도록 도와줌.

20. 어떤 事物이나 現象을 다시는 發生할 수 없도록 그 根源을 없애버림.
근멸(根滅)

21. 서로 떨어지기를 서운하게 여김.

22. 어떤 일을 하는 데에 必要한 사람을 찾기가 어려움.

23. 救援兵이 없이 孤立된 軍士나 軍隊가 많은 數의 敵軍과 맞서 勇敢하게 잘 싸움.

독격골(獨擊鶻), 고군약졸(孤軍弱卒)
단기치빙(單騎馳騁), 독행독보(獨行獨步)
중과부적(衆寡不敵), 고전분투(孤戰奮鬪)
고전악투(孤戰惡鬪), 악전고투(惡戰苦鬪)

24. 「아버지의 정수(精髓)와 어머니의 피」 子息은 父母의 뼈와 피를 물려받은 存在임.

세 로 열 쇠

1.「봄철에 꿩이 스스로 욺」제 허물을 스스로 드러내어 禍를 自招함.

개문납적(開門納賊), 무병자구(無病自灸)
방호자위(放虎自衛), 비아부화(飛蛾赴火)
상치분신(象齒焚身), 숙호충비(宿虎衝鼻)
아박등예(蛾撲燈蕊), 양호유환(養虎遺患)
자취지화(自取之禍), 재다명태(財多命殆)
종호귀산(縱虎歸山), 타초경사(打草驚蛇)
포벽유죄(抱璧有罪), 화복무문(禍福無門)
비입화하충(飛入火夏蟲)
춘산치자명사(春山雉自鳴死)
명탁이성자훼(鳴鐸以聲自毁)

2.「金剛과 같이 堅固하여 무엇이든 깨뜨리고 어떤 物件에도 깨지지 않음.

금강불괴(金剛不壞), 금산철벽(金山鐵壁)
뇌불가파(牢不可破), 동근철륵(銅觔鐵肋)
만년불패(萬年不敗), 우수불함(牛遂不陷)
호배웅요(虎背熊腰)
만독불침지체(萬毒不侵之體)

3. 正義感에서 일어나는 氣槪로 인하여 생기는 勇猛.

4. 評判은 좋으나 아무런 실속이 없는 일.

유명무실(有名無實), 허유기표(虛有其表)
↔ 명부기실(明富其實), 명불허전(名不虛傳)

9. 둘레의 가나 그 가까이. 주위(周圍).
어떤 나이나 時間의 前後.

11. 直觀이나 想像을 自由롭게 表現하는 藝術의 傾向.

12. 눈앞이 아찔하고 情神이 흐려지는 症勢. 현기증(眩氣症), 어지럼증, 어질증

15.「몹시 고되고 어렵고 맵고 씀」갖은 苦楚로 몹시 힘들고 괴로움.

고골출수(敲骨出髓), 고초만상(苦楚萬狀)
난행고행(難行苦行), 남부여대(男負女戴)
도탄지고(塗炭之苦), 만고풍상(萬古風霜)

16.「쥐새끼나 개새끼 같은 도둑놈」으로 왜구(倭寇)를 가리킴.

좀도둑, 무본대상(無本大商)
양상군자(梁上君子), 천유지도(穿窬之盜)

17.「나무에도 돌에도 붙일 데가 없음」외롭고 가난하여 依支할 곳 없는 處地를 比喩하여 이르는 말.

목석불부(木石不傅), 목석난득(木石難得)

19.「防築도 개미구멍으로 인해 무너짐」疎忽히 한 작은 일이 큰 禍를 불러옴.

방미두점(防微杜漸), 성화요원(星火燎原)
소극침주(小隙沈舟), 양두색이(兩豆塞耳)
집열불탁(執熱不濯), 의혈제궤(蟻穴堤潰)
제궤의공(提潰蟻孔)

1			2	■	3			4
	■	■	5			■	■	
	■	6		■	7		■	
8	9	■	10	11		■	12	
■	13		■		■	14		■
15		■	16		17	■	18	19
	■	20		■	21		■	
	■	■	22			■	■	
23				■	24			

아흔다섯 번째

가 로 열 쇠

1. 굶어 죽게 된 地境.
   기지사경(幾至死境), 빈사지경(瀕死之境)
   인귀상반(人鬼相半), 지어사경(至於死境)
   아사선상(餓死線上)

3. 自然의 景致가 맑고 아름다움.
   녹음방초(綠陰芳草), 무변풍월(無邊風月)
   산고수청(山高水淸), 양신미경(良辰美景)
   춘화경명(春和景明), 화조풍월(花鳥風月)

5. 배의 키를 操縱하는 사람. 키잡이

6. 氣像이 强하고 節槪가 곧은 女子.

7. 原則과 信念을 굽히지 않고 끝까지 지키는 꿋꿋한 意志나 氣槪.

8. 다스려 平安하게 함.
   • 愁心에 잠긴 얼굴.

10. 權利나 資格 등 當然히 自身에게 있어야 할 것을 빼앗긴 듯한 느낌.

12. 얼굴이나 몸을 닦기 위하여 織物을 보풀보풀하게 짠 천. 수건(手巾)

13. 흠뻑 빠져 지나치게 사랑하거나 귀여워함.
    사랑에 빠짐.

14. 지푸라기.
    매우 하찮은 것을 比喩하는 말.

15. 시키는 것을 기다리지 않고 스스로 나섬.
    • 食飮을 끊거나, 病이 들어도 藥을 먹지 않거나 하는 行爲로 스스로 죽음에 이름.

16. 物件을 繼續 지니거나 어떤 狀態를 계속 支撑하는 데 드는 돈.

18. 잘못을 나무라거나 꾸짖으며 못마땅하게 여김.

20. 서로 어그러져 동떨어짐. 괴격(乖隔)

21. 새끼를 낳지 못하는 짐승의 암컷.

22. 풀이나 나무의 꽃이 피는 때.

23. 所願 따위를 들어 달라고 애처롭게 事情하며 懇切히 빎.
    만단애걸(萬端哀乞), 비대발괄
    이두창지(以頭搶地), 혼야애걸(昏夜哀乞)

24. 體面이나 부끄러움을 모르는 뻔뻔한 사람.
    羞恥를 수치로 알지 못하는 사람.
    강안여자(强顔女子), 과렴선치(寡廉鮮恥)
    면장우피(面張牛皮), 방약무인(傍若無人)
    안하무인(眼下無人), 후안무치(厚顔無恥)

세 로 열 쇠

1.「自己 논에 물 대기」自己만 이롭게 되도록 생각하거나 行動함.

견강부회(牽强附會), 부회지설(附會之說)
수석침류(水石枕流), 영서연설(郢書燕說)
지록위마(指鹿爲馬), 천착지학(穿鑿之學)
추주어륙(推舟於陸)
↔ 역지사지(易地思之)

2. 마음이 沈着하지 못하고 行動이 愼重하지 못하고 가벼움.

경거망동(輕擧妄動), 경거망행(輕擧妄行)
경박부허(輕薄浮虛), 경조부허(輕佻浮虛)

3. 父母에게 孝道를 다 하려고 생각할 때는 이미 돌아가셔서 그 뜻을 이룰 수 없음.

수욕정이풍부지(樹欲靜而風不止)
자욕양이친부대(子欲養而親不待)
반포지효(反哺之孝), 삼지지례(三枝之禮)
오조사정(烏鳥私情), 효자애일(孝子愛日)

4. 한 달이 쉽게 지나간다는 뜻으로, 陰曆 六月을 이르는 말.

9. 기러기가 무리를 지어 나는 듯이 치는 陣. 前面 中央에 있는 한 部隊를 中心으로 다른 部隊들이 左右 對稱으로 斜線을 이루는 陣.

11. 나쁜 結果를 가져올 것 같은 걱정스러운 일.

12. 매우 어렵거나 막힌 일을 잘 處理하여 解決할 方策.

15. 말이나 行動, 몸가짐 따위를 愼重하게 함.

가찬반(加餐飯) 강식자애(强食自愛)
은인자중(隱忍自重)

16. 定處 없이 떠돌아다니며 빌어먹음.

문전걸식(門前乞食), 사발농사(沙鉢農事)
전전걸식(轉轉乞食), 촌촌걸식(村村乞食)
유리걸식(遊離乞食), 유리행걸(流離行乞)

17. 어떤 紛爭이나 事態에 대하여 自己主張을 强硬하게 내세우지 않고 相對便과 妥協하여 穩健하게 일을 處理하려는 사람들. ↔ 매파

19. 바쁜 가운데서도 閑暇한 겨를을 얻어 즐김.

반일투한(半日偸閑), 망중한(忙中閑)
망중유한(忙中有閑), 망리투한(忙裏偸閑)
↔ 한중망(閑中忙)

아흔여섯 번째

가 로 열 쇠

1. 남에게 잘 보이려고 苟且스럽게 阿諂을 함.

교언영색(巧言令色), 협견첨소(脅肩諂笑)
아유경탈(阿諛傾奪), 앙아비식(仰我鼻息)
연옹지치(吮癰舐痔), 요미걸련(搖尾乞憐)
일호재낙(一呼再諾)

3. 東風에 따라 새로 나온 봄의 제비.

5. 반드시 이기려는 마음. 승부욕(勝負慾)

6. 悲慘하고 끔찍한 狀態나 狀況.
목불인견(目不忍見), 참황(慘況)

7. 닫고 열고 함.
· 사람을 巧妙하게 籠絡함.

8. 어떤 일이나 사람에 대해 가졌던 期待나 理想, 꿈 등이 깨어질 때 느끼는 失望感이나 虛無感.

10. 세차게 밀고 나가는 힘.
· 眞實하게 보이는 表現力.

12. 남의 어려운 處地를 자기 일처럼 딱하고 가엾게 여김.
연민(憐憫) ↔ 증오(憎惡)

13. 實際로 體驗하는 느낌.

14. 앞장서서 正義를 부르짖음.
· 國難을 당했을 때 義兵을 일으킴.

15. 집안에 생긴 근심, 걱정이나 병(病).

16. 소리를 내거나 말하지 못하도록 사람의 입에 물리는 物件. 재갈

18. 속을 태우며 躁急하게 구는 일.

20. 어떤 것에 지나치게 沒頭하여 精神을 못 차리는 地境이 됨.
마음이 正常的인 狀態에서 벗어나 뒤집힘.

21. 그 가운데 들어가면 손쉽게 나올 길을 찾을 수 없게 된 곳. 미로(迷路)

22. 速度가 一定하지 않음.

23. 옳고 아니고 굽고 곧음.
시비곡직(是非曲直), 비리곡직(非理曲直)
시비선악(是非善惡)

24. 처음에 세운 뜻을 끝까지 밀고 나감.
다반향초(茶半香初), 맥락관통(脈絡貫通)
수미상관(首尾相關), 수미상응(首尾相應)
수미일관(首尾一貫), 시종일관(始終一貫)
여출일구(如出一口), 유종완미(有終完美)
유종지미(有終之美), 일맥상통(一脈相通)
일이관지(一以貫之) 일편단심(一片丹心)
↔ 반복무상(反覆無常), 용두사미(龍頭蛇尾)
유두무미(有頭無尾)

세 로 열 쇠

1. 「아비지옥(阿鼻地獄)과 규환지옥(叫喚地獄)」 여러 사람이 悲慘한 地境에 빠져 울부짖는 慘狀.

무간지옥(無間地獄), 아비세계(阿鼻世界)

2. 「龍과 범이 서로 싸움」 强者끼리 서로 싸움.

백중지세(伯仲之勢), 세균역적(勢均力適)
손방투지(孫龐鬪智), 양웅상쟁(兩雄相爭)
오룡쟁주(五龍爭珠), 용나호척(龍拏虎擲)
용양호박(龍攘虎搏), 우열난분(優劣難分)
호각지세(互角之勢)

3. 마음을 같이하여 힘을 합침.

동심동력(同心同力), 동심협력(同心協力)
상부상조(相扶相助), 상호부조(相互扶助)
상애상조(想愛相助), 상의상자(相依相資)

4. 「어미 소가 송아지를 핥아주는 情」 自己의 子女나 部下에 대한 사랑을 謙遜하게 하는 말.

지독지련(舐犢之憐), 지독지애(舐犢之愛)
노우지독(老牛舐犢)

9. 「잃어버린 고리」 生物의 進化 系統을 사슬의 고리로 볼 때, 그 빠져 있던 部分으로 想定되는 未發見의 化石生物을 말함. 미싱 링크(mlssing link)

11. 참되고 바른 性質이나 品性.

12. 政府나 大統領이 施行하려는 일에 대해 事前에 國會에 認定을 구하는 案件.

15. '夫婦'를 정답게, 귀엽게 이르는 말.

16. 「한창 자라는 풀이나 나무를 꺾지 않음」 앞길이 有望한 사람이나 事業에 대하여 헤살(짓궂게 妨害함)을 놓지 않음.

신진기예(新進氣銳), 전도양양(前途洋洋)
풍운재자(風雲才子), 후생가외(後生可畏)
참연현두각(慘然見頭角)

17. 「담비 꼬리가 모자라 개의 꼬리로 이음」 좋은 것에 나쁜 것을 이음.

쓸 만한 人格者가 없어 資質이 不足한 사람을 高官에 登用함을 이르는 말.

난양조하(爛羊竈下), 남우충수(濫竽充數)
구속초미(狗續貂尾), 속초지기(續貂之譏)
초부족구미속(貂不足狗尾續)

19. 事物의 理致에 널리 通達한 사람은 사물을 잘 헤아려 判斷이 빠르고 正當하게 觀察하여 그릇됨이 없음.

1			2	■	3			4
	■	■	5			■	■	
	■	6		■	7		■	
8	9	■	10	11		■	12	
■	13		■		■	14		■
15		■	16		17	■	18	19
	■	20		■	21		■	
	■	■	22			■	■	
23				■	24			

아흔일곱 번째

가 로 열 쇠

1. 「말 한마디로 끊음」 두말할 나위가 없음.
무이언(無二言), 폐일언(蔽一言)
문답무용(問答無用), 부재다언(不在多言)
불필재언(不必再言), 상의물론(尙矣勿論)
일언가파(一言可破), 일언단파(一言斷破)

3. 勞動者가 일부러 作業 能率을 低下하여 使用者에게 損害를 끼치는 行爲.
태업(怠業), 준법투쟁(遵法鬪爭)

5. 工夫하며 學問을 닦는 데에 드는 비용.

6. 實際 없는 것이 있는 것처럼 보이거나 실제와는 다른 것으로 보이는 모습.

7. 어떤 일의 餘波나 影響이 차차 다른 데로 미침.
여파(餘波), 파장(波長)

8. 「거문고와 비파(琵琶)」 夫婦間의 사랑을 말함.
이성지락(二姓之樂), 금슬지락(琴瑟之樂)
비익연리(比翼連理)

10. 달 언저리에 생기는 구름 같은 허연 테.

12. 條件에 適合한 對象을 責任 지고 紹介함. 천달(薦達), 추거(推擧)

13. 한 사람 앞에 돌아가는 큰 利得.
한 사람이 맡은 役割.

14. 강强하고 빠르고 부는 바람.
부풍(扶風), 진풍(震風), 맹풍(猛風)

15. 정해진 값에 얼마간의 金額을 더 얹음.

16. 좋지 못한 삼(蔘). 양각삼(羊角蔘)

18. 착하고 善良한 마음.
↔ 악심(惡心)

20. 事理에 바르게 判斷하고 일을 잘 處理해 내는 才能. 지혜(智慧)

21. 人間으로서 當然히 가지는 基本的 權利.

22. 마땅히 그렇게 하거나 되어야 할 性質.

23. 「우물 속에 앉아서 하늘을 봄」 見聞이 매우 좁음.
경려천모(輕慮淺謨), 번리지안(藩籬之鷃)
서목촌광(鼠目寸光), 선부지설(蟬不知雪)
소견다괴(小見多怪), 옹리혜계(甕裏醯鷄)
이려측해(以蠡測海), 척택지예(尺澤之鯢)
하충어빙(夏蟲語氷),
혜계옹리천(醯鷄翁離天)

24. 좋은 일에는 흔히 시샘하는 듯이 안 좋은 일들이 많이 따름.
낙극생비(樂極生悲), 새옹지마(塞翁之馬)
시어다골(鰣魚多骨), 호몽부장(好夢不長)
흥진비래(興盡悲來), 호몽부장(好夢不長)
호사다방(好事多妨)
↔ 고진감래(苦盡甘來), 일범풍순(一帆風順)

세 로 열 쇠

1. 「배가 難破됐을 때는 하나의 표주박도 千金의 값어치가 있음」 하찮은 것도 때를 만나면 귀히 쓰임.

공옥이석(攻玉以石), 무용지용(無用之用)
서간충비(鼠肝蟲臂), 우수마발(牛溲馬勃)
이인투어(以蚓投魚), 죽두목설(竹頭木屑)

2. 「아래를 배워 위에 이름」 낮고 쉬운 것부터 배워 어려운 것을 깨달음.

선이후난(先易後難), 하학지공(下學之功)
도난어기이(圖難於基易)
하학이상달(下學而上達)

3. 사기그릇의 깨어진 작은 조각.

기편(器片), 도편(陶片), 이징가미

4. 밤낮으로 쉬지 않고 흐르는 시냇물과 같이 늘 잇따름.

불분주야(不分晝夜), 복주복야(卜晝卜夜)
불철주야(不撤晝夜), 야이계주(夜以繼晝)
연일연시(連日連時), 주야겸행(晝夜兼行)
현량자고(懸梁刺股)

9. 元氣가 虛한 데다가 찬 氣運에 傷하여 무릎이 시리고 아픈 症狀.

11. 아무 感覺이 없음.

12. 「가을철의 부채」 철이 지나서 쓸모없게 된 物件.

15. 「자리를 갈라서 따로 앉음」 交際를 끊고 같은 자리에 앉지 않음.

할석단교(割席斷交), 할석절교(割席絶交)
할포단의(割袍斷義)

16. 「한 명의 기병(騎兵)이 천 명의 敵을 당해 냄」 武藝나 能力이 썩 뛰어남.

영문영무(英文英武), 웅탁맹특(雄卓猛特)

17. 「세 사람이면 없던 호랑이도 만듦」 거짓말이라도 여러 사람이 말하면, 남이 참말로 믿기 쉽다는 말.

투저의(投杼疑), 시호삼전(市虎三傳)
증삼살인(曾參殺人), 십벌지목(十伐之木)

19. 「마음은 원숭이 같고, 생각은 말과 같음」 마음이 安定되지 않아 集中할 수 없음.

심번의란(心煩意亂), 심신부정(心神不定)
시이불견(視而不見), 용지불분(用志不分)

1			2	■	3			4
	■	■	5			■	■	
	■	6		■	7		■	
8	9	■	10	11		■	12	
■	13		■		■	14		■
15		■	16		17	■	18	19
	■	20		■	21		■	
	■	■	22			■	■	
23				■	24			

아흔여덟 번째

가 로 열 쇠

1. 「연못 속의 물고기와 새장 속의 새」 自由롭지 못한 身世를 比喩하는 말.
교비역지(交臂歷指), 구구이니(區區泥泥)
농조연운(籠鳥戀雲), 농조함원(籠鳥檻猿)

3. 恩惠를 알고 그 은혜에 報答함.
권고지은(眷顧之恩), 난익지은(卵翼之恩)
무육지은(撫育之恩), 생육지은(生育之恩)

5. 사귀어서 이로운 세 가지 벗.
익자삼우(益者三友)
↔ 손자삼우(損者三友)

6. 마음에 그리고 우러러 따름.
염모(艷慕)

7. 오래 버티거나 배겨 냄.
유지(維持), 지지(支持)

8. 蔘을 栽培하는 밭.

10. 주어진 일을 제대로 해내려는 마음.

12. 여럿을 先後 關係로 하나씩 벌인 順序. 목록(目錄), 목차(目次)

13. 父母와 子息 간에 하늘의 因緣으로 정해져 있는 社會的, 血緣的 關係.

14. 대강 斟酌으로 헤아림.
추산(推算)

15. 겉으로 드러나는 낌새.
조짐(兆朕), 징조(徵兆)

16. 業務나 勞動을 멈추고 몸과 마음을 平穩히 하여 쉬는 날.
유대교의 一週日의 第 七日인 聖日.

18. 主要한 일을 하는 時間과 시간 틈틈이.

20. 나라나 社會를 위하여 힘써 일함.
봉직(奉職)
· 예전에, 軍隊에서 바느질을 맡던 軍士.

21. 잘못하지 않도록 타일러 注意시킴.

22. 하루하루가 계속 反復됨.

23. 힘이나 能力 따위가 서로 엇비슷하여 누가 더 낫고 못함을 가리기 힘든 形勢.
난형난제(難兄難弟), 난백난중(難伯難仲)
대동소이(大同小異), 막상막하(莫上莫下)
세균역적(勢均力適), 손방투지(孫龐鬪智)
양시쌍비(兩是雙非), 오룡쟁주(五龍爭珠)
오십소백(五十笑百), 용양호박(龍攘虎搏)
용호상박(龍虎相搏), 우열난분(優劣難分)
이석격석(以石擊石), 차상차하(差上差下)
차선차후(差先差後), 춘란추국(春蘭秋菊)
피차일반(彼此一般), 행동능우(行同能偶)
호각지세(互角之勢), 호척용나(虎擲龍拏)

24. 이름만 있고 그 실속은 없음.
견불체문(見不逮聞), 공유허명(空有虛名)
남기북두(南箕北斗), 낭득허명(浪得虛名)
내허외식(內虛外飾), 덕음무량(德音無良)
명과기실(名過其實), 명실불부(名實不副)
명존실무(名存實無), 문과기실(文過其實)
양질호피(羊質虎皮), 언과기실(言過其實)
외화내빈(外華內貧), 장관이대(張冠李戴)
허명무실(虛名無實), 허유기표(虛有其表)

화이부실(華而不實)

↔ 명부기실(名符其實), 명불허득(名不虛得)
명불허전(名不虛傳), 명실상부(名實相符)

세 로 열 쇠

1. 「사슴을 가리켜 말(馬)이라고 함」 事實이 아닌 것을 사실로 만들어 强壓으로 認定하게 됨.

윗사람을 籠絡하여 權勢를 마음대로 함.

이록위마(以鹿爲馬), 기군망상(欺君罔上)
맹호위서(猛虎爲鼠), 미대부도(尾大不掉)
전도시비(顚倒是非), 침류수석(枕流漱石)

2. 「아침에는 세 개, 저녁에는 네 개」 奸詐한 꾀로 남을 속여 戱弄함.

감언이설(甘言利說), 교언영색(巧言令色)
미사여구(美辭麗句), 화언교어(花言巧語)

3. 待遇를 잘 받아서 厚意에 感激하는 느낌.

고두사은(叩頭謝恩), 기불택식(飢不擇食)
기자이위식(飢者易爲食)

4. 지나치게 鄭重하고 謙遜해서 도리어 禮儀가 없음.

은근미롱(慇懃尾籠), 과공비례(過恭非禮)
벽용과례(擗踊過禮)

9. 어떠한 날씨에도 제 技能을 다 할 수 있음.

11. 배, 飛行機, 團體 등에 이름을 붙이는 儀式.

12. 옷 따위를 입거나 꾸민 模樣.

차림차리

15. 한 사람을 罰 주어 여러 사람을 격려(激勵)함.

극강위벌(亟降威罰), 누참마속(淚斬馬謖)
일벌백계(一罰百戒), 추호불범(秋毫不範)

16. 「온 세상이 눈 안에 들어옴」 世上사람을 업신여기며 지나친 驕慢을 부림.

안공사해(眼空四海), 고량지성(膏粱之性)
교만방자(驕慢放恣), 교사음일(驕奢淫逸)
만이모인(慢而侮人), 색성자교(色盛者驕)

17. 「香草와 냄새나는 풀을 한데 놓으면 좋은 냄새는 없어지고 惡臭만 남음」 좋은 일은 잘 잊히나 나쁜 일은 오래도록 전하여 내려옴을 이르는 말.

19. 한때의 利益이 將來의 損害가 되기도 하고 한때의 장래에 복을 가져오기도 함.

인간만사 새옹지마(人間萬事 塞翁之馬)
고락병행(苦樂竝行), 고진감래(苦盡甘來)
반화위복(反禍爲福), 북수실마(北叟失馬)
새옹위복(塞翁爲福), 전화위복(轉禍爲福)

↔ 낙극생비(樂極生悲), 흥진비래(興盡悲來)

아흔아홉 번째

가 로 열 쇠

1. 겨우 글자나 알아볼 程度로 無識을 면함. 면무식(免無識)

↔ 무식소치(無識所致), 불학무식(不學無識)
준준무식(蠢蠢無識)

3. 처음부터 끝까지의 過程.

자초지종(自初至終), 종두지미(鐘頭至尾)
선시선종(善始善終), 수미완비(首尾完備)
전후수말(前後首末), 철두철미(徹頭徹尾)

5. 充分히 이루어지는 時期.

6. 남의 缺點을 다른 것에 빗대어 비웃으면서 暴露하고 攻擊함.

7. 社會나 國家의 秩序를 어지럽히는 大規模의 集團的 行動.

모반(謀反), 반역(反逆), 역란(逆亂)

8. 貨幣, 有價證券 따위의 表面에 적힌 價格.

10. 닭의 울음소리.

12. 어떤 職責에 있는 사람이 그 직책을 더럽힘. 오직(汚職)

13. 하나님의 뜻을 拒逆하고 命令을 받아들이지 아니한 人間. 곧 原罪로 인한 모든 人類.

14. 애를 태우며 마음을 씀.

초사(焦思), 초려(焦慮)
고심초사(苦心焦思), 노심초사(勞心焦思)

15. 解産한 지 얼마 되지 않은 女子.

16. 근심이나 怨望 따위의 理由로 한숨을 쉬며 안타까워하는 투(套).

18. 어떤 目的을 達成하기 위해, 일을 꾸미는 巧妙한 생각이나 方法.

20. 普通의 罷免 節次에 의한 파면이 困難하거나 檢察 機關에 의한 訴追가 事實上 곤란한 大統領 · 國務委員 · 法官 등을 國會에서 소추하여 解任하거나 處罰하는 일.

21. 모자라는 것을 補充하여 메움.

22. 火災 때 불을 끄기 위해 마련한 施設.

23. 「막다른 곳에 이른 쥐를 쫓지 말라」 困難한 處地에 있는 사람을 너무 몰아붙이지 말라는 말.

궁구막추(窮仇莫追), 곤수유투(困獸猶鬪)
궁서설묘(窮鼠囓猫), 금곤복거(禽困覆車)
조궁즉탁(鳥窮則啄)

24. 「마음속 깊이 새겨 둠」 어떤 일을 뼈에 새길 程度로 마음속 깊이 새겨 잊지 아니함.

각골난망(刻骨難忘), 각루심골(刻鏤心骨)
난망지택(難忘之澤), 누골명심(漏骨銘心)
명기누골(銘肌鏤骨), 백골난망(白骨難忘)

세 로 열 쇠

1. 「머리를 그슬고 이마를 데며 불을 끔」 事變의 소용돌이 속으로 뛰어들어 이리저리 힘겹게 뛰어다님.

○○○○위상객(○○○○爲上客)

곡돌사신무은택(曲突徙薪無恩澤)

2. 自己의 行動을 스스로 操心하고 警戒함.

금영무참(衾影無慚), 패령자계(佩鈴自戒)

3. 自己의 行爲나 內面에 대한 省察이나 反省.

내시반청(內視反聽), 비육지탄(髀肉之嘆)

조고각하(照顧脚下), 폐문사과(閉門思過)

4. 地位가 아주 낮은 벼슬.

한직(閑職), 말석(末席)

미말지직(微末之職), 일계반급(一階半級)

포관격탁(抱關擊柝)

↔ 고관대작(高官大爵)

9. 中世 로마 가톨릭 敎會에서, 罪를 면하는 代價로 金品을 받고 發行한 證明書.

11. 윗사람이 아랫사람에게 무엇을 하게 시키는 듯한 方式.

12. 相對의 속 생각을 알아내는 術法.

15. 산이 막히고 물줄기가 끊어져 더 갈 길이 없음. 막다른 地境을 말함.

산진해갈(山盡海渴), 진퇴양난(進退兩難)

고립지세(孤立之勢), 낭패불감(狼狽不堪)

사면수적(四面受敵), 사면초가(四面楚歌)

16. 國會가 特定한 公務員의, 違憲이나 違法 行爲에 대한 彈劾을 發議하여 罷免을 要求하는 일.

17. 「벌레를 새기는 보잘것없는 솜씨」 남의 글귀를 토막토막 따다가 맞추는 서투른 재간.

조충소기(彫蟲小技), 조충말기(彫蟲末技)

19. 사단(四端)의 하나로 「自己의 옳지 못함을 부끄러워하고, 남의 옳지 못함을 미워하는 마음」

괴회지심(愧悔之心), 염우염치(廉隅廉恥)

↔ 파렴치(破廉恥), 후안무치(厚顔無恥)

백 번째

가 로 열 쇠

1.「아홉 마리 소 가운데 한 개의 털」 아주 많은 것 가운데 극히 적은 部分.

대해일적(大海一滴), 우지일모(牛之一毛)
조족지혈(鳥足之血), 창해일속(滄海一粟)
묘창해지일속(渺滄海之一粟)

3.「허물어지는 돌담 밑」 매우 危險한 곳.

섭우춘빙(涉于春氷), 아호지혜(餓虎之蹊)
약도호미(若蹈虎尾), 약섭춘빙(若涉春氷)

5. 天體에서 일어나는 온갖 모습을 나타낸 그림.

6. 마음속에 품고 있는 생각이나 느낌 따위를 말함.

7. 政治, 經濟, 社會的으로 서로 對立하는 勢力의 한쪽.

8. 별다른 異狀이나 탈(頉)이 없이 穩全하게 잘 있음.

10. 판소리를 제대로 感想할 수 있는 사람.

12. 남의 일이 잘되도록 도와주거나 일자리를 紹介해 줌.

주선(周旋), 중개(仲介)

13. 일이나 意見 따위를 適切하게 다루어 造化롭게 함.

14. 男便과 死別하거나 離婚한 女子가 다시 結婚함.

재초(再醮), 재연(再緣)

15. 배가 가는 距離를 里의 단위로 잰 數.

16. 한 道의 行政을 맡아 總括하는 自治團體長.

18. 배가 風波나 障碍物과 부딪쳐 부서짐. 파선(破船)

20. 마음속 깊이 스며드는 슬픔이나 시름. 페이소스(pathos)

21. 때마침 주어진 이번의 機會.

22. 實踐이나 內容이 따르지 않는 主張이나 말을 比喩하는 말.

念佛을 信心이 없이 입으로만 욈.

23. 사람의 목숨을 살리고 죽일 수 있는 權利

생살권(生殺權), 생사여탈권(生死與奪權)

24. 살가죽과 뼈가 맞붙을 程度로 바짝 마름.

피골상연(皮骨相連), 육탈골립(肉脫骨立)
훼척골립(毁瘠骨立)

세 로 열 쇠

1. 「서로 피를 마시며 맹세할 때 입에 묻은 피가 아직 마르지 않았음」 盟誓한 지가 오래되지 않음을 나타내는 말.

구혈미간(口血未乾)

2. 연어(鰱魚), 松魚 따위의 물고기가 바다에서 자란 후 알을 낳기 위하여 自己가 태어난 江으로 돌아오는 것.

귀소본능(歸巢本能), 회귀본능(回歸本能)

3. 「남몰래 진창을 건넘」 正面으로 攻擊할 것처럼 僞裝한 뒤에 後方을 攻擊하는 計策.

성동격서(聲東擊西), 양동작전(陽動作戰)

이우위직(以迂爲直)

4. 「여름철의 火爐와 겨울철의 부채」 때에 맞지 않아 쓸데없는 物件.

추선무세(秋扇無勢), 파리변물(笆籬邊物)

↔ 하갈동구(夏葛冬裘), 하선동력(夏扇冬曆)

9. 一定한 基準이나 實情에 맞도록 다시 調節하여 整頓함.

11. 성(姓)만 알고 이름을 모름.

그 정도의 알음알이가 있는 사람.

12. 普通 以上으로 살림살이가 넉넉하지 못하고 쪼들림.

적빈(赤貧), 극빈(極貧)

15. 「降伏하는 사람은 죽이지 않음」 眞實로 뉘우치는 罪人은 寬大하게 容恕함.

불살항장(不殺降將), 주불전복(誅不塡服)

의병불공복(義兵不攻服)

16. '맨손'을 強調하여 이르는 말.

적수공권(赤手空拳)

17. 죽는 한이 있어도 피하지 않음.

지사미타(之死靡他), 충불피위(忠不避危)

지사불피용야(知死不辟勇也)

19. 「깨진 그릇의 조각을 서로 맞춤」 이미 그릇된 일은 다시 前처럼 되돌리려고 쓸데없이 애씀을 이르는 말.

파기상종(破器相從), 파기상준(破器相準)

숙불환생(熟不還生), 이발지시(已發之矢)

정 답

첫 번째

억	강	부	약		갑	신	정	변
조			방	관	자			태
창		유	감		사	람		성
생	명		초	토	화		굴	욕
	망	신		양			착	
출	가		송	수	신		기	억
람		방	죽		진	화		하
지			지	렛	대			심
예	의	범	절		사	불	범	정

두 번째

제	폭	구	민		무	산	대	중
국			고	동	색			구
주		고	민		투	홀		난
의	지		지	천	명		건	방
	평	소		리		젠	더	
설	선		동	안	거		기	속
상		권	위		일	관		수
가			개	차	반			무
상	사	일	념		삼	광	정	책

세 번째

견	문	일	치		향	정	신	성
강			산	자	락			도
부		눈	치		업	습		착
회	동		수	용	소		짜	증
	반	응		접		신	임	
인	자		재	공	천		새	벽
테		혜	택		암	시		해
리			근	무	지			상
어	깨	동	무		흑	색	선	전

네 번째

타	초	경	사		타	산	지	석
도			면	류	관			고
타		녹	초		바	리		대
관	재		가	마	치		원	죄
	개	화		술		긍	정	
백	발		요	사	이		대	충
두		한	계		독	선		동
대			지	사	제			구
간	두	지	세		독	서	삼	매

다섯 번째

계	란	유	골		살	신	성	인
구			육	조	림			면
우		손	상		살	림		수
후	생		잔	챙	이		관	심
	활	개		모		내	심	
자	사		대	자	보		사	연
원		투	자		과	잉		목
봉			대	연	습			구
사	교	육	비		유	언	비	어

여섯 번째

재	래	시	장		작	자	미	상
조			유	흥	비			명
산		여	유		금	언		하
하	직		서	정	시		번	복
	지	각		체		허	영	
만	사		유	성	우		기	회
신		유	추		공	익		자
창			해	돋	이			정
이	란	투	석		산	굼	부	리

일곱 번째

독	립	신	문		방	적	견	사
립			정	부	안			단
운		만	약		몰	후		칠
동	장		시	누	이		사	정
	신	화		더		찰	나	
요	구		장	기	전		이	익
동		허	물		대	응		자
지			아	노	미			삼
시	시	비	비		문	방	사	우

여덟 번째

수	주	대	토		생	로	병	사
신			적	가	사			농
제		위	성		여	운		공
가	치		산	비	탈		사	상
	사	기		평		자	랑	
적	량		대	사	관		채	비
재		충	동		포	교		정
적			소	재	지			규
소	용	돌	이		교	왕	과	직

아홉 번째

무	위	이	치		기	화	요	초
위			지	천	명			모
이		시	도		날	조		우
화	해		외	지	인		원	신
	방	침		하		적	자	
마	감		상	수	도		운	운
지		사	이		깨	춤		심
노			군	사	비			월
선	즉	제	인		불	확	실	성

열 번째

진	퇴	양	난		미	생	지	신
수			형	평	성			변
성		힐	난		년	작		잡
찬	성		제	보	자		인	기
	추	구		부		노	력	
불	행		감	상	문		거	부
협		잠	언		경	륜		마
화			이	미	지			도
음	담	패	설		우	선	순	위

열한 번째

천	석	고	황		불	식	태	산
우			당	초	문			전
신		허	무		가	치		수
조	현		계	간	지		작	전
	악	의		섭		유	대	
괄	기		걸	음	마		기	능
목		의	견		부	담		지
상			폐	막	작			처
대	중	가	요		침	윤	지	참

열두 번째

당	랑	거	철		천	태	만	상
구			권	고	문			전
풍		심	통		학	기		벽
월	식		치	명	상		침	해
	민	중		인		전	략	
형	지		만	전	춘		자	부
설		역	사		경	제		화
지			여	삼	추			뇌
공	산	주	의		확	고	부	동

열세 번째

승	야	도	주		경	경	열	열
당			먹	깨	비			멊
입		식	구		대	접		쟁
실	재		구	성	원		동	이
	생	각		취		창	조	
삼	백		도	감	독		자	요
종		선	남		수	준		시
지			지	대	공			찰
도	로	무	익		방	약	무	인

열네 번째

교	노	승	목		호	연	지	기
각			불	합	리			승
살		폐	인		불	편		전
우	호		견	인	차		타	결
	신	독		생		절	개	
대	술		기	관	실		책	망
우		심	층		사	회		우
탄			문	방	구			보
금	상	첨	화		시	정	무	뢰

열다섯 번째

근	주	자	적		대	서	특	필
근			소	지	의			유
부		개	성		명	분		곡
지	참		대	부	분		조	절
	혹	설		르		함	바	
몽	상		가	르	마		심	연
환		구	릉		애	석		고
포			빈	구	석			주
영	신	군	가		불	가	사	의

열여섯 번째

표	리	부	동		우	이	독	경
리			분	단	국			궁
일		질	서		봉	사		지
체	통		주	인	공		징	조
	폐	단		간		수	용	
삼	합		인	상	안		제	반
무		근	본		하	지		포
오			주	임	무			지
다	원	주	의	인	인	의	충	효

열일곱 번째

각	골	지	통		만	장	일	치
양			행	동	파			맛
각		기	금		식	견		바
색	감		지	배	적		요	람
	각	시		설		포	즈	
무	적		어	물	전		음	반
고		본	인		화	합		인
반			지	다	위			륜
좌	식	산	공		복	배	수	적

열여덟 번째

각	주	구	검		무	혈	입	성
곡			문	명	임			취
유		행	검		지	혜		동
목	민		색	안	경		포	기
	첩	보		정		토	대	
살	성		금	기	어		기	고
신		의	욕		불	굴		진
성			주	체	성			감
인	상	착	의		설	왕	설	래

열아홉 번째

호	시	탐	탐		공	성	신	퇴
연			오	밤	중			폐
지		철	학		전	쟁		주
기	침		민	영	화		명	의
	팬	질		상		전	망	
권	지		현	관	문		가	격
선		반	군		민	요		강
징			고	속	정			천
악	전	고	투		부	즉	불	리

스무 번째

어	두	육	미		망	년	지	우
부			인	용	문			후
지		맥	박		과	밀		죽
리	필		명	승	부		손	순
	사	업		부		투	자	
인	본		공	처	가		국	새
공		췌	언		호	소		옹
핏			무	작	위			지
줄	탁	동	시		호	사	다	마

스물한 번째

건	조	무	미		놀	이	마	당
곤			사	나	이			리
일		참	여		공	식		당
척	결		구	성	원		대	략
	승	부		황		계	통	
은	전		홍	당	무		령	계
인		주	의		소	개		명
자			동	자	불			구
중	고	령	자		위	조	지	폐

스물두 번째

호	구	지	책		승	승	가	도
사			상	층	부			제
유		쇠	퇴		차	마		제
피	정		물	타	기		태	도
	중	진		당		난	무	
이	동		발	성	음		심	금
문		비	명		유	혹		석
목			무	제	시			지
견	마	지	로		인	간	관	계

스물세 번째

개	세	지	재		뇌	동	비	평
선			야	행	성			수
장		원	인		벽	화		상
군	자		사	고	력		개	봉
	신	독		린		행	정	
다	감		인	내	천		안	동
다		출	신		재	미		온
익			공	휴	일			하
선	제	공	격		우	국	충	정

스물네 번째

개	과	천	선		탁	고	기	명
똥			조	각	상			승
철		강	와		공	모		고
학	벌		명	분	론		성	적
	타	박		위		위	선	
불	령		만	기	일		설	화
구		참	고		인	격		사
대			불	한	당			첨
천	재	지	변		백	의	민	족

스물다섯 번째

허	수	아	비		무	소	불	능
드			일	회	용			언
렛		준	비		지	위		앵
일	면		재	활	용		근	무
	역	경		황		논	거	
미	력		영	세	민		지	붕
성		논	설		족	적		천
년			지	배	주			지
자	유	자	재		의	사	소	통

스물여섯 번째

목	민	지	관		낭	떠	러	지
불			동	역	자			봉
식		백	팔		야	욕		유
정	취		경	각	심		해	설
	재	간		가		성	장	
선	원		반	지	반		국	청
인		극	복		면	역		출
선			무	기	교			어
과	대	망	상		사	회	사	람

스물일곱 번째

얽	박	고	석		대	성	통	곡
죽			화	류	가			학
빼		영	광		족	벌		아
기	지		음	악	제		기	세
	망	상		바		개	념	
여	생		천	리	마		관	계
간		천	지		찬	사		궁
내			개	선	가			역
기	암	절	벽		지	지	부	진

스물여덟 번째

일	석	이	조		가	렴	주	구
목			심	리	전			사
요		시	누		제	야		일
연	마		골	동	품		희	생
	음	복		질		문	화	
계	보		조	감	독		화	동
구		징	수		야	단		병
우			불	감	청			상
후	회	막	급		청	순	가	련

스물아홉 번째

참	관	인	단		채	홍	준	사
월			도	정	료			필
습		해	직		그	늘		귀
음	모		입	버	릇		유	정
	범	벅		러		묘	사	
불	생		지	지	세		성	격
가		표	어		계	급		간
역			지	혜	열			살
적	악	여	앙		강	기	퇴	이

서른 번째

막	상	막	하		죽	마	고	우
역			등	귀	세			도
지		파	동		공	작		할
우	상		물	거	품		체	계
	거	절		래		오	류	
사	래		행	선	지		지	온
실		선	동		방	조		고
무			대	화	방			지
근	린	공	원		송	구	영	신

서른한 번째

교	각	살	우		난	리	법	석
언			공	대	공			상
영		추	이		불	편		휘
색	조		산	자	락		추	호
	선	물		찬		상	임	
전	말		물	가	고		새	참
력		현	역		성	장		치
투			가	석	방			부
구	멍	가	게		가	부	장	제

서른두 번째

평	생	직	장		부	화	뇌	동
지			유	목	지			방
풍		섬	유		거	부		화
파	도		서	식	처		감	촉
	깨	살		거		순	수	
경	비		누	비	천		성	의
당		혼	란		인	류		기
문			지	보	공			투
노	른	자	위		노	동	조	합

서른세 번째

좌	정	관	청		여	타	자	별
의			방	적	기			무
우		기	지		저	항		신
유	명		축	음	기		보	통
	문	헌		료		대	조	
왕	가		하	수	오		개	체
자		재	난		지	적		발
무			지	평	선			염
외	강	내	유		다	원	주	의

서른네 번째

언	어	도	단		위	리	안	치
중			금	란	계			망
유		처	지		질	겁		설
골	병		교	과	서		자	존
	충	실		도		간	부	
사	해		약	기	운		심	복
발		발	육		칠	출		거
통			강	점	기			지
문	제	의	식		삼	십	육	계

서른다섯 번째

촌	병	척	철		몽	롱	창	망
전			석	빙	고			나
척		개	간		반	발		니
토	의		장	단	점		별	짓
	정	유		체		감	안	
배	부		대	장	간		간	역
부		첩	경		흥	금		성
개			실	업	계			혁
가	지	각	색		독	장	난	명

서른여섯 번째

쾌	인	쾌	사		인	조	반	정
도			분	향	소			유
난		낙	오		불	륜		재
마	비		열	패	감		논	란
	핵	심		대		광	고	
점	화		대	기	권		문	명
입		환	경		상	태		실
가			실	수	요			상
경	국	지	색		목	석	불	부

서른일곱 번째

재	정	일	치		금	과	옥	조
행			지	그	시			종
무		시	도		초	점		세
상	호		외	삼	문		원	업
	기	둥		겹		암	초	
주	심		귀	살	이		적	운
객		산	책		소	년		심
전			사	용	역			월
도	불	습	유		대	기	만	성

서른여덟 번째

유	구	무	언		사	후	공	명
명			감	시	단			불
무		중	생		법	규		허
실	증		심	상	인		작	전
	정	체		장		허	위	
정	식		서	사	시		성	격
리		명	절		의	견		물
해			구	조	적			치
고	군	분	투		절	대	농	지

서른아홉 번째

경	구	비	마		함	훤	수	작
국			저	장	소			수
지		공	작		입	적		성
색	색		침	전	지		세	례
	안	면		개		굴	곡	
눈	경		포	도	청		선	택
옛		몰	두		상	승		급
가			서	무	과			만
시	위	소	찬		부	동	자	세

마흔 번째

비	승	비	속		삼	종	지	탁
티			전	방	위			지
에		단	속		일	탈		아
스	타		결	사	체		소	문
	당	장		자		절	규	
자	성		공	방	전		모	체
작		꼬	리		업	보		인
지			공	로	주			지
얼	굴	마	담		부	실	업	업

마흔한 번째

둔	피	사	상		변	화	불	측
갑			부	등	호			초
장		현	상		인	연		시
신	사		조	사	단		체	계
	계	승		생		효	험	
촌	절		탁	아	소		담	화
계		차	이		용	도		사
관			지	붕	돌			첨
청	년	재	사		이	산	가	족

마흔두 번째

명	명	백	백		병	역	기	피
약			골	절	상			해
관		온	난		첨	단		망
화	통		망	국	병		망	상
	신	용		치		자	아	
가	사		단	일	화		지	목
감		단	순		호	전		민
승			호	신	불			심
제	정	일	치		성	동	격	서

마흔세 번째

오	합	지	중		양	금	택	목
월			구	사	상			불
동		비	난		군	살		인
주	권		방	관	자		편	견
	태	형		리		증	언	
운	기		장	하	독		교	차
칠		폐	읍		야	망		일
기			불	감	청			피
삼	보	일	배		청	천	백	일

마흔네 번째

혹	세	무	민		필	부	필	부
시			간	척	지			관
혹		동	요		어	른		참
비	용		법	질	서		암	시
	수	단		화		칠	흑	
요	철		위	로	금		기	도
지		급	여		시	위		광
부			일	년	초			양
동	시	다	발		문	명	사	회

마흔다섯 번째

표	리	부	동		수	무	족	도
사			도	자	기			광
유		두	서		응	징		양
피	곤		말	주	변		참	회
	혹	닉		인		계	교	
비	감		대	공	황		육	필
육		근	역		구	타		마
불			무	소	유			단
포	학	무	도		아	가	사	창

마흔여섯 번째

외	화	내	빈		구	중	궁	궐
유			부	조	화			석
내		금	귀		지	식		재
강	호		천	자	문		간	판
	적	응		율		해	석	
불	수		과	성	숙		지	배
편		엄	두		수	명		은
부			지	리	지			망
당	연	지	사		공	중	도	덕

마흔일곱 번째

백	의	종	군		극	렬	분	자
중			계	량	기			초
지		친	일		상	상		지
세	포		학	익	진		임	종
	위	상		명		동	상	
황	망		이	성	적		적	임
금		함	구		수	습		갈
시			동	질	성			굴
대	기	만	성		연	독	지	정

마흔여덟 번째

경	거	망	동		청	이	불	문
천			충	훈	부			전
동		축	하		업	습		박
지	성		초	보	자		무	대
	악	재		유		예	의	
성	설		우	량	아		식	멸
대		쇄	국		미	담		사
모			진	루	타			봉
사	군	이	충		불	후	지	공

마흔아홉 번째

풍	운	조	화		함	분	축	원
우			양	피	지			전
대		만	연		사	범		활
작	인		화	선	지		해	탈
	두	둔		머		세	우	
엉	겁		조	리	사		소	모
망		초	석		해	명		략
진			정	중	동			선
창	업	수	성		포	미	장	전

쉰 번째

아	우	라	지		적	토	성	산
연			기	결	수			해
실		지	지		공	감		진
색	출		우	선	권		기	미
	연	재		호		긍	지	
복	료		중	도	파		개	전
국		파	벌		부	각		가
안			주	사	침			보
민	주	주	의		주	객	전	도

쉰한 번째

추	로	지	향		호	소	무	처
경			우	물	각			변
정		굴	지		지	급		불
용	담		탄	소	세		안	경
	지	장		형		흉	내	
낙	자		소	화	기		원	한
목		공	양		성	냥		단
한			지	방	세			지
천	양	지	판		대	중	계	몽

쉰두 번째

풍	전	등	화		육	하	원	칙
찬			전	문	가			칙
노		선	위		공	공		하
숙	청		복	제	품		시	다
	사	연		도		정	치	
시	진		홍	화	문		미	삼
이		우	익		방	황		고
불			인	생	사			초
견	원	지	간		보	무	타	려

쉰세 번째

중	도	이	폐		중	망	소	귀
인			부	화	실			모
광		억	지		화	호		토
좌	중		친	고	죄		부	각
	대	우		등		사	부	
고	성		임	신	부		인	맥
가		회	전		상	승		락
옥			무	한	대			관
촌	진	척	퇴		고	집	불	통

쉰네 번째

불	철	주	야		낙	방	거	사
가			심	각	화			보
사		야	만		시	민		타
의	식		만	우	절		군	주
	도	전		각		도	량	
일	락		수	호	신		미	끼
급		적	중		진	단		닛
비			유	격	대			거
밀	월	여	행		사	금	파	리

쉰다섯 번째

빙	소	와	해		불	생	불	멸
기			서	예	가			문
옥		유	산		피	로		지
골	무		맹	목	성		전	환
	더	미		기		해	산	
극	기		개	막	식		화	살
진		행	세		언	변		푸
지			지	팡	이			둥
두	루	춘	풍		비	리	갱	이

쉰여섯 번째

곡	학	아	세		적	막	강	산
식			도	외	시			진
바		행	정		재	치		수
다	비		치	명	상		추	궁
	주	의		왕		표	상	
사	류		기	성	복		화	평
색		표	본		지	능		지
당			예	산	안			낙
파	란	곡	절		동	가	홍	상

쉰일곱 번째

호	접	지	몽		애	호	체	읍
거			중	심	지			각
용		악	몽		중	독		부
반	영		설	거	지		풍	동
	탄	력		리		명	운	
만	조		마	감	일		아	부
사		이	이		일	괄		관
태			동	자	삼			참
평	지	돌	풍		추	사	유	시

쉰여덟 번째

자	포	자	기		기	상	천	외
업			회	귀	성			면
자		평	균		세	대		치
득	의		등	반	대		두	레
	정	서		자		개	괄	
삼	부		수	동	태		식	민
라		표	어		평	등		중
만			지	속	성			가
상	마	지	교		대	중	가	요

쉰아홉 번째

박	지	약	행		소	학	지	희
수			운	송	비			비
갈		비	유		자	극		애
채	취		수	매	가		자	락
	약	간		수		안	부	
오	점		차	세	대		심	층
프		터	전		공	간		생
라			차	고	지			첩
인	어	공	주		평	지	돌	출

예순 번째

등	하	불	명		토	정	비	결
화			재	채	기			사
가		첩	경		양	심		반
친	화		각	선	미		학	대
	제	거		진		발	군	
불	성		당	국	자		단	골
평		경	랑		기	념		육
불			재	개	발			상
만	고	불	후		견	토	지	쟁

예순한 번째

완	전	무	결		청	춘	스	타
전			사	회	상			산
식		진	보		과	실		지
품	속		국	무	부		구	석
	삭	신		작		등	걸	
파	임		수	정	일		질	곡
트		요	원		파	워		학
너			수	영	만			아
십	중	팔	구		파	죽	지	세

예순두 번째

독	서	삼	매		문	화	유	산
불			점	액	선			천
장		투	매		왕	조		초
군	축		석	관	묘		면	목
	음	미		제		속	죄	
일	기		유	사	시		부	동
수		직	언		종	교		빙
백			비	급	여			한
확	철	부	어		일	구	난	설

예순세 번째

불	문	곡	직		일	엽	소	선
구			지	주	망			공
대		핵	심		타	령		후
천	재		경	영	진		침	사
	조	작		양		교	전	
초	정		피	식	민		물	품
근		키	톤		족	궁		팔
목			치	명	상			이
피	라	미	드		잔	소	리	꾼

예순네 번째

지	란	지	교		자	화	자	찬
독			차	떼	기			반
지		교	편		반	영		논
애	착		집	대	성		혼	란
	수	립		가		위	탁	
도	금		천	리	마		상	혼
구		환	부		이	론		비
염			인	사	동			백
불	가	침	권		풍	비	박	산

예순다섯 번째

청	경	우	독		세	사	난	측
풍			서	각	대			지
당		적	삼		교	류		기
석	진		매	개	체		암	초
	면	역		머		생	각	
비	목		수	리	공		화	합
정		어	미		명	제		벽
규			상	한	선			수
직	속	상	관		거	류	민	단

예순여섯 번째

각	골	난	망		농	반	진	반
선			연	리	지			목
구		골	자		거	취		질
검	증		실	마	리		무	시
	보	호		이		걸	작	
개	판		강	신	무		정	통
뼈		각	하		신	념		수
다			회	의	론			권
귀	책	사	유		자	영	업	자

예순일곱 번째

불	가	침	성		경	지	옥	엽
공			하	반	신			공
대		소	지		수	작		호
천	진		열	대	야		와	룡
	정	체		인		용	병	
기	서		명	배	우		설	득
상		단	재		국	시		신
천			경	사	지			기
외	규	장	각		사	필	귀	정

예순여덟 번째

득	의	만	면		불	분	주	야
부			책	략	가			단
실		독	특		형	식		법
부	패		권	두	언		분	석
	거	름		루		보	풀	
불	리		비	치	백		이	함
순		통	일		척	결		흥
분			비	인	간			차
자	유	자	재		두	주	불	사

예순아홉 번째

면	예	불	충		관	구	자	부
간			신	분	제			탕
교		구	애		엽	예		도
체	모		명	세	서		성	화
	퉁	명		계		섭	취	
진	이		무	화	과		도	통
고		배	임		잉	여		운
면			승	전	보			망
천	양	지	차		호	천	망	극

일흔 번째

오	매	불	망		오	리	무	중
합			양	탄	자			과
지		취	지		낙	인		부
졸	속		탄	원	서		흔	적
	임	종		시		통	쾌	
환	수		총	경	백		히	피
난		논	리		의	미		골
상			대	체	제			상
고	굉	지	신		상	승	하	접

일흔한 번째

풍	우	한	서		욕	속	부	달
상			시	너	지			포
고		포	효		거	점		해
초	보		빈	소	리		공	포
	유	입		유		유	통	
알	자		태	권	도		점	토
레		지	평		덕	목		사
르			지	상	군			곽
기	간	산	업		자	중	지	란

일흔두 번째

단	표	누	항		분	신	쇄	골
사			구	세	주			육
표		체	불		다	도		지
음	해		변	천	사		근	친
	안	보		지		묘	사	
호	선		신	인	상		치	한
가		누	수		산	재		강
호			지	청	구			투
위	약	조	로		어	목	연	석

일흔세 번째

면	리	장	침		머	드	러	기
면			소	쿠	리			인
상		박	봉		기	회		여
처	단		대	명	사		한	옥
	행	복		령		무	마	
정	본		부	자	유		디	바
자		승	화		야	심		늘
나			수	나	무			방
무	전	여	행		야	단	법	석

일흔네 번째

효	자	애	일		좌	고	우	면
제			소	방	수			장
충		실	천		우	울		우
신	세		금	일	봉		창	피
	계	륵		인		수	작	
낙	화		풍	자	시		자	만
엽		대	우		화	해		시
귀			대	향	연			지
근	검	노	작		풍	수	지	탄

일흔다섯 번째

은	감	불	원		혼	연	일	치
사			수	거	비			심
죽		위	치		백	범		상
음	식		부	동	산		의	존
	전	부		시		소	식	
시	주		개	성	파		주	먹
행		환	불		계	획		장
착			상	대	무			가
오	색	잡	놈		참	새	가	슴

일흔여섯 번째

낙	심	천	만		불	고	지	죄
미			수	의	사			중
지		동	무		이	유		벌
액	정		강	행	군		풍	경
	당	황		정		암	운	
희	성		자	거	용		아	성
생		총	아		호	흡		심
정			비	구	상			성
신	언	서	판		박	애	주	의

일흔일곱 번째

계	배	지	간		만	부	지	망
세			명	승	부			극
지		모	범		부	채		지
재	주		의	사	당		깡	통
	동	의		다		과	다	
출	자		관	리	자		구	멍
가		눈	치		초	점		석
외			행	선	지			말
인	지	상	정		말	승	강	이

일흔여덟 번째

간	신	적	자		선	린	외	교
난			유	랑	민			토
신		처	방		의	미		삼
고	권		임	관	식		발	굴
	위	로		심		인	상	
노	자		통	사	정		지	우
갑		정	상		저	항		순
이			조	차	지			풍
을	사	늑	약		와	명	선	조

일흔아홉 번째

욕	곡	봉	타		속	참	행	하
교			관	상	수			나
반		품	바		무	게		객
졸	지		치	유	책		농	담
	아	량		배		윤	번	
심	비		미	지	참		기	술
사		욕	구		여	유		행
숙			불	공	정			돈
고	립	무	원		부	지	기	수

여든 번째

앙	망	종	신		부	화	방	탕
감			상	영	실			탕
부		집	필		시	늉		평
괴	한		벌	목	공		형	평
	동	서		공		본	성	
자	안		과	소	비		기	술
기		염	두		밀	도		망
표			지	난	번			나
현	수	업	자		호	주	머	니

여든한 번째

숙	호	충	비		전	거	복	철
수			분	산	성			심
지		대	강		시	선		석
환	상		개	수	대		긴	장
	당	대		류		압	박	
의	수		핵	탄	두		감	격
기		흥	미		루	트		론
양			사	명	마			난
양	자	택	일		기	민	혜	힐

여든두 번째

패	자	역	손		게	슈	타	포
표			상	무	부			풍
착		핍	박		입	연		착
풍	요		하	소	연		환	영
	지	지		시		경	호	
세	경		원	시	인		성	숙
록		정	조		희	수		맥
지			방	문	지			불
신	진	기	예		광	대	무	변

여든세 번째

온	고	지	신		지	인	지	감
유			인	공	기			상
돈		허	공		지	경		칼
후	회		노	하	우		혼	자
	초	안		층		변	천	
세	리		난	민	촌		의	도
답		관	행		철	칙		원
족			고	김	살			결
백	골	남	행		인	상	착	의

여든네 번째

군	웅	할	거		만	단	정	회
계			두	부	전			빈
일		좌	절		지	탄		작
학	살		미	봉	책		일	주
	풍	류		천		효	과	
암	경		응	답	자		성	행
행		보	장		기	습		유
어			성	수	기			여
사	고	방	식		만	유	인	력

여든다섯 번째

양	수	겸	장		사	문	난	적
약			구	사	대			연
고		촌	지		부	정		부
구	경		책	정	가		거	동
	각	고		기		넝	마	
절	심		화	전	농		비	위
세		열	광		장	정		리
미			충	전	지			안
인	명	재	천		희	소	가	치

여든여섯 번째

노	이	무	공		공	전	절	후
변			사	냥	개			안
담		수	다		서	로		무
화	두		망	중	한		이	치
	레	벨		독		진	정	
정	박		고	자	세		표	정
저		신	명		풍	경		당
지			대	명	사			방
와	석	종	신		우	선	순	위

여든일곱 번째

견	인	불	발		피	장	파	장
아			본	거	지			삼
상		기	색		배	척		이
착	안		원	주	민		탐	사
	개	벽		변		찬	닉	
중	비		철	부	지		자	제
언		신	장		자	선		폭
부			석	가	불			구
언	감	생	심		혹	세	무	민

여든여덟 번째

구	화	지	문		고	장	난	명
밀			일	관	성			지
복		미	지		방	종		적
검	약		십	자	가		소	견
	방	랑		각		왜	곡	
수	문		등	성	이		주	저
신		둔	화		분	규		두
제			관	계	법			평
가	감	승	제		적	수	단	신

여든아홉 번째

부	화	뇌	동		결	사	보	국
탕			문	어	발			보
도		실	수		부	아		간
화	두		학	적	부		재	난
	견	책		대		함	량	
천	주		소	시	민		권	익
라		염	탐		족	색		자
지			대	장	정			삼
망	연	자	실		신	미	양	요

아흔 번째

전	화	위	복		계	군	고	학
인			지	천	명			구
미		치	부		워	낭		소
답	파		동	아	리		신	붕
	락	석		녀		수	뢰	
염	호		대	자	보		도	착
불		준	마		무	게		월
급			불	한	당			선
타	초	경	사		당	랑	재	후

아흔한 번째

교	학	상	장		살	지	무	석
왕			두	레	기			간
과		후	은		담	론		토
직	언		미	완	성		헌	혈
	해	발		경		헌	액	
적	서		불	사	조		자	격
원		통	치		문	란		절
심			불	출	석			칭
노	승	발	검		사	산	분	찬

아흔두 번째

비	대	발	괄		불	측	지	변
조			구	성	원			화
불		난	마		천	둥		무
입	성		광	주	리		상	상
	취	지		임		웅	비	
오	감		형	무	소		약	점
리		전	격		지	척		철
무			세	습	무			성
중	구	삭	금		여	득	만	금

아흔세 번째

사	불	명	목		미	대	부	도
불			불	야	성			덕
범		서	식		숙	명		관
정	면		정	당	성		정	세
	역	린		분		약	체	
압	력		인	간	사		성	과
량		석	권		각	설		갈
위			유	적	지			지
천	리	비	린		대	의	멸	친

아흔네 번째

춘	소	천	금		의	가	반	낭
치			강	우	기			득
자		탁	견		지	랄		허
명	언		고	비	용		운	명
	저	의		구		창	궐	
간	리		서	상	목		증	제
난		근	절		석	별		궤
신			구	인	난			의
고	군	분	투		부	정	모	혈

아흔다섯 번째

아	사	지	경		풍	광	명	미
전			조	타	수			끈
인		열	부		지	조		유
수	안		박	탈	감		타	월
	익	애		거		초	개	
자	진		유	지	비		책	망
중		괴	리		둘	치		중
자			개	화	기			투
애	걸	복	걸		파	렴	치	한

아흔여섯 번째

아	유	구	용		동	풍	신	연
비			호	승	심			독
규		참	상		합	벽		지
환	멸		박	진	력		동	정
	실	감		실		창	의	
가	환		방	성	구		안	달
시		환	장		미	궁		인
버			부	등	속			대
시	비	곡	절		초	지	일	관

아흔일곱 번째

일	언	지	하		사	보	타	주
호			학	자	금			야
천		허	상		파	급		장
금	슬		달	무	리		추	천
	한	몫		감		질	풍	
할	증		일	각	삼		선	심
석		슬	기		인	권		원
분			당	위	성			의
좌	정	관	천		호	사	다	마

아흔여덟 번째

지	어	농	조		지	은	보	은
록			삼	익	우			근
위		흠	모		지	탱		무
마	전		사	명	감		차	례
	천	륜		명		어	림	
징	후		안	식	일		새	새
일		봉	공		훈	계		옹
여			일	부	일			득
백	중	지	세		유	명	무	실

아흔아홉 번째

초	해	문	자		자	두	지	미
두			숙	성	기			관
난		풍	자		반	란		말
액	면		계	명	성		독	직
	죄	장		령		고	심	
산	부		탄	식	조		술	수
진		탄	핵		충	당		오
수			소	화	전			지
궁	서	막	추		각	골	명	심

백 번째

구	우	일	모		암	장	지	하
혈			천	문	도			로
미		술	회		진	영		동
건	재		귀	명	창		알	선
	조	율		부		개	가	
항	정		도	지	사		난	파
자		애	수		차	제		기
불			공	염	불			상
살	활	지	권		피	골	상	접